Juristische ExamensKlausuren

Uwe Hellmann (Hrsg.)

Fallsammlung zum Strafprozessrecht

Unter Mitarbeit
von M. Arendt, K. Beckemper, S. Claus,
J. Deutscher, P. Golovnenkov, H. Hentschke,
D. Stage

Dritte Auflage

# Springer

Herausgeber
Professor Dr. Uwe Hellmann
Universität Potsdam
Lehrstuhl für Strafrecht,
insbesondere Wirtschaftsrecht
August-Bebel-Straße 89
14482 Potsdam
hellmann@rz.uni-potsdam.de
http://www.uni-potsdam.de/ls_hellmann/

Mitarbeiter

Marcel Arendt
Friedrich-Karl-Straße 27
12103 Berlin
marcelarendt@arcor.de

Dr. Katharina Beckemper
Berliner Straße 104
10713 Berlin
beckemp@uni-potsdam.de

Susanne Claus
Kopernikusstraße 1
14482 Potsdam
sclaus@uni-potsdam.de

Dr. Jörg Deutscher
Spanische Allee 59
14129 Berlin
kilideu@aol.com

Pavel Golovnenkov
Biebricher Straße 9
12053 Berlin
golovnenkov@web.de

Dr. Helmar Hentschke
Mangerstraße 24
14467 Potsdam
helmar.hentschke@dombert.de

Diana Stage
Neuendorfer Str. 14
14480 Potsdam
dstage@web.de

ISSN 0944-3762
ISBN 978-3-540-73775-9   3. Auflage Springer Berlin Heidelberg New York
ISBN 978-3-540-28338-6   2. Auflage Springer Berlin Heidelberg New York

Bibliografische Information der Deutschen Nationalbibliothek
Die Deutsche Nationalbibliothek verzeichnet diese Publikation in der Deutschen Nationalbibliografie;
detaillierte bibliografische Daten sind im Internet über http://dnb.d-nb.de abrufbar.

Dieses Werk ist urheberrechtlich geschützt. Die dadurch begründeten Rechte, insbesondere die der Übersetzung, des Nachdrucks, des Vortrags, der Entnahme von Abbildungen und Tabellen, der Funksendung, der Mikroverfilmung oder der Vervielfältigung auf anderen Wegen und der Speicherung in Datenverarbeitungsanlagen, bleiben, auch bei nur auszugsweiser Verwertung, vorbehalten. Eine Vervielfältigung dieses Werkes oder von Teilen dieses Werkes ist auch im Einzelfall nur in den Grenzen der gesetzlichen Bestimmungen des Urheberrechtsgesetzes der Bundesrepublik Deutschland vom 9. September 1965 in der jeweils geltenden Fassung zulässig. Sie ist grundsätzlich vergütungspflichtig. Zuwiderhandlungen unterliegen den Strafbestimmungen des Urheberrechtsgesetzes.

Springer ist ein Unternehmen von Springer Science+Business Media

springer.de

© Springer-Verlag Berlin Heidelberg 2001, 2006, 2008

Die Wiedergabe von Gebrauchsnamen, Handelsnamen, Warenbezeichnungen usw. in diesem Werk berechtigt auch ohne besondere Kennzeichnung nicht zu der Annahme, dass solche Namen im Sinne der Warenzeichen- und Markenschutz-Gesetzgebung als frei zu betrachten wären und daher von jedermann benutzt werden dürften.

Herstellung: LE-TEX Jelonek, Schmidt & Vöckler GbR, Leipzig
Umschlaggestaltung: WMX Design GmbH, Heidelberg

SPIN 12096336   64/3180YL - 5 4 3 2 1 0   Gedruckt auf säurefreiem Papier

Vorwort zur 3. Auflage

Die vorliegende Fallsammlung enthält zwei Hausarbeits- und vierzehn Klausurlösungen strafverfahrensrechtlich relevanter Sachverhalte. Das Buch soll zum einen die exemplarische Wiederholung und Vertiefung des in der Strafprozessrechtsvorlesung erworbenen Wissens ermöglichen, zum anderen aber auch Anschauungsmaterial für die Anfertigung von Hausarbeiten und Klausuren liefern.

Bei den Lösungen handelt es sich um Bearbeitungen, die in ähnlicher Weise von einem überdurchschnittlichen Studenten erwartet werden können. Die Aufgaben haben das Niveau einer Übung im Strafprozessrecht. Für die Anfertigung der Hausarbeitslösungen würden drei Wochen zur Verfügung stehen, für die Bearbeitung der Klausuren drei Zeitstunden. Aufgrund der Beteiligung mehrerer Autoren – allesamt ehemalige oder derzeitige Mitarbeiter an meinem Lehrstuhl – weisen die Bearbeitungen Unterschiede im sprachlichen Stil und in der Art der Darstellung auf. Diese Unterschiede sind beabsichtigt, um den Eindruck zu vermeiden, es gäbe nur einen einzigen vertretbaren Weg. Um den Charakter einer Klausurlösung zu erhalten, wurde auf Nachweise in Fußnoten verzichtet. Ausgewählte Rechtsprechungs- und Literaturfundstellen, weiterführende Hinweise, aber auch vertretbare Alternativlösungen sind in „Hinweise zur Lösung" aufgenommen worden, die am Ende der jeweiligen Bearbeitung stehen.

Die Verweise auf die 2. Auflage meines ebenfalls im Springer-Verlag erschienenen Lehrbuchs „Strafprozessrecht" stellen die Verknüpfung zu einer systematischen Darstellung dieser Rechtsmaterie her, um eine gezielte Vorbereitung auf die Lösung des einzelnen Falles zu erleichtern. Selbstverständlich kann dazu auch jedes andere Lehrbuch verwendet werden.

Meiner Assistentin Dr. Katharina Beckemper schulde ich besonderen Dank, weil sie mir einen großen Teil meiner Herausgeberpflichten abgenommen hat. Frau Lisa Zimmermann danke ich für die Sorgfalt beim Korrekturlesen.

Potsdam, im Juli 2007 *Uwe Hellmann*

Inhaltsverzeichnis

Verzeichnis der abgekürzt zitierten Literatur XI
Abkürzungsverzeichnis..XV

Hausarbeiten

Hausarbeit Nr. 1: **Ermittlungen in der Kleinstadt***** (K. Beckemper) .. 1
Private Ermittlungen – Verwertbarkeit privat aufgenommener Fotografien und Tonbandaufnahmen – Grenzen der informatorischen Befragung – Beginn der Beschuldigteneigenschaft – Verweigerung der Verteidigerkonsultation

Hausarbeit Nr. 2: **Kein fairer Handel***** (S. Claus).............................. 27
Beschlagnahme – Sicherstellung von Vermögenswerten – Revision – fehlgeschlagene Verständigung – Beschwerde – Auffangrechtserwerb und Rückwirkungsverbot – Verzicht auf Vermögenswerte

Klausuren

Ermittlungsverfahren

Klausur Nr. 1: **Der Galerist**** (S. Claus) 53
Online-Durchsuchung – Durchsuchung und Beschlagnahme – Beweisverwertungsverbote – Beschlagnahmeverbote – Tagebücher – Zufallsfunde – Recht auf Verteidigung

Klausur Nr. 2: **Der fliegende Teppichhändler*** (D. Stage) 63
Blutprobe – Durchsuchung – Untersuchungshaft – Haftgründe

Klausur Nr. 3: **Big Brother: Überwachung total**** 75
(P. Golovnenkov)
Rechtsschutz gegen richterliche und nichtrichterliche Maßnahmen – Bewegungsbilderstellung bei der Telekommunikationsüberwachung – Fotoaufnahmen ohne Kenntnis des Betroffenen – Vernichtung des Fotomaterials nach Abschluss der Ermittlungen

Klausur Nr. 4: **Der unerkannte Juwelendieb**** (U. Hellmann) 87
Jedermann-Festnahme – Durchsuchung – körperliche Untersuchung – DNA-Analyse

Klausur Nr. 5: **„My home is my castle"?*** (D. Stage) 99
Außerdienstliche Kenntniserlangung – „großer und kleiner Lauschangriff" – Einsatz sonstiger technischer Mittel zur Observation

Hauptverfahren

Klausur Nr. 6: **Das geschichtskundige Gericht**** 109
(P. Golovnenkov)
Sitzungspolizeiliche Maßnahmen – Offenkundigkeitsgrundsatz – Zeugnisverweigerungsrecht bei nichtehelicher Lebensgemeinschaft und nach dem Tod des Angehörigen

Klausur Nr. 7: **Vernehmung per TV*** (H. Hentschke) 121
Aussage trotz Aussageverweigerungsrecht – Beweisverwertungsverbot – Ausschluss des Angeklagten von der Hauptverhandlung – Videovernehmung eines Opfers

Klausur Nr. 8: **Der zweite Mann beim Überfall***** (U. Hellmann) 129
Strafklageverbrauch – prozessualer Tatbegriff – verbotene Methode bei Zeugenvernehmung – Mitbeschuldigtenbegriff – Beweisantrag – Beweisermittlungsantrag

Rechtsmittelverfahren

Klausur Nr. 9: **Aus Mangel an Beweisen*** (K. Beckemper) 141
Raumgespräch – Sperrerklärung, Prüfpflicht des Gerichts – Zeuge vom Hörensagen – Grundsatz der freien Beweiswürdigung – Vorhalt des Vernehmungsprotokolls

Klausur Nr. 10: **Der gewalttätige (Noch-)Ehemann***** 151
(H. Hentschke)
Revision – fehlende Pflichtverteidigerladung – fehlende Belehrung über Untersuchungsverweigerungsrecht – Rügepräklusion – fehlende Belehrung über Auskunftsverweigerungsrecht – Sachrüge

Klausur Nr. 11: **Demonstration mit schlimmen Folgen**** 163
(J. Deutscher)
Revision – Besorgnis der Befangenheit – Beschränkung der Öffentlichkeit durch Zugangskontrolle – Ablehnung eines Beweisantrags – Sachrüge

Klausur Nr. 12: **Nachts am Bahnhof Zoo**** (M. Arendt) 175
Revision – zwangsweise Verabreichung von Brechmitteln – Mehrfachverfolgung durch verschiedene Schengenstaaten – Haftbeschwerde – Europäischer Haftbefehl

Klausur Nr. 13: **Der nachtragende Arbeitnehmer*** (J. Deutscher) . 187
Revision – fehlerhafte Gerichtsbesetzung – fehlerhafte Beweiswürdigung – Hauptverhandlung in Abwesenheit des Wahlverteidigers – Sachrüge – Revisionserstreckung auf Mitangeklagte

Strafbefehlsverfahren

Klausur Nr. 14: **Freiheitsstrafe per Strafbefehl?*** (U. Hellmann) .. 197
Voraussetzungen des Strafbefehls – Einspruchsverfahren – Wiedereinsetzung in den vorigen Stand – Berufung – Revision

Paragraphenregister 207
Sachverzeichnis 211

Die Hausarbeiten und Klausuren haben das Niveau einer Strafprozessrechtsübung. Für die Klausuren ist eine Bearbeitungszeit von drei Stunden vorgesehen, für die Hausarbeiten eine Bearbeitungszeit von drei Wochen.

***   sehr hohes Niveau
**   hohes Niveau
*   mittleres Niveau

Verzeichnis der abgekürzt zitierten Literatur

AKStPO	Reihe Alternativkommentare, Kommentar zur Strafprozessordnung, 1988-1996
Amelung	*Amelung, Knut*, Informationsbeherrschungsrechte im Strafprozess, 1990
Beulke[9]	*Beulke, Werner*, Strafprozessrecht, 9. Aufl. 2006
Eisenberg[5]	*Eisenberg, Ulrich*, Beweisrecht der StPO, Spezialkommentar, 5. Aufl. 2006
Hecker[2]	*Hecker, Bernd*, Europäisches Strafrecht, 2. Aufl. 2007
Hellmann[2]	*Hellmann, Uwe*, Strafprozessrecht, 2. Aufl, 2005
HKStPO[3]	Heidelberger Kommentar zur Strafprozessordnung, 3. Aufl. 2001
Joecks	*Joecks, Wolfgang*, Strafprozessordnung, Studienkommentar, 2006
Kindhäuser	*Kindhäuser, Urs*, Strafprozessrecht, 2006
Kindhäuser, LPK-StGB[3]	*Kindhäuser, Urs*, Strafgesetzbuch, Lehr- und Praxiskommentar, 3. Aufl. 2006
Kissel/Mayer[4]	*Kissel, Otto Rudolf/Mayer, Herbert*, Gerichtsverfassungsgesetz, Kommentar, 4. Aufl. 2005
KKStPO[5]	Karlsruher Kommentar zur Strafprozessordnung und zum Gerichtsverfassungsgesetz, 5. Aufl. 2003
KMR	Kommentar zur Strafprozessordnung, Loseblatt, Stand 2006
Krey, Strafverfahrensrecht-1	*Krey, Volker*, Deutsches Strafverfahrensrecht, Band 1, 2006

Krey, Strafverfahrensrecht Bd. II	*Krey, Volker*, Strafverfahrensrecht, Band 2, 1990
Krey/Heinrich, BT-I[13]	*Krey, Volker/Heinrich, Manfred*, Strafrecht, Besonderer Teil, Band 1, 13. Aufl. 2005
Kühne[7]	*Kühne, Hans-Heiner*, Strafprozessrecht, 7. Aufl. 2007
Kugelmann	*Kugelmann, Dieter*, Polizei- und Ordnungsrecht, 2006
Lackner/Kühl[26]	*Lackner, Karl/Kühl, Kristian*, Strafgesetzbuch mit Erläuterungen, 26. Aufl. 2007
Lesch[2]	*Lesch, Heiko Hartmut*, Strafprozessrecht, 2. Aufl. 2001
Lisken/Denninger[4]	*Lisken, Hans/Denninger, Erhard*, Handbuch des Polizeirechts, 4. Auflage, 2007
LK[11]	Leipziger Kommentar zum Strafgesetzbuch, 11. Aufl. 1992 ff.
LK[12]	Leipziger Kommentar zum Strafgesetzbuch, 12. Aufl. 2006 ff.
LR[25]	Löwe-Rosenberg, Die Strafprozessordnung und das Gerichtsverfassungsgesetz, Großkommentar, 25. Aufl. 1997 ff.
Maurach/Schroeder/Maiwald[9]	*Maurach, Reinhart/Schroeder, Friedrich-Christian/Maiwald, Manfred*, Strafrecht, Besonderer Teil, Band 1, 9. Aufl. 2003
Meurer[3]	*Meurer, Dieter*, Strafprozessrecht, 3. Aufl. 1991
Meyer-Goßner[50]	*Meyer-Goßner, Lutz*, Strafprozessordnung, Kommentar, 50. Aufl. 2007
Mitsch[2]	*Mitsch, Wolfgang*, Strafrecht, Besonderer Teil 2, Teilband 1, 2. Aufl. 2003
MüKoStGB	Münchner Kommentar zum Strafgesetzbuch, Band 3, 2003
Peters[4]	*Peters, Karl*, Strafprozeß, Lehrbuch, 4. Aufl. 1985

Pfeiffer[5]	*Pfeiffer, Gerd*, Strafprozessordnung, Kommentar, 5. Aufl. 2005
Prittwitz	*Prittwitz, Cornelius*, Der Mitbeschuldigte im Strafprozeß, 1984
Ranft[3]	*Ranft, Otfried*, Strafprozessrecht, Systematische Lehrdarstellung für Studium und Praxis, 3. Aufl. 2005
Roxin[25]	*Roxin, Claus*, Strafverfahrensrecht, Ein Studienbuch, 25. Aufl. 1998
Roxin[4]	*Roxin, Claus*, Strafrecht Allgemeiner Teil, Band 1, 4. Aufl. 2006
Rüping[3]	*Rüping, Hinrich*, Das Strafverfahren, 3. Aufl. 1997
Schlothauer/Weider[3]	*Schlothauer, Reinhold/Weider, Hans-Joachim*, Untersuchungshaft, 3. Aufl., 2001
Schlüchter, Lehrbuch[2]	*Schlüchter, Ellen*, Das Strafverfahren, 2. Aufl. 1984
Schönke/Schröder[27]	*Schönke, Adolf/Schröder, Horst*, Strafgesetzbuch, Kommentar, 27. Aufl. 2006
Schroeder/Meindl[4]	*Schroeder, Friedrich-Christian/Meindl, Wolfhard*, Fallrepetitorium zum Strafverfahrensrecht nach höchstrichterlichen Entscheidungen, 4. Aufl. 2004
SKStGB	Systematischer Kommentar zum Strafgesetzbuch, Loseblatt, Stand 2006
SKStPO	Systematischer Kommentar zur Strafprozessordnung und zum Gerichtsverfassungsgesetz, Loseblatt, Stand 2006
Tröndle/Fischer[54]	*Tröndle, Herbert/Fischer, Thomas*, Strafgesetzbuch und Nebengesetze, Kommentar, 54. Aufl. 2007
Wessels/Hettinger, BT 1[30]	*Wessels, Johannes/Hettinger, Michael*, Strafrecht, Besonderer Teil 1, 30. Aufl. 2006

Abkürzungsverzeichnis

a.A.	andere Ansicht
AcP	Archiv für die civilistische Praxis
AG	Amtsgericht
Alt.	Alternative
Anm.	Anmerkung
AO	Abgabenordnung
BayObLG	Bayrisches Oberstes Landesgericht
BGB	Bürgerliches Gesetzbuch
BGBl.	Bundesgesetzblatt
BGH	Bundesgerichtshof
BGHSt	Entscheidungen des Bundesgerichtshofs in Strafsachen
BMJ	Bundesministerium der Justiz
BPolG	Gesetz über die Bundespolizei
BT-Drs.	Bundestags-Drucksache
BtMG	Betäubungsmittelgesetz
BVerfG	Bundesverfassungsgericht
BVerfGE	Entscheidungen des Bundesverfassungsgerichts
BZRG	Bundeszentralregistergesetz
DAV	Deutscher Anwaltverein
DRiZ	Deutsche Richterzeitung
EGMR	Europäischer Gerichtshof für Menschenrechte
EMRK	Europäische Konvention zum Schutze der Menschenrechte und Grundfreiheiten
EuGH	Europäischer Gerichtshof
FS	Festschrift
GA	Goltdammer`s Archiv für Strafrecht
gem.	gemäß

GG	Grundgesetz
GmbH	Gesellschaft mit beschränkter Haftung
GVG	Gerichtsverfassungsgesetz
h.L.	herrschende Lehre
h.M.	herrschende Meinung
IRG	Gesetz über die internationale Rechtshilfe in Strafsachen
i.S.d.	im Sinne des
i.V.m.	in Verbindung mit
JR	Juristische Rundschau
Jura	Juristische Ausbildung
JuS	Juristische Schulung
JZ	Juristenzeitung
KG	Kammergericht
LFGB	Lebensmittel-, Bedarfsgegenstände- und Futtermittelgesetzbuch
LG	Landgericht
lit.	Buchstabe
LKA	Landeskriminalamt
MDR	Monatsschrift für Deutsches Recht
MMR	Multimedia und Recht, Zeitschrift für Informations-, Telekommunikations- und Medienrecht
NJW	Neue Juristische Wochenschrift
Nr.	Nummer
NStZ	Neue Zeitschrift für Strafrecht
OLG	Oberlandesgericht
RG	Reichsgericht
Rn.	Randnummer
Rpfleger	Der deutsche Rechtspfleger
Rspr	Rechtsprechung
SDÜ	Schengener Durchführungsübereinkommen
SIS	Schengener Informationssystem

s.o.	siehe oben
sog.	sogenannte
StGB	Strafgesetzbuch
StPO	Strafprozessordnung
StV	Strafverteidiger
TKG	Telekommunikationsgesetz
UWG	Gesetz gegen den unlauteren Wettbewerb
VE	Verdeckter Ermittler
vgl.	vergleiche
VwVfG	Verwaltungsverfahrensgesetz
wistra	Zeitschrift für Wirtschafts- und Steuerstrafrecht
WaffG	Waffengesetz
z.B.	zum Beispiel
ZIS	Zeitschrift für Internationale Strafrechtsdogmatik
ZRP	Zeitschrift für Rechtspolitik
ZStW	Zeitschrift für die gesamte Strafrechtswissenschaft

Hausarbeit Nr. 1***

Ermittlungen in der Kleinstadt

Private Ermittlungen – Verwertbarkeit privat aufgenommener Fotografien und Tonbandaufnahmen – Grenzen der informatorischen Befragung – Beginn der Beschuldigteneigenschaft – Verweigerung der Verteidigerkonsultation

Die Bevölkerung der an der Havel gelegenen Kleinstadt A beobachtete seit einiger Zeit ein vermehrtes Fischsterben. Umweltschützer vermuteten, dass die Firma Schiller GmbH das bei der Produktion von Fettsäuren anfallende Glycerinwasser nicht wie vorgeschrieben in einem Tank lagerte und dort eine Fettspaltung vornahm, sondern in die Havel einleitete. Da die Schiller GmbH der größte Arbeitgeber am Ort war, blieben die Strafverfolgungsbehörden jedoch untätig. Die nur regional kandidierende Umweltpartei „Grünes Rathaus" sah nicht nur Handlungsbedarf, sondern außerdem auch eine gute Gelegenheit, den Wählern ihre Tatkraft unter Beweis zu stellen. Deshalb wurde auf einer der Vorstandssitzungen darüber beraten, wie man die Gewässerverunreinigung beweisen könne. Der Stellvertretende Vorsitzende Wolfgang Viersen (V) bot an, seine Freundin Peggy Conrad (C), die bei der Schiller GmbH als Chefsekretärin arbeitete, um Hilfe zu bitten. Diese sollte versuchen, Beweise für die unbefugte Einleitung des Glycerinwassers zu beschaffen. C hatte zwar einige Bedenken, gegen ihren Arbeitgeber vorzugehen, ließ sich aber letztendlich davon überzeugen, dass der Umweltschutz wichtiger sei als Loyalität zum Arbeitgeber.

C hielt daraufhin die Augen offen, konnte aber leider nichts herausfinden. Insbesondere wusste sie nicht, wer an der vermutlichen Entleerung des Sammelfasses beteiligt war. Da man Informationen benötigte, an die man die Erkundigungen anknüpfen konnte, schlug V der C vor, ihren Chef, den Geschäftsführer Ludwig Graf (G), zum Essen einzuladen. Vielleicht könne man so etwas herausbekommen. G war hocherfreut, einen Abend mit der attraktiven C zu verbringen, und nahm die Einladung dankend an. Bei dem Abendessen bemühte C sich, das Weinglas des G immer unauffällig nachzufüllen. Nachdem die dritte Flasche Wein geleert war, fragte C den offensichtlich betrunkenen G vorsichtig über die Fettspaltungsanlage in dem Sammeltank aus. G erzählte ihr schon heftig angeheitert, die Erneuerung der alten Anlage sei viel zu kostspielig, aber er sei nicht nur ein cleverer Geschäftsmann, sondern habe auch einen tatkräftigen Mann in der Nachtschicht, der sich um die Probleme der Firma kümmerte.

C hörte daraufhin jedes Telefonat, das G mit einem Schichtarbeiter der Nachtschicht führte, an ihrem Apparat im Sekretariat mit. Eines Tages hatte C Glück. G besprach mit dem Schichtarbeiter Norbert Naumann (N), dieser solle in der folgenden Nachtschicht das Sammelfass für das Glycerinwasser auf die gewohnte Art leeren. Geistesgegenwärtig hielt C das Diktiergerät an den Hörer, und es gelang ihr, das Gespräch mit seinem wesentlichen Inhalt aufzuzeichnen. Der über das Gespräch informierte V postierte sich in der Nacht am anderen Ufer der Havel und schaffte es dabei, die Entleerung des Fasses durch N zu fotografieren.

Staatsanwalt S hörte durch einen in der Partei „Grünes Rathaus" tätigen Freund, dass der Vorstand „da was plane". Auch S hatte den Zustand der Havel mit Sorge betrachtet und insgeheim die Schiller GmbH dafür verantwortlich gemacht. Seiner Ansicht nach musste man jedoch gegen den größten Arbeitgeber vorsichtig vorgehen. Da die Anhaltspunkte noch völlig vage waren, wollte er noch kein Ermittlungsverfahren einleiten. Deshalb schickte er die Polizeibeamten Arndt (A) in die Schiller GmbH, damit er dort informell vorermittelte. A befragte G informatorisch über den Zustand der Fettspaltungsanlage. G erwiderte ganz erschrocken „Jetzt wird's gefährlich. Ich sage keinen Ton". Die Polizeibeamtin Becker (B) sollte derweil die Ehefrau des G Edith Graf (E) rein informatorisch darüber befragen, ob G etwas über Probleme bei der Entsorgung des Glycerinwassers habe verlauten lassen. E war sehr erschrocken und verteidigte ihren Mann, er habe immer nur das Beste für seine Angestellten gewollt. Auf Grund dieser Reaktionen leitete S nun doch ein Ermittlungsverfahren ein. In der folgenden Vernehmung durch A wurde G ordnungsgemäß über seine Rechte als Beschuldigter informiert. Als G die Hinzuziehung seines Verteidigers wünschte, wurde A richtig wütend. Er fuhr G an, er habe nun endgültig die Nase voll von diesen ewigen Sonderbehandlungen. Ob mit oder ohne Verteidiger, jetzt werde Tacheles geredet. G sagte daraufhin ohne Verteidiger aus und belastete sich schwer.

1. In der Hauptverhandlung gegen G wegen Gewässerverunreinigung (§ 324 StGB) möchte das Schöffengericht C über die Aussagen hören, die G ihr gegenüber betrunken gemacht hat. Ist die Vernehmung der C erlaubt?

2. Weiter sollen die Fotos und die Tonbandaufnahme in die Hauptverhandlung eingeführt werden. Wie kann dies geschehen und bestehen dagegen Bedenken?

3. E beruft sich in der Hauptverhandlung auf ihr Zeugnisverweigerungsrecht. Kann die Beamtin B über die Aussage der E vernommen werden?

4. A soll über die Äußerungen des G in der informatorischen Befragung vernommen werden. Ist dies möglich?

5. Dürfen die Äußerungen des G in der Vernehmung verwertet werden?

Lehrbuch: Rn. 527 ff.; 729; 753; 760; 427 ff.

Gliederung

Frage 1: Vernehmung einer privaten Verhörsperson	8
1. Vernehmung des mittelbaren Zeugen	8
2. Verbot der Verabreichung von Mitteln gem. § 136a StPO	8
3. Verwertung privater Ermittlungsergebnisse	9
4. Ergebnis	10
Frage 2: Einführung der Fotografien und Tonbänder	11
1. Art und Weise der Einführung in die Hauptverhandlung	11
a) Fotos als Augenscheinsbeweis	11
b) Einführung des Tonbandes	11
2. Rechtmäßigkeit der Einführung in die Hauptverhandlung	12
a) Verwendung der Fotos	12
aa) Eingriff in das Allgemeine Persönlichkeitsrecht durch die Verwertung	12
bb) Rechtfertigung durch Abwägung	13
b) Verwendung der Tonbandaufnahme	14
aa) Rechtswidrigkeit der Tonbandaufnahme	14
bb) Beweiserhebungsverbot	15
(1) Gesetzesverstöße durch das Abspielen des Tonbandes	16
(2) Rechtfertigung durch Interessenabwägung	16
3. Ergebnis	18
Frage 3: Zulässigkeit der Vernehmung der B	18
1. Anwendungsbereich des § 252 StPO	18
2. Sog. informatorische Befragung als Vernehmung i.S.d. § 252 StPO	18
Frage 4: Zulässigkeit der Vernehmung der A	19
1. Zulässigkeit der sog. informatorischen Befragung	20
2. Beginn der Beschuldigteneigenschaft	21
3. Unverwertbarkeit einer Beschuldigtenvernehmung bei unterlassener Belehrung	22
Frage 5: Zulässigkeit der Verwertung der Äußerungen des G in der Vernehmung	22
1. Verwertungsverbot bei rechtswidriger Verhinderung der Verteidigerkonsultation	23
2. Rechtswidrige Verhinderung der Verteidigerkonsultation	23
3. Ergebnis	24

Literaturverzeichnis

Alternativ-Kommentar	Kommentar zur Strafprozessordnung, Band 2/Teilband 1, §§ 94-212b, Neuwied, Kriftel, Berlin 1992
Artzt, Heinz	Begründung der Beschuldigten-Eigenschaft, Kriminalistik 1970, 379
Beckemper, Katharina/ Wegner, Carsten	Verwertbarkeit privat aufgenommener Tonbandaufnahmen im Prozess, JA 2003, 510
Beulke, Werner	Strafprozessrecht, 9. Auflage, Heidelberg 2006
Bockemühl, Jan	Private Ermittlungen im Strafprozess, Baden-Baden 1996, (zit. Private Ermittlungen)
Dencker, Friedrich	Verwertungsverbote im Strafprozess, Köln, u.a. 1977 (zit. Verwertungsverbote)
Dingeldey, Thomas	Das Prinzip der Aussagefreiheit im Strafprozess, JA 1984, 407
Frank, Peter	Die Verwertbarkeit rechtswidriger Tonbandaufnahmen Privater, Baden-Baden, 1996 (zit. Tonbandaufnahmen)
Geppert, Klaus	Notwendigkeit und rechtliche Grenzen der „informatorischen Befragung" im Strafverfahren, in: Festschrift für Dietrich Oehler, Köln, Berlin, Bonn, München 1985, S. 323
Geppert, Klaus	Der Zeugenbeweis, Jura 1991, 80
Gerling, Andreas	Informatorische Befragung und Auskunftsverweigerungsrecht, Bochum 1987 (zit. Informatorische Befragung)
Gössel, Karl H.	Strafverfahrensrecht, Stuttgart, Berlin, Köln, Mainz 1977
Golla, Joachim	Strafprozessrecht: Das „heiße" Telefon, JuS 1984, 128
Gold, Ingo	Verwertungsverbot über § 136 StPO – Die aktuelle Rechtsprechung in der Revisionsklausur, JA 1995, 411
Gollwitzer, Walter	Anm. zu BGH, JZ 1978, 117, JZ 1978, 119
Gropp, Walter	Zur Verwertbarkeit eigenmächtig aufgezeichneter (Telefon-) Gespräche, StV 1989, 216

Gundlach, Rainer	Die Vernehmung des Beschuldigten im Ermittlungsverfahren, Frankfurt a.M. u.a. 1984 (zit. Vernehmung des Beschuldigten)
Gundlach, Rainer	Anmerkung zu BGH, NJW 1980, 1533, NJW 1980, 2142
Heidelberger Kommentar	zur Strafprozessordnung, 3. Auflage, Heidelberg 2001
Hellmann, Uwe	Strafprozessrecht, 2. Auflage, Berlin, Heidelberg 2005
Heydebreck, Thomas von	Die Begründung der Beschuldigteneigenschaft im Strafverfahren, Göttingen 1974 (zit. Beschuldigteneigenschaft)
Jahn, Matthias	Ausforschung einer Beschuldigten durch Wahrsagerin in der Untersuchungshaft, JuS 2000, 441.
Joerden, Jan C.	Zur Reichweite der Anzeigepflicht aus § 138 I StGB und zur Beweisverwertung bei heimlicher Videoaufnahme, Jura 1990, 633
Karlsruher Kommentar	zur Strafprozessordnung und zum Gerichtsverfassungsgesetz mit Einführungsgesetzen, 5. Auflage, München 2003 (zit. Bearbeiter, in: KK)
Kindhäuser, Urs	Strafprozessrecht, Baden-Baden 2006
Kohlhaas, Max	Vom ersten Zugriff zum Schlussgehör, NJW 1965, 1254
Kühne, Hans-Heiner	Strafprozessrecht, 7. Auflage, Heidelberg 2007
Krey, Volker	Deutsches Strafverfahrensrecht, Stuttgart 2006
Lesch, Heiko H.	Der Beschuldigte im Strafverfahren – über den Begriff und die Konsequenzen der unterlassenen Belehrung, JA 1995, 157
Löwe-Rosenberg	Die Strafprozessordnung und das Gerichtsverfassungsgesetz, §§ 112-136a, 25. Auflage, Berlin, New York 1997 (zit. Bearbeiter, in: LR)
Meyer-Goßner, Lutz	Strafprozessordnung, Gerichtsverfassungsgesetz, Nebengesetze und ergänzende Bestimmungen, 50. Auflage, München 2007
Münch, Ingo v./Kunig, Philip	Grundgesetzkommentar, Band 1, Präambel bis Art. 19, 5. Auflage, München 2000

Otto, Harro	Die strafprozessuale Verwertbarkeit von Beweismittel, die durch Eingriff in die Rechte anderer von Privaten erlangt wurden, in: Festschrift für Theodor Kleinknecht, München 1985, S. 326
Perschke, Stefan	Die Zulässigkeit nicht spezialgesetzlich geregelter Ermittlungsmethoden im Strafverfahren, Köln u.a., 1997 (zit. Ermittlungsmethoden)
Pfeiffer, Gerd	Strafprozessordnung und Gerichtsverfassungsgesetz, Kommentar, 5. Auflage, München 2005
Ranft, Otfried	Strafprozessrecht, 3. Auflage, Stuttgart, München, Hannover, Berlin, Weimar, Dresden 2005
Rengier, Rudolf	Grundlegende Verwertungsprobleme bei den §§ 252, 168c, 251 StPO, Jura 1981, 299
Rieß, Peter	Die Vernehmung des Beschuldigten im Strafprozess, JA 1980, 293
Rogall, Klaus	Der Beschuldigte als Beweismittel gegen sich selbst, Berlin 1977, (zit. Der Beschuldigte)
Roxin, Claus	Strafverfahrensrecht, 25. Auflage, München 199
Rüping, Hinrich	Der Grundsatz des rechtlichen Gehörs und seine Bedeutung im Strafverfahren, Berlin 1976 (zit. Rechtliches Gehör)
Sachs, Michael	Grundgesetz, Kommentar, 4. Auflage, München 2007 (zit. Bearbeiter, in: Sachs)
Schönke, Adolf/Schröder, Horst	Kommentar zum Strafgesetzbuch, 27. Auflage, München 2006
Strate, Gerhard/ Ventzke, Klaus-Ulrich	Unbeachtlichkeit einer Verletzung des § 137 I S. 1 StPO im Ermittlungsverfahren, StV 1986, 30
Sydow, Fritz	Kritik der Lehre von den Beweisverboten, Würzburg 1976 (zit. Beweisverbote)
Systematischer Kommentar	zur Strafprozessordnung und zum Gerichtsverfassungsgesetz, 50. Lieferung, Oktober 2006
Tröndle, Herbert/Fischer, Thomas	Strafgesetzbuch, Kommentar, München 54. Auflage 2007

Walder, Hans	Die Vernehmung des Beschuldigten, Hamburg 1965 (zit. Vernehmung)
Wölfl, Bernd	Die Verwertbarkeit heimlicher privater Ton- und Bildaufnahmen im Strafverfahren, Frankfurt a.M., 1997 (zit. Bildaufnahmen)
Wölfl, Bernd	Heimliche private Tonaufnahmen im Strafverfahren, StraFo 1999, 74

Lösung

Frage 1: Vernehmung einer privaten Verhörsperson

Die Vernehmung der C ist erlaubt, wenn es sich dabei um ein zulässiges Beweismittel handelt und ihr kein Beweisverbot entgegensteht.

1. Vernehmung des mittelbaren Zeugen

Die Vernehmung der C könnte schon daran scheitern, dass sie nur über die Äußerungen eines Dritten – hier des Angeklagten – Auskunft gibt, der über seine Einlassungen selbst befragt werden könnte. Die Befragung der C könnte deshalb gegen den Unmittelbarkeitsgrundsatz verstoßen. Grundsätzlich darf aber auch ein Zeuge darüber vernommen werden, was der Angeklagte ihm gegenüber geäußert hat[1]. Der Zeuge ist dann ein unmittelbares Beweismittel bezüglich der von ihm wahrgenommenen früheren Aussagen des Beschuldigten. Ein Verstoß gegen den Unmittelbarkeitsgrundsatz liegt in der Vernehmung der C damit nicht.

2. Verbot der Verabreichung von Mitteln gem. § 136a StPO

Problematisch ist aber, dass C den G zu einem gesteigerten Alkoholkonsum angeregt und ihn befragt hat, nachdem G bereits merklich angeheitert war. Die Befragung des Beschuldigten nach der Verabreichung von berauschenden Mitteln, also auch von Alkohol, ist den Strafverfolgungsbehörden gem. § 136a StPO verboten. Das Verbot gilt jedoch nicht generell, weil Alkohol in geringen Mengen keine Auswirkungen auf den psychischen Zustand hat[2]. Die Verabreichung von Alkohol ist deshalb nicht ausnahmslos unzulässig[3]. Das Vernehmungsverbot gilt nach h.M.[4] vielmehr nur, wenn der Beschuldigte so erheblich unter Alkoholeinfluss steht, dass seine Verhandlungsfähigkeit ausgeschlossen ist. Nach anderer Ansicht reicht bereits eine Beeinträchtigung durch die Alkoholisierung, die unterhalb der Schwelle der Verhandlungsfähigkeit anzusiedeln ist[5]. Welcher Alkoholisierungsgrad zu einem Vernehmungsverbot führt, kann nicht abstrakt bestimmt werden, sondern ist Tatfrage[6], wobei insbesondere die Trinkgewohnheiten des Beschuldigten berücksichtigt werden müssen. Inwieweit die Befragung des G auf Grund seiner Berauschung unter das Verbot des § 136a StPO fällt, muss aber nur geklärt werden, wenn die Befragung durch C überhaupt an dem Maßstab des § 136a StPO zu messen ist. Nach ganz h.M.[7] richtet sich die Beweisvorschrift nur an den Staat.

---
[1] BGHSt 17, 382; BGH, StV 1988, 91 m. Anm. *Ventzke*; *Detter*, NStZ 2003, 1 ff.; *Pfeiffer*, Vor §§ 48-71 Rdnr. 4.
[2] *Hanack*, in: LR, § 136a Rdnr. 25.
[3] *Boujong*, in: KK, § 136a Rdnr. 16; *Lemke*, in: HKStPO, § 136a Rdnr. 22; *Rogall*, in: SKStPO, § 136a Rdnr. 39.
[4] *Boujong*, in: KK, § 136a Rdnr. 16; Lemke, in: HKStPO, § 136a Rdnr. 22.
[5] *Hanack*, in: LR, § 136a Rdnr. 28
[6] *Rogall*, in: SKStPO, § 136a Rdnr. 40.
[7] *Beulke*, Strafprozessrecht, Rdnr. 478; *Boujong*, in: KK, §136a Rdnr. 3.

Deshalb sind Private durch § 136a StPO nicht daran gehindert, den Beschuldigten auch mit den genannten unzulässigen Vernehmungsmethoden zu befragen. Davon zu trennen ist lediglich die Frage nach der Verwertbarkeit der auf diese Weise erlangten Aussagen. Eine vereinzelt in der Literatur[8] vertretene Auffassung hält dagegen auch Privatpersonen für Normadressaten des § 136a StPO. Dem ist jedoch zu widersprechen, weil die StPO nur Regeln enthält, welche die Strafverfolgungsorgane einhalten müssen, während sich die Verantwortlichkeit privater Personen ausschließlich nach dem materiellen Recht richtet[9].

3. Verwertung privater Ermittlungsergebnisse

Damit ist aber zunächst lediglich festgestellt, dass die Befragung des G nicht gegen § 136a StPO verstößt und somit nicht automatisch das Verwertungsverbot des § 136a III 2 StPO eingreift. Zweifelhaft ist auch auf der Basis der h.M., nach der sich die Beweisvorschriften nur an die Strafverfolgungsbehörden richten, inwieweit die von Privatpersonen ermittelten Informationen im Prozess verwertet werden dürfen.

a) Die überwiegende Ansicht löst die Verwertungsfrage von Beweisen, die durch private Personen ermittelt wurden, durch eine Abwägung[10]. Nach der h.M. hat also ein Verstoß gegen die in § 136a StPO niedergelegten Grundsätze nicht automatisch ein Beweisverwertungsverbot zur Folge. Das Gericht habe bei der Bewertung solcher Beweismittel nur besondere Vorsicht walten zu lassen[11]. Innerhalb der h.M. ist die Abwägungsregel, nach der ein Verwertungsverbot dann zu bejahen ist, wenn der Akt der Beweiserlangung durch Private extrem menschenrechtswidrig ist, weitgehend[12] anerkannt. Damit sind vor allem die Fälle bezeichnet, in denen ein Privatmann ein Geständnis durch qualvolles Martern erreicht. Da diese Konstellationen wohl kaum eine große Praxisrelevanz aufweisen und ein so erlangtes Geständnis als Beweismittel wenig geeignet ist[13], wird in der Literatur[14] allerdings Kritik an dieser Abwägungsregel geäußert. Außerhalb dieser klaren Fallgestaltungen sei es nämlich äußerst schwierig, menschenrechtswidrige oder entwürdigende Methoden zu bestimmen. Deshalb werde das Problem nicht gelöst, sondern die Diskussion um ein Verwertungsverbot nur auf die Frage nach der Menschenwürdeverletzung verlagert[15]. Dem ist zwar insoweit zuzustimmen, als dass eine menschenrechtswidrige Behandlung abstrakt nur schwer zu beschreiben ist. Was unter einer entwürdigenden Veranlassung zu einer Selbstbelastung zu

---
[8] *Gössel*, Strafverfahrensrecht, § 23 B II c.
[9] *Rogall*, in: SKStPO, § 136a Rdnr. 10.
[10] *Beulke*, Strafprozessrecht, Rdnr. 479; *Hellmann*, Strafprozessrecht, Rdnr. 530; *Meyer-Goßner*, § 136a Rdnr. 3.
[11] *Hanack*, in: LR, § 136a Rdnr. 11, Fn. 20; *Rogall*, in: SKStPO, § 136a Rdnr. 14.
[12] *Bockemühl*, Private Ermittlungen, S. 124 ff.; *Hellmann*, Strafprozessrecht, Rdnr. 530; *Roxin*, Strafverfahrensrecht, § 24 Rdnr. 43; *Wolter*, in: SKStPO, Vor § 151 Rdnr. 116.
[13] *Senge*, in: KK, Vor § 48 Rdnr. 53.
[14] *Dencker*, Verwertungsverbote, S. 99; *Kühne*, in: AKStPO, § 136a Rdnr. 13; *Rüping*, Rechtliches Gehör, S. 139.
[15] *Dencker*, Verwertungsverbote, S. 99; *Rogall*, in: SKStPO, § 136a Rdnr. 15; *Senge*, in: KK, Vor § 48 Rdnr. 52.

verstehen ist, bedarf hier aber keiner näheren Betrachtung. Die Befragung eines Menschen, der eine zwar nicht genau feststellbare Menge Alkohol, aber höchstens drei Flaschen Wein getrunken hat, ist auf keinen Fall ein krasser Eingriff in die Menschenwürde. Alkohol kann die Willensentschließung zwar beeinträchtigen, macht den Betrunkenen aber nicht zum Objekt, wenn er den Alkohol freiwillig zu sich genommen hat. Zum Teil wird in der Literatur[16] ein Verwertungsverbot offensichtlich schon unter geringeren Voraussetzungen angenommen, indem nicht auf die Menschenwürde, sondern auf eine erhebliche Verletzung des Persönlichkeitsrechts abgestellt wird. Auch diese Modifizierung der h.M. kommt jedoch nicht zur Unverwertbarkeit der Äußerungen des G. Eine Verletzung des Persönlichkeitsrechts durch die Einschränkung der Entschließungsfreiheit soll nämlich nur dann ein Verwertungsverbot nach sich ziehen, wenn sie „*nachhaltig*" war[17]. Was konkret darunter zu verstehen ist, wird dabei freilich offen gelassen. Eine nachhaltige Verletzung dürfte aber durch den Alkoholeinfluss wohl nicht gegeben sein, sodass diese Auffassung in casu nicht zu einem abweichenden Ergebnis führt.

7   b) Vereinzelt[18] wird jedoch stets ein Verwertungsverbot angenommen, wenn die private Beweiserlangung gegen § 136a StPO verstoßen würde, falls die Strafverfolgungsbehörden auf die gleiche Art den Beweis ermittelt hätten. Als Begründung wird insbesondere auf die Gefahr verwiesen, die darin bestehe, dass die Strafverfolgungsbehörden sich Privater bedienen, um den Beschuldigten zu einer Aussage zu bewegen. Außerdem habe der Staat auch eine Schutzpflicht gegenüber Angriffen Dritter. Diese Auffassung würde demnach dann zu anderen Ergebnissen kommen, wenn die Befragung des G durch die C gegen § 136a StPO verstoßen hätte.

8   c) Inwieweit der Konsum von höchstens 3 Flaschen Wein die Willensfreiheit des G ausgeschlossen hat, kann aber offen bleiben, weil die letztgenannte Auffassung abzulehnen ist. Es ist zwar zuzugeben, dass der Staat eine Schutzpflicht gegen Angriffe Dritter hat. Uneingeschränkt kann das aber nur gelten, wenn es sich um einen Angriff auf die Menschenwürde handelt. Auch das Argument, es bestünde die Gefahr, dass sich der Staat Dritter bedient, um die Schutzvorschriften der StPO zu umgehen, kann nicht überzeugen. Werden Private von den Strafverfolgungsbehörden mit der Erlangung eines Beweises beauftragt, gelten nämlich andere Grundsätze. Es handelt sich in diesem Fall nicht mehr um private Ermittlungen, sodass § 136a StPO nach ganz h.M.[19] anwendbar ist.

4. Ergebnis

9   Nach den beiden erstgenannten Auffassungen steht einer Vernehmung der C über die Äußerungen, die G ihr gegenüber gemacht hat, damit nichts im Wege.

---

[16] *Rogall*, in: SKStPO, § 136a Rdnr. 15.
[17] *Rogall*, in: SKStPO, § 136a Rdnr. 15.
[18] *Jahn*, JuS 2000, 441; *Sydow*, Beweisverbote, S. 116.
[19] BGHSt 44, 129, 134; *Boujong*, in: KK, § 136a Rdnr. 4; *Meyer-Goßner*, § 136a Rdnr. 3; *Lemke*, in: HKStPO, § 136a Rdnr. 4; *Walder*, Vernehmung, S. 166 f.; einschränkend, im Ergebnis aber ähnlich: *Rogall*, in: SKStPO, § 136a Rdnr. 16.

2. Frage: Einführung der Fotografien und Tonbänder

Die Fotos und die Tonbandaufnahmen können in die Hauptverhandlung eingeführt werden, wenn es sich um zulässige Beweismittel handelt und keine Beweisverbote entgegenstehen.

1. Art und Weise der Einführung in die Hauptverhandlung

Die konkrete Einführung in die Hauptverhandlung richtet sich nach der Art des Beweismittels.

a) Fotos als Augenscheinsbeweis

Bei den Fotos handelt es sich um Augenscheinsobjekte. Unter einem Augenscheinsbeweis ist jede nicht als Zeugen-, Sachverständigen- oder Urkundsbeweis besonders geregelte Beweisaufnahme durch sinnliche Wahrnehmung zu verstehen[20]. Fotos sind keine Schriftstücke, deren gedanklicher Inhalt durch Lesen erschlossen werden kann, sie fallen somit nicht unter den Begriff des Urkundsbeweises. Es handelt sich demnach um einen Augenscheinsbeweis.

b) Einführung des Tonbandes

Umstritten ist jedoch, wie Tonbandaufnahmen in den Prozess eingeführt werden können. In Betracht kommt ein Abspielen der Tonbandaufzeichnung oder ein Verlesen der von ihr angefertigten Niederschrift. Das Abspielen würde einen Augenscheinsbeweis darstellen, während das Verlesen eine sinnliche Wahrnehmung des Gedankeninhalts durch Lesen, somit ein Urkundsbeweis ist.

aa) Nach Ansicht des BGH[21] liegt es im Ermessen des Richters, welchen Weg er wählt. Die Niederschrift sei zwar aus einem anderen Beweismittel gewonnen, somit nicht das tatnächste Beweismittel. Es bestehe aber keine Verpflichtung, das tatnächste Beweismittel zu verwenden[22]. Die Einführung einer Tonbandaufnahme durch Urkundsbeweis verstieße auch nicht gegen § 250 StPO, da Gegenstand der Beweisaufnahme nicht die Wahrnehmungen einer Person sei, sondern die Gespräche selbst, die auf dem Tonträger aufgezeichnet sind. Die Verlesung der Niederschrift ist nach dieser Ansicht auch nicht durch die Möglichkeit der Vernehmung der Person, welche die Niederschrift angefertigt hat, ausgeschlossen, da die niederschreibende Person keine eigenen Wahrnehmungen gemacht, sondern lediglich eine technische Hilfstätigkeit vorgenommen habe[23].

bb) Nach h.M.[24] müssen Tonbandaufnahmen dagegen in der Hauptverhandlung abgespielt werden, weil es sich um Augenscheinsobjekte handele. Der Unmittelbarkeitsgrundsatz gelte zwar für Augenscheinsobjekte nicht. Daraus folge aber lediglich, dass die Wahrnehmung des Richters durch die Wahrnehmung einer spä-

---
[20] *Hellmann*, Strafprozessrecht, Rdnr. 753.
[21] BGHSt 27, 135, 136.
[22] BGHSt 27, 135, 137; zust. *Diemer*, in: KK, § 249 Rdnr. 25; *Golla*, JuS 1984, 128, 129.
[23] BGHSt 27, 135, 137; zust. *Golla*, JuS 1984, 128, 129; *Gollwitzer*, JZ 1978, 119, 120.
[24] BGHSt 14, 339, 341; *Beulke*, Strafprozessrecht, Rdnr. 204; *Hellmann*, Strafprozessrecht, Rdnr. 760; *Roxin*, Strafverfahrensrecht, § 28 Rdnr. 9.

ter zu vernehmenden Person ersetzt werden kann. Eine Ersetzung der Wahrnehmung der Tonbandaufnahme durch die Niederschrift sei damit aber nicht gestattet.

16 cc) Für die h.M. spricht, dass nicht notwendigerweise das Gericht die Wahrnehmung des Augenscheins vornehmen muss, sondern die Wahrnehmung einer anderen Person ausreicht. Diese Person muss aber zwingend vernommen werden, während die Verlesung einer Urkunde über den Augenscheinsbeweis nicht zulässig ist. Das ergibt sich daraus, dass diese Protokolle in § 249 I 2 StPO nicht genannt sind[25]. Aus dieser Wertung folgt aber, dass eine Niederschrift über Wahrnehmungen die Einführung des Augenscheinsbeweises in den Prozess nicht ersetzen kann. Dieses Ergebnis muss damit auch für Tonbandaufnahmen gelten. Das Gericht muss die von C angefertigte Tonbandaufnahme somit in der Hauptverhandlung abspielen, wenn dem keine Bedenken entgegenstehen.

2. Rechtmäßigkeit der Einführung in die Hauptverhandlung

17 Der Einführung der Fotos und des Tonbandes in die Hauptverhandlung könnte allerdings entgegenstehen, dass es sich dabei um Ergebnisse privater Beweisermittlung handelt, die unter Verwendung technischer Hilfsmittel gewonnen wurden.

a) Verwendung der Fotos

18 Bei der Beantwortung der Frage, ob ein Beweismittel herangezogen werden darf, wird in der Regel zwischen der Rechtswidrigkeit der Beweiserhebung und dem Verbot der Beweisverwertung unterschieden. Beweiserhebung bedeutet dabei nicht das Beschaffen des Beweises, sondern die Erhebung des Beweises im Strafverfahren. Unter der Verwertung des Beweismittels ist lediglich die Berücksichtigung der Beweisergebnisse im Urteil zu verstehen[26]. Demnach ist nicht die Aufnahme der Fotos die Beweiserhebung, sondern das Zeigen der Fotos in der Hauptverhandlung[27]. Daraus folgt, dass es auf die (Zivil-)Rechtswidrigkeit der Aufnahme der Fotos, die sich aus dem Eingriff in das zivilrechtlich geschützte Allgemeine Persönlichkeitsrecht ergibt, nicht ankommt. Die rechtswidrige Erlangung eines Beweismittels schließt die Benutzung im Strafverfahren nämlich grundsätzlich nicht aus[28]. In casu könnte aber auch die Erhebung des Beweises rechtswidrig sein.

aa) Eingriff in das Allgemeine Persönlichkeitsrecht durch die Verwertung

19 Die Rechtswidrigkeit der Beweiserhebung könnte sich hier aus einer Verletzung des Allgemeinen Persönlichkeitsrechts i.S.d. Art. 2 I GG i.V.m. Art. 1 I GG ergeben. Dieses Recht soll dem Einzelnen einen Bereich gewährleisten, in dem er sich

---
[25] *Meier*, in: AKStPO, § 249 Rdnr. 22.
[26] So wohl auch *Roxin*, Strafverfahrensrecht, § 24 Rdnr. 18.
[27] So auch für Tonbänder: *Gropp*, StV 1989, 216, 217.
[28] BGHSt 27, 355, 357; 36, 167, 172; *Dencker*, Verwertungsverbote, S. 99; *Senge*, in: KK, Vor § 48 Rdnr. 52.

keinerlei öffentlicher Kontrolle unterziehen muss und den er selbst gestalten kann[29]. Dieser Bereich ist jedoch durch die Aufnahme bereits irreparabel verletzt. Das Allgemeine Persönlichkeitsrecht enthält darüber hinaus aber auch eine dynamische Komponente, das sog. Recht auf Selbstdarstellung[30]. Danach hat jeder selbst die Entscheidung darüber, was er anderen von sich zeigen möchte. Die Entscheidung, ob Fotos im Prozess gezeigt und damit der Öffentlichkeit zugänglich gemacht werden dürfen, obliegt demnach dem auf dem Foto Abgebildeten. Die dynamische Komponente des Allgemeinen Persönlichkeitsrechts wird also durch die Einführung der heimlichen Fotos in den Prozess verletzt, weil es nicht die Entscheidung des N war, die Aufnahmen zu zeigen.

bb) Rechtfertigung durch Abwägung

Die Beweiserhebung ist aber rechtmäßig, wenn der Eingriff in das Allgemeine Persönlichkeitsrecht gerechtfertigt ist. Nach verfassungsrechtlichen Vorgaben ist eine Rechtfertigung eines Eingriffs in das Allgemeine Persönlichkeitsrecht davon abhängig, ob die Verwertung der Fotos verhältnismäßig ist[31]. Es muss also eine Abwägung zwischen dem öffentlichen Interesse an der Wahrheitsermittlung und der Strafverfolgung und den schutzwürdigen Interessen des Betroffenen vorgenommen werden[32]. Innerhalb der notwendigen Abwägung sind die vom BVerfG[33] entwickelten Richtlinien, die als Dreistufentheorie bekannt geworden sind und die eine grobe Abwägungsregel vorgeben, entscheidend. Nach der Dreistufentheorie muss zwischen Eingriffen in den von Art. 2 I GG und Art. 1 I GG geschützten unantastbaren Kernbereich privater Lebensgestaltung („Intimsphäre") und solchen in die Privatsphäre unterschieden werden. Während ein Eingriff in die Intimsphäre nicht gerechtfertigt werden kann, sind solche in die Privatsphäre dann gerechtfertigt, wenn das Interesse der Allgemeinheit an der Strafverfolgung schwerer wiegt. Keiner Rechtfertigung bedürfen Eingriffe in die sogenannte Öffentlichkeitssphäre. Ein Eingriff liegt bei der heimlichen Bild- oder Tonaufnahme aus dieser Sphäre nicht vor, weil es sich um einen Bereich der Lebensgestaltung, die ohne privaten Charakter ist, handelt. Das Zeigen der Fotos in der Hauptverhandlung wäre demnach dann ohne Rechtfertigung zulässig, wenn es sich um Aufnahmen aus der Öffentlichkeitssphäre handelt. In Teilen der Literatur[34] wird behauptet, durch die Benutzung technischer Hilfsmittel werde grundsätzlich in die Privatsphäre des Betroffenen eingegriffen. Dem ist aber nicht grundsätzlich zuzustimmen. So greift eine heimliche Bildaufnahme einer Person, die sich in der Öffentlichkeit bewegt, nicht in die Privatsphäre ein. Es kommt also nicht auf die Verwendung technischer Hilfsmittel an, sondern auf die Sphäre, in der sich der Betroffene befindet.

---

[29] *v. Münch/Kunig*, Art. 2 GG Rdnr. 32; *Murswiek*, in: Sachs, Art. 2 GG Rdnr. 69.
[30] *v. Münch/Kunig*, Art. 2 GG Rdnr. 34; *Murswiek*, in: Sachs, Art. 2 GG Rdnr. 71; *Wölfl*, Bildaufnahmen, S. 60 ff.; *ders.*, StraFO 1999, 74, 76.
[31] *Joerden*, Jura 1990, 633, 643.
[32] *Beulke*, Strafprozessrecht, Rdnr. 474.
[33] BVerfGE 34, 238.
[34] *Perschke*, Ermittlungsmethoden, S. 119.

21　　Hier wurde N zwar nicht auf offener Straße fotografiert, sondern auf einem privaten Gelände. Es handelte sich jedoch nicht um einen abgeschirmten privaten Bereich, wie z.B. ein Garten, sondern um ein vielen zugängliches Gebiet. Die auf dem Foto abgebildete Tätigkeit gehört aber dem Privatbereich des N an. Zwar hat er den Auftrag zum Entleeren des Fasses von seinem Chef bekommen. Da es sich aber nicht um eine normale Arbeitnehmertätigkeit, sondern um ein verbotenes Tun handelt, gehört diese Tätigkeit nicht der Öffentlichkeitssphäre, sondern der Privatsphäre an. Das Geheimhaltungsinteresse des N zeigt sich nicht zuletzt darin, dass er die Fässer in der Nacht entleert.

22　　Durch das Zeigen der Fotos in den Prozess liegt damit ein Eingriff in die dynamische Komponente des Allgemeinen Persönlichkeitsrechts vor, der einer Rechtfertigung durch Abwägung bedarf. Hier ist zugunsten der Strafrechtspflege zu beachten, dass es sich um kein Delikt der Bagatellkriminalität handelt. Weiterhin erscheint auch der Eingriff in das Allgemeine Persönlichkeitsrecht nur wenig gravierend. Dabei kommt der Tatsache, dass N sich nicht auf einem abgeschirmten Privatgelände aufgehalten hat, besonderes Gewicht zu. Fraglich ist allerdings, wie es sich auswirkt, dass der Eingriff in das Persönlichkeitsrecht nicht den Beschuldigten selbst, sondern einen Dritten betrifft. In der Abwägung ist diese Drittbetroffenheit jedoch eher zugunsten der Strafrechtspflege zu berücksichtigen, weil der Eingriff nicht dazu führt, den Betroffenen selbst einer Straftat zu überführen. Die Inaugenscheinnahme ist demnach gerechtfertigt und die Beweiserhebung - und daraus folgend auch die Beweisverwertung - zulässig.

b) Verwendung der Tonbandaufnahme

23　　Die Beurteilung der Rechtswidrigkeit des Abspielens der Tonbandaufnahmen könnte zu einem anderen Ergebnis führen, weil sich die Rechtswidrigkeit des Abspielens nicht nur aus einer Verletzung des Allgemeinen Persönlichkeitsrechts ergeben, sondern die Einführung in die Hauptverhandlung darüber hinaus strafrechtswidrig gem. § 201 I Nr. 2 StGB sein könnte. Da der Tatbestand des § 201 I Nr. 1 StGB voraussetzt, dass die Aufnahme gegen § 201 I Nr. 1 StGB verstößt, ist hier vorrangig die Rechtswidrigkeit der Aufnahme des Tonbandes durch C zu prüfen.

aa) Rechtswidrigkeit der Tonbandaufnahme

24　　(1) Teile der Literatur[35] folgern die Rechtswidrigkeit der heimlichen Tonbandaufnahme bereits aus §§ 100a, 100b StPO. Da mit diesen Normen eine spezielle Regelung bestehe, sei privaten Personen das heimliche Abhören untersagt. Nach dieser Auffassung entfalten die §§ 100a, 100b StGB eine Sperrwirkung, sodass der Einsatz technischer Mittel den Strafverfolgungsbehörden vorbehalten und den Privaten deshalb verboten sei. Dem wird jedoch zu Recht entgegengehalten, dass die angenommene Sperrwirkung der §§ 100a, 100b StPO eine bloße Behauptung

---

[35] *Bockemühl,* Private Ermittlungen, S. 86; *Lenckner,* in: Schönke/Schröder, § 201 Rdnr. 31a.

sei³⁶. Die StPO richte sich an nur die Strafverfolgungsbehörden, und der Gesetzgeber habe mit der Schaffung der §§ 100a, 100b StPO dem Erfordernis des Vorbehalts des Gesetzes nachkommen wollen, weil sich die in diesen Vorschriften geregelten Ermittlungsmethoden nicht auf die Generalklauseln stützen lassen. Da Private aber keine Befugnisnorm benötigen, können §§ 100a, 100b StPO auch keine Präklusionswirkung ihnen gegenüber entfalten. Die Rechtswidrigkeit und daraus folgende Unverwertbarkeit der Tonbandaufnahme ergibt sich also nicht aus §§ 100a, 100b StPO.

(2) Das heimliche Aufzeichnen des nicht öffentlich gesprochenen Wortes mittels technischer Aufzeichnungen verstößt aber gegen § 201 I Nr. 1 StGB, es sei denn, die Handlung ist gerechtfertigt. 25

(a) Die Aufnahme wäre in casu durch § 34 StGB gerechtfertigt, wenn sie zur Abwehr einer gegenwärtigen Gefahr diente. In Betracht kommt die Abwendung einer Gefahr für die Umwelt, die durch die Überführung des G verhindert werden sollte. Die Anwendung des § 34 StGB scheitert aber schon daran, dass C nicht zur Abwendung dieser Gefahr gehandelt hat, weil die unmittelbar bevorstehende Einleitung des Glycerinwassers gerade nicht verhindert werden sollte. 26

(b) In Betracht kommt aber eine Rechtfertigung durch § 34 StGB aus einem anderen Grund³⁷. C hat hier zwar nicht gehandelt, um eine gegenwärtige Gefahr abzuwenden. Sie wollte aber den G wegen Gewässerverunreinigung überführen und hatte ein Interesse an der Beweiserlangung. Eine Rechtfertigung aus § 34 StGB hängt davon ab, ob das Interesse an der Beweiserlangung oder -sicherung im konkreten Fall unter Berücksichtigung der Interessen des Betroffenen diese überwiegt. Innerhalb der Abwägung ist von besonderer Bedeutung, wie schwer die Rechtsverletzung im Verhältnis zur abzuwehrenden Rechtsverletzung ist. Das Ergebnis dieser Abwägung kann hier letztlich offen bleiben, weil weitere Voraussetzung für eine Rechtfertigung gem. § 34 StGB ist, dass die Interessen der Strafverfolgung nicht anders verwirklicht werden können. An diesem Erfordernis fehlt es aber gerade. Die C hatte bereits die Aussage des G, die eine Überführung bereits möglich gemacht hätte. Zumindest hätte die Staatsanwaltschaft auf Grund dieser Aussage weitere Ermittlungen anstellen können. Eine Rechtfertigung durch § 34 StGB scheidet also aus. 27

bb) Beweiserhebungsverbot

Da nach h.M. die Rechtswidrigkeit einer Beweisermittlung nicht zwingend zu einem Beweiserhebungsverbot führt, ist damit aber nicht gesagt, dass die Aufnahme nicht in die Hauptverhandlung eingeführt werden darf. Die Einführung in den Prozess könnte aber ebenfalls rechtswidrig sein. 28

---

[36] *Hellmann*, Strafprozessrecht, Rdnr. 529 f.
[37] So in ähnlichen Fällen: *Joerden*, Jura 1990, 633, 643; KG JR 1981, 254, das allerdings auf eine notwehrähnliche Lage abstellt.

(1) Gesetzesverstöße durch das Abspielen des Tonbandes

29 (a) Da die Aufnahme unter Verstoß gegen § 201 I Nr. 1 StGB hergestellt worden ist, ist sie unbefugt hergestellt worden. Das Abspielen in der Hauptverhandlung verstößt damit gegen § 201 I Nr. 2 StGB. Die Einführung der Tonbandaufnahme in den Prozess ist folglich nicht nur rechtswidrig, sondern sogar strafrechtswidrig[38].

30 (b) Die grundsätzliche Entscheidungsfreiheit eines Menschen darüber, welchem Kreis von Personen seine Worte durch Abspielen einer Aufnahme zugänglich werden dürfen, wird durch das Allgemeine Persönlichkeitsrecht geschützt[39]. Die dynamische Komponente, nämlich das Recht zur Selbstdarstellung, wird durch das Abspielen einer Tonbandaufnahme verletzt, weil der Inhalt des Tonbandes einer größeren Zahl von Personen bekannt wird. Das Abspielen eines Tonbandes in der Öffentlichkeit – und damit auch in der Hauptverhandlung – stellt einen Eingriff in das Grundrecht des Betroffenen dar[40].

(2) Rechtfertigung durch Interessenabwägung

31 (a) Es besteht zwar kein allgemeiner Grundsatz, nach dem eine rechtswidrige Beweiserhebung im Strafprozess nicht erfolgen darf oder zumindest zu einem Beweisverwertungsverbot führt. So hindert etwa nach h.M.[41] die Strafbarkeit eines Geheimnisträgers nach § 203 I StGB das Gericht nicht an der Verwertung der Aussage. Etwas anderes muss aber dann gelten, wenn sich das Gericht selbst durch die Beweiserhebung strafbar macht bzw. in das Allgemeine Persönlichkeitsrecht eingreift. Die Tonbandaufnahmen dürfen folglich nur eingeführt werden, wenn die Beweiserhebung rechtmäßig ist, weil sie gerechtfertigt ist.

32 (b) In der neueren Literatur[42] findet sich indes ein Ansatz, nach dem eine Rechtfertigung grundsätzlich nur möglich ist, wenn es sich um eine Katalogtat des § 100a StPO handelt. Begründet wird diese Einschränkung mit dem Argument, eine Rechtfertigung eines Grundrechtseingriffes bedürfe einer gesetzlichen Grundlage, die in §§ 100a ff. StPO zu sehen sei, weil diese Vorschriften die Vorstellungen des Gesetzgebers, was rechtsstaatlichen Grundsätzen entspreche, enthielten. Da die Gewässerverunreinigung keine Katalogtat des § 100a StPO darstellt, kommt diese Auffassung zur Rechtswidrigkeit der Einführung des Tonbandes in den Prozess. Eine Auseinandersetzung mit dieser Auffassung kann unterbleiben, wenn auch die Ansicht, welche die grundsätzliche Möglichkeit der Rechtfertigung bejaht, hier zur Rechtswidrigkeit der Beweiserhebung gelangt.

33 (c) Ob eine Rechtfertigung der Einführung einer unbefugt aufgenommenen Tonbandaufnahme in den Prozess möglich ist, ist in der Rechtsprechung strittig.

---

[38] *Beckemper/Wegner*, JA 2003, 510.
[39] BVerfGE 34, 238, 246 f.; 54, 148, 155; BGH, JZ 1982, 199, 200; in diesem Sinne auch BVerfGE 65, 1 (Volkszählungsurteil).
[40] *Joerden*, Jura 1990, 633, 643.
[41] BGHSt 9, 59, 61; 15, 200, 202; *Hellmann*, Strafprozessrecht, Teil IV § 3 Rdnr. 29; *Meyer-Goßner*, § 53 Rdnr. 6; a.A. *Beulke*, Strafprozessrecht, Rdnr. 462; *Roxin*, Strafverfahrensrecht, § 26 Rdnr. 22.
[42] *Wölfl*, Bildaufnahmen, S. 93 ff.; *ders.*, StraFo 1999, 74, 77.

Zumeist wird der Strafrechtsverstoß gar nicht erwähnt, sondern lediglich eine Rechtfertigung des Eingriffs in das Allgemeine Persönlichkeitsrecht durch das Prinzip der Interessensabwägung geprüft[43]. Das KG[44] lehnt dagegen die Rechtfertigung einer Beweiserhebung, welche die Voraussetzungen des § 201 I Nr. 2 StGB erfüllt, ab. Die Literatur[45] steht – in Anlehnung an die Rechtsprechung des BVerfG – auf dem Standpunkt, heimliche Aufnahmen durch einen Dritten dürften verwertet werden, wenn überwiegende Interessen der Allgemeinheit dies zwingend gebieten und das Interesse des Sprechenden zurücktreten muss. Dabei wird z.T.[46] behauptet, auf die materiell-strafrechtliche Lage käme es gar nicht an, da in das Persönlichkeitsrecht eingegriffen werde, während andere[47] das Beweisverbot nur aus § 201 StGB, welcher das verfassungsmäßige Recht am gesprochen Wort konkretisieren soll, folgern. Die Frage nach dem Verhältnis des Persönlichkeitsrechts zu § 201 StGB kann aber offen bleiben, da die Rechtfertigung eines Strafrechtsverstoßes und einen Eingriff in Grundrechte gleichen Kriterien unterliegt. Für eine Rechtfertigung des gem. § 201 I Nr. 2 StGB tatbestandsmäßigen Verhaltens kommt nämlich lediglich Notstand in Betracht[48]. Eine Rechtfertigung gem. § 34 StGB ist aber nur dann gegeben, wenn die Interessenabwägung zu dem Ergebnis führt, dass das geschützte Interesse das beeinträchtigte wesentlich überwiegt[49]. § 34 StGB ist damit nichts anderes als die Verkörperung eines allgemeinen rechtfertigenden Interessenabwägungsprinzips[50], das auch herangezogen wird, um den Eingriff in das Allgemeine Persönlichkeitsrecht zu rechtfertigen[51]. Da § 34 StGB nicht vorgibt, wie die Bewertung der widerstreitenden Interessen im Einzelnen vorzunehmen ist[52], muss bei der Abwägung die Gewichtung der Interessen im Einzelfall festgelegt werden. Dazu sind die vom BVerfG entwickelten Grundsätze zur Rechtfertigung eines Eingriffs in das Allgemeine Persönlichkeitsrecht heranzuziehen.

(d) Das Interesse der funktionierenden Strafrechtspflege wäre nach der Dreistufentheorie dann höher als das Geheimhaltungsinteresse des G zu bewerten, wenn das Gespräch des G weder in den Intim- noch in den Privatbereich fällt. Zur Öffentlichkeitssphäre gehören z.B. Geschäftsgespräche. Aus der Tatsache, dass die Unterhaltung in den Geschäftsräumen des G stattfand, kann jedoch nicht geschlossen werden, es handele sich um ein Geschäftsgespräch. Auch aus Diensträumen

---

[43] BVerfG 34, 238, 250; BGHSt 36, 167, 173; BayObLG, NJW 1990, 197; BayObLG, NStZ 1994, 503.
[44] KG, JR 1981, 254; vgl. auch OLG Hamm, 5 Ss 481/87, zit. in *Wölf,* Bildaufnahmen, S. 32.
[45] *Boujong,* in: KK, § 136a Rdnr. 25; *Meyer-Goßner,* § 163 Rdnr. 46; *Pfeiffer,* § 163 Rdnr. 7.
[46] *Rogall,* in SKStPO, § 136a Rdnr. 58.
[47] *Kühne,* Strafprozessrecht, Rdnr. 885.
[48] *Gropp,* StV 1989, 216, 222.
[49] Vgl. nur *Tröndle/Fischer,* § 34 Rdnr. 8.
[50] *Gropp,* StV 1989, 216, 222.
[51] *Joerden,* Jura 1990, 633, 643.
[52] *Gropp,* StV 1989, 216, 222; *Lenckner/Perron,* in: Schönke/Schröder, § 34 Rdnr. 43 f.

heraus können durchaus private Unterhaltungen geführt werden[53]. Das Gespräch zwischen G und N hatte zwar keinen ausschließlich privaten Charakter, sondern sie besprachen einen scheinbar geschäftlichen Vorgang. Da die unerlaubte Entsorgung des Glycerinwassers jedoch kein gewöhnlicher Geschäftsvorgang war, sondern die Besprechung der Entsorgung privaten Charakter hat, liegt hier ein den Privatbereich betreffendes Gespräch vor.

35 Die Möglichkeit einer Rechtfertigung durch Abwägung hängt also davon ab, ob das von C aufgezeichnete Gespräch der Privatsphäre zuzurechnen ist. Die Abgrenzung von Kernbereich und Privatsphäre ist abstrakt nicht möglich, sondern kann nur unter Berücksichtigung der Besonderheiten des einzelnen Falles vorgenommen werden[54]. Ein Indiz ist zunächst einmal der Umstand, dass das Gespräch in den Geschäftsräumen der Schiller GmbH geführt wurde. So spricht eine Unterhaltung in der eigenen Wohnung eher für die Vermutung, der Inhalt des Gesprächs betreffe den Kernbereich als dies bei einem Gespräch in Geschäftsräumen der Fall ist. Außerdem wird als Abgrenzungskriterium angesehen, ob sich der Betroffene aus dem unmittelbaren Schutzbereich heraus begeben hat, indem er sich brieflich geäußert oder telefoniert hat[55]. Nach diesen Kriterien handelt es sich bei dem Gespräch des G um eine Äußerung in der Privatsphäre, sodass eine Rechtfertigung grundsätzlich möglich ist. In die Abwägung sind aber auch die Auswirkungen der Nichtverwertbarkeit des Beweismittels auf das Interesse an der Wahrheitsermittlung und der Strafverfolgung einzubeziehen. Dies ist hier insbesondere deshalb notwendig, weil das Abspielen des Tonbandes strafrechtswidrig ist, und eine Rechtfertigung deshalb nur in Betracht kommt, wenn die Wertungen, die § 34 StGB vorgibt, Beachtung finden[56]. Hier ist insbesondere zu berücksichtigen, dass es zu einer Überführung des G des Beweismittels gar nicht bedarf. Dem Gericht stehen weitere Beweismittel zur Verfügung, wie etwa die Fotos oder die Aussage der C. Der Verzicht auf die Einführung der Tonbandaufnahme beeinträchtigt das Interesse an der Erforschung der Wahrheit also nicht schwer. Die Einführung des Tonbandes in die Hauptverhandlung ist damit rechtswidrig.

3. Ergebnis

36 Das Gericht darf die Fotos als Augenscheinsbeweis in die Hauptverhandlung einführen, nicht dagegen die Tonbandaufnahmen, weil sie einem Beweiserhebungsverbot unterliegen.

3. Frage: Zulässigkeit der Vernehmung der B

37 Die Vernehmung der B könnte gegen § 252 StPO verstoßen, der die Verlesung einer früheren Aussage verbietet, falls der Zeuge erst in der Hauptverhandlung von seinem Zeugnisverweigerungsrecht Gebrauch macht.

---

[53] So wohl auch *Joerden,* Jura 1990, 633, 644.
[54] BVerfG 34, 238.
[55] *Otto,* in: Festschrift für Kleinknecht, S. 326, 329.
[56] *Joerden,* Jura 1990, 633, 644.

1. Anwendungsbereich des § 252 StPO

Da der Wortlaut der Vorschrift nur von der verbotenen Verlesung spricht, scheint eine Vernehmung der Verhörsperson ohne weiteres zulässig zu sein. Es ist aber feststehende Rechtsprechung[57] und einhellige Meinung in der Literatur[58], dass § 252 StPO nicht nur ein Verlesungs-, sondern ein allgemeines Verwertungsverbot enthält. Eine Aussage, die eine zeugnisverweigerungsberechtigte Person in einer nichtrichterlichen Vernehmung gemacht hat, darf demnach nicht in die Hauptverhandlung durch die Vernehmung der Verhörsperson eingeführt werden.

38

2. Sog. Informatorische Befragung als Vernehmung i.S. des § 252 StPO

Fraglich ist aber, ob auch Aussagen, die im Rahmen sog. informatorischer Befragungen gemacht wurden, unter den Anwendungsbereich des § 252 StPO fallen. Nach Ansicht der Rechtsprechung[59] ist ein Zeuge auch dann i.S.d. § 252 StPO vernommen worden, wenn die Polizei ihn formlos befragt. Dieses weite Verständnis ist in der Literatur[60] auf allgemeine Zustimmung gestoßen. Die Schutzbedürftigkeit des Zeugen gebiete die Gleichsetzung der informatorischen Befragung mit der förmlichen Vernehmung, da der Befragte gerade zu Beginn der Ermittlungen oftmals noch keinen Überblick über die Tragweite seiner Äußerungen habe, was insbesondere dann gelte, wenn er scheinbar noch gar nicht vernommen werde[61]. Da die Konfliktlage des Zeugen unabhängig von der Befragungsform vermieden werden muss, fallen also auch die Aussagen, die er in einer sog. informatorischen Befragung gemacht hat, unter § 252 StPO. Die Vernehmung der B ist damit nicht zulässig.

39

Frage 4: Zulässigkeit der Vernehmung der A

Nach ganz h.M.[62] sind dagegen die Ergebnisse einer zulässigen informatorischen Befragung des Beschuldigten in der Hauptverhandlung verwertbar. Ein Verwertungsverbot greife jedoch ein, wenn es sich um eine Vernehmung, bei der die Belehrungsvorschrift des § 136 Abs. 1 StPO umgangen worden sind, gehandelt hat[63]. Die Möglichkeit, die von G gegenüber A gemachte Aussage in die Haupt-

40

---

[57] BGHSt 2, 99; 7, 194; 29, 230, 232; 32, 25, 29.
[58] *Diemer*, in: KK, § 252, Rdnr. 1; *Julius*, in: HKStPO, § 252 Rdnr. 8; *Meyer-Goßner*, § 252 Rdnr. 12; *Kühne*, Strafprozessrecht, Rdnr. 943; a.A. im Ergebnis aber zustimmend: *Paulus*, in: KMR, § 252 Rdnr. 20.
[59] BGHSt 29, 230; BayObLG, NJW 1963, 1132 = StV 1983, 142; OLG Stuttgart, VRS 63 (1982), 52.
[60] *Geppert*, in: Festschrift für Oehler, S. 323; *Gerling*, Informatorische Befragung, S. 90; *Gundlach*, NJW 1980, 2142; *Rengier*, Jura 1981, 299, 301; *Schlüchter*, Strafverfahrensrecht, Rdnr. 501.
[61] *Geppert*, in: Festschrift für Oehler, S. 323, 333.
[62] BGH, NStZ 1983, 86; BayObLG VRS 58 (1980), 58; *Geppert*, in: Festschrift für Oehler, S. 323, 339; *Meyer-Goßner*, § 136 Rdnr. 79; *Rogall*, in: SKStPO, Vor § 133 Rdnr. 47.
[63] *Rogall*, in: SKStPO, Vor § 133 Rdnr. 50.

verhandlung einzuführen, hängt also davon ab, ob es sich um eine zulässige informatorische Befragung gehandelt hat.

1. *Zulässigkeit der sog. informatorischen Befragung*

41 Über die grundsätzliche Zulässigkeit belehrungsfreier Befragungen besteht in Rechtsprechung[64] und Literatur[65] Einigkeit. Es soll sich dabei um eine Standardmaßnahme im Bereich der sog. Vorermittlungen handeln, die zur Klärung eines noch vagen Verdachts dienen. Umstritten sind aber die Grenzen der Zulässigkeit sog. informatorischen Befragungen.

42 a) Eine informatorische Befragung einer bereits beschuldigten Person, ohne sie über ihr Schweigerecht zu belehren, ist nach der Rechtsprechung[66] nicht zulässig. Nach Auffassung des BGH[67] ist aber eine solche Befragung „nicht unzulässig", wenn die befragte Person zwar „Verdächtiger", aber noch nicht Beschuldigter war. Danach wäre das Vorgehen der A zulässig gewesen, wenn G „nur" Verdächtiger war. Der Verdacht gegen den G bestand zwar dem Grunde nach, er war aber nach Auffassung der Strafverfolgungsbehörden so vage, dass kein hinreichender Anlass zur Einleitung eines förmlichen Ermittlungsverfahrens bestand. Wäre die Auffassung des Staatsanwalts S richtig, dass G hier zwar schon verdächtig, aber noch nicht Beschuldigter war, läge auf der Grundlage der Ansicht des BGH in casu eine zulässige informatorische Befragung vor.

43 b) In der Literatur[68] werden die Grenzen Befragung dagegen enger gezogen. Eine rein informatorische Befragung ist dann nicht mehr zulässig, wenn der Polizeibeamte einen konkreten Verdacht gegen die befragte Person habe. Wenn das Stadium des Herumfragens beendet sei, müsse der Befragte als Zeuge oder gegebenenfalls als Beschuldigter vernommen werden. Eine Phase des Herumfragens gibt es nach Auffassung eines Teils der Literatur[69] in den Verfahren, die durch eine Anzeige in Gang gebracht worden sind, nicht, sodass in solchen Fällen eine informatorische Befragung grundsätzlich unzulässig wäre.

44 Eine Auseinandersetzung mit den Grenzen der Zulässigkeit der informatorischen Befragung würde sich aber erübrigen, wenn G bereits Beschuldigter gewesen wäre, weil eine Befragung ohne Belehrung dann auch nach der weiten Auffassung des BGH nicht zulässig ist.

---

[64] BGHSt 38, 227; BGH, NStZ 1983, 86; BayObLG, NStZ-RR 2003, 343.
[65] *Boujong*, in: KK, § 136 Rdnr. 4; *Meyer-Goßner*, § 163 Rdnr. 9; *Kindhäuser*, Strafprozessrecht, § 7 Rdnr. 29; *Krey*, Strafverfahrensrecht, Rdnr. 317; *Pfeiffer*, § 163a Rdnr. 1; *Wache*, in: KK, § 163 Rdnr. 8.
[66] AG Gelnhausen, StV 1990, 206; AG München, StV 1990, 104.
[67] BGH, NStZ 1983, 86; BGHSt 38, 227; zust. *Boujong*, in: KK, § 136 Rdnr. 4, der allerdings darauf hinweist, dass die Belehrungsvorschriften des § 136 Abs. 1 nicht umgangen werden dürften.
[68] *Achenbach*, in: AKStPO, § 163a Rdnr. 23; *Geppert*, in: Festschrift für Oehler, S. 323.
[69] *v. Heydebreck*, Beschuldigteneigenschaft, S. 58.

2. Beginn der Beschuldigteneigenschaft

Wie die Beschuldigteneigenschaft begründet wird, ist nach wie vor umstritten.

a) Von Teilen der Literatur[70] wird das Vorliegen von zureichenden tatsächlichen Anhaltspunkten für ausreichend gehalten. Die Beschuldigteneigenschaft richtet sich danach ausschließlich nach der Stärke des Tatverdachts. In casu hält S persönlich die Anhaltspunkte zwar für völlig vage. Objektiv gesehen ist eine Täterschaft des G angesichts der zunehmenden Verschmutzung der Havel und der Tätigkeit der Ökopartei aber eher wahrscheinlich. Diese Auffassung käme also zu einer Bejahung der Beschuldigteneigenschaft des G.

b) Dagegen wird allerdings vorgebracht, niemand werde automatisch zum Beschuldigten[71]. Die Beschuldigteneigenschaft sei vielmehr ein Produkt eines Zuschreibungsprozesses, was einen Willensakt der Strafverfolgungsbehörden notwendig mache[72]. Um die Zuschreibung der Beschuldigtenrolle nicht völlig in die Hände der Polizeibeamten zu legen, ist aber anerkannt, dass eine willkürliche Vorenthaltung der Beschuldigteneigenschaft an der Prozessrolle nichts ändert. Nach dieser Ansicht ist G noch nicht Beschuldigter, weil die Polizeibeamten ihn nicht als Beschuldigten vernehmen. Daran könnte sich nach dem Willkürlichkeitskriterium nur etwas ändern, wenn eine weitere Vorenthaltung der Beschuldigteneigenschaft willkürlich war. Zwar sprechen die Umstände objektiv für eine Täterschaft des G. Es war aber nicht auszuschließen, dass sich der Verdacht nicht erhärten würde. Willkürlich war die fehlende Belehrung auch deshalb nicht, weil die Beamten von der Schuld des G noch nicht überzeugt waren. G war nach dieser Ansicht demnach noch nicht Beschuldigter.

c) Nach einer weiteren Auffassung[73] ist jede Maßnahme, die erkennbar darauf abzielt, den Adressaten der Maßnahme einer Straftat zu überführen, als ausreichendes Kriterium für die Begründung der Beschuldigteneigenschaft anzusehen. Ob eine Befragung erkennbar darauf abzielt, einen Tatverdacht weiter zu klären, ergibt sich aus dem Inhalt der Fragen und der Gesamtumstände. Nach dieser Ansicht, die den Rechtsgedanken des § 397 AO heranzieht, hängt die Beschuldigteneigenschaft des G davon ab, ob die ihm gestellten Fragen zum Ziel hatten, ihn einer Straftat zu überführen. Den Inhalt der Befragung gibt der Sachverhalt nicht wieder, aber aus der Antwort des G kann geschlossen werden, dass A ihm konkrete Fragen zu einer eventuellen Strafbarkeit gestellt hat. G hat die Situation als gefährlich eingestuft; das kann nur so verstanden werden, dass die Fragen darauf gerich-

---

[70] v. Heydebreck, S. 72 ff.; Kohlhaas, NJW 1965, 1254, 1255; ähnlich: Gundlach, Vernehmung des Beschuldigten, S. 14.
[71] Artzt, Kriminalistik 1970 379, 381; Geppert, Jura 1991, 80, 83; Rieß, JA 1980, 293, 298.
[72] BGHSt 10, 8, 10; 17, 128, 130; 37, 48, 51; BayObLG, StV 1995, 237; LG Stuttgart, NStZ 1985, 568, 569; Dingeldey, JA 1984, 407, 410; Geppert, Jura 1991, 80, 83; Krey, Strafverfahrensrecht, Rdnr. 312; Lemke, in: HKStPO, § 136 Rdnr. 5; Ranft, Strafprozessrecht, Rdnr. 299.
[73] BGHSt 38, 214; BGH, StV 1985, 397, 398; BGH, NJW 1992, 1463, 1466; BGH, NJW 1997, 1591; Achenbach, in: AKStPO, § 163a Rdnr. 20; Beulke, Strafprozessrecht, Rdnr. 112; Hellmann, Strafprozessrecht, Rdnr. 427 ff.; Rogall, Der Beschuldigte, S. 27 ff.

tet waren, ihn wegen der Gewässerverunreinigung zu überführen. Nach dieser Auffassung war G damit zum Zeitpunkt der Befragung bereits Beschuldigter.

48 d) Die Auffassung, nach der die Beschuldigteneigenschaft von einem Willensakt der Strafverfolgungsorgane abhängt, kann nicht überzeugen. Gerade der vorliegende Fall verdeutlicht, dass dem tatsächlich schon Beschuldigten diese Prozessrolle auf diese Weise unangemessen lange vorenthalten werden kann, indem die Strafverfolgungsbehörden den Willensakt nicht vornehmen. Diese Auffassung legt es dem Vernehmenden damit ungerechtfertigterweise in die Hand, über die Rolle des Befragten zu entscheiden. Zwar scheint diese Gefahr einer bewussten Vorenthaltung der Beschuldigteneigenschaft und damit die Verzögerung der Belehrung durch das Willkürlichkeitskriterium in erträglichen Grenzen gehalten zu werden. Es reicht jedoch nicht aus, den Beurteilungsspielraum der Beamten angemessen zu begrenzen. Eine Verdichtung des Tatverdachts in dem Maße, dass eine weitere belehrungsfreie Befragung als willkürlich erscheint, wird nämlich nur in ganz seltenen Ausnahmefällen bejaht. Zuzustimmen ist damit der Ansicht, die auf eine Kombination objektiver und subjektiver Kriterien abstellen, weil es nicht darauf ankommen kann, ob ein Beamter gegen jemanden wegen einer Straftat ermitteln will, sondern ob er tatsächlich ermittelt. Diese Ansicht vermeidet durch die Kombination objektiver und subjektiver Merkmale die Schwächen der zuvor genannten Auffassungen[74], weshalb ihr zuzustimmen ist. Damit ist G im Zeitpunkt der Befragung bereits Beschuldigter.

3. Unverwertbarkeit einer Beschuldigtenvernehmung bei unterlassener Belehrung

49 Wie bereits dargelegt wurde, kann ein Beschuldigter nach allen Ansichten nicht informatorisch befragt werden. Das hat zur Folge, dass G über seine Rechte hätte belehrt werden müssen. Nach heute gefestigter Rechtsprechung[75] und allgemeiner Meinung in der Literatur[76] zieht eine Verletzung der Pflicht, den Beschuldigten auf sein Schweigerecht hinzuweisen, ein Verwertungsverbot der auf diese Weise erlangten Aussagen nach sich. A darf demnach nicht über die Äußerungen, die G in der vermeintlichen informatorischen Befragung gemacht hat, vernommen werden.

Frage 5: Zulässigkeit der Verwertung der Äußerungen des G in der Vernehmung

50 Der Verwertung der Äußerungen, die G in der Vernehmung gemacht hat, könnte das Verhalten des A, durch das er G zum Verzicht auf die Ausübung des Verteidigerkonsultationsrechts bewegt hat, entgegenstehen.

---

[74] *Hellmann,* Strafprozessrecht, Rdnr. 67.
[75] BGHSt 38, 214, 220 ff.; OLG Celle, NStZ 1991, 403, 404; OLG Celle, NJW 1993, 454; OLG Oldenburg, NStZ 1995, 412.
[76] *Beulke,* Strafprozessrecht, Rdnr. 117; *Boujong,* in: KK, § 136 Rdnr. 26 ff.; *Hellmann,* Strafprozessrecht, Rdnr. 451; *Meyer-Goßner,* § 136 Rdnr. 20; *Roxin,* Strafverfahrensrecht, § 25 Rdnr. 24.

1. Verwertungsverbot bei rechtswidriger Verhinderung der Verteidigerkonsultation

Das Verbot, die Konsultation mit dem Verteidiger zu verhindern, ist in Rechtsprechung[77] und Literatur[78] einhellig anerkannt. Nach allgemeiner Auffassung folgt aus einer Verletzung dieses Verbots die Unverwertbarkeit der Äußerungen in der Vernehmung, weil der Beschuldigte in seiner Rechtsstellung schwer betroffen werde, wenn die Hinzuziehung eines Verteidigers wirksam unterlaufen wird. Deshalb wird wie bei der Verletzung der Belehrungsvorschrift nicht nach Umständen und Gewichtigkeit der einzelnen Fälle unterschieden, sondern die Verweigerung der Konsultation führt grundsätzlich zu einem Verwertungsverbot, ohne dass es auf die konkrete Art und Weise der Beeinträchtigung ankommt[79].

2. Rechtswidrige Verhinderung der Verteidigerkonsultation

Fraglich ist aber, in welchen Fällen eine rechtswidrige Verhinderung der Verteidigerkonsultation angenommen werden kann. In Teilen der Literatur[80] wird vertreten, jede Einwirkung auf den Beschuldigten sei verboten. Ob aber auch in sachlichen Bemerkungen der Vernehmungsbeamten bereits eine rechtswidrige Verhinderung gesehen werden muss, ist zumindest zweifelhaft[81]. Der 4. Senat des BGH[82] bejaht eine Verhinderung der Verteidigerkonsultation, wenn der Beschuldigte den Eindruck haben musste, er werde sein Recht nicht durchsetzen können. In einer vorangegangenen Entscheidung verlangt der 3. Senat[83] allerdings einen Verstoß gegen § 136a StPO. Solange die Entscheidungsfreiheit des Beschuldigten durch die Einwirkungen nicht erheblich beeinträchtigt worden sei, habe der Beschuldigte freiwillig auf die Ausübung seines Verteidigerbeistandsrechts verzichtet.

In der Literatur finden sich keine näheren Konkretisierungen, was unter einer Verhinderung der Verteidigerkonsultation im Einzelnen zu verstehen ist. Da das Urteil des 4. Senats aber auf allgemeine Zustimmung[84] gestoßen ist, kann davon ausgegangen werden, dass auch die nähere Konkretisierung des 4. Senats anerkannt ist. Die Verteidigerkonsultation ist demnach dann prozessordnungswidrig verhindert worden, wenn in dem Beschuldigten der Eindruck entstehen musste, er werde dieses Recht nicht durchsetzen können. Die Äußerung des A, jetzt werde Tacheles geredet, konnte G nur so verstehen, dass die Vernehmung fortgesetzt werde, bis er die Wahrheit gesagt habe. Für G drängte sich deshalb der Schluss auf, der Versuch, einen Verteidiger hinzuziehen, sei vergeblich. Wenn die Ver-

---

[77] BGH, NJW 1992, 2903, 2905; BGHSt 38, 372; BGH, wistra 1999, 29.
[78] *Beulke*, Strafprozessrecht, Rdnr. 156; *Boujong*, in: KK, § 136 Rdnr. 14; *Hellmann*, Strafprozessrecht, Rdnr. 452; *Meyer-Goßner* § 136 Rdnr. 10; *Ranft*, Strafprozessrecht, Rdnr. 333; *Rogall*, in: SKStPO, § 136 Rdnr. 37; *Roxin*, Strafverfahrensrecht, § 24 Rdnr. 29; *Strate/Ventzke*, StV 1986, 30.
[79] Nur scheinbar einschränkend BGHSt 42, 170, 172.
[80] *Strate/Ventzke*, StV 1986, 30.
[81] *Hanack*, in: LR, § 136 Rdnr. 69.
[82] BGHSt 38, 372.
[83] BGH, NJW 1993, 2903.
[84] Z.B. *Gold*, JA 1995, 411, 414; *Lesch*, JA 1995, 157, 162.

nehmung erst abgebrochen wird, wenn G gestanden hat, verliert der Verteidigerbeistand jeden Sinn. A hat G also in den Glauben versetzt, die Ausübung des Verteidigerrechts sei zwecklos. Die Annahme, A habe die Durchsetzung des Rechts des G verhindert, wird durch die erste Bemerkung des A gestützt. Diese Bemerkung, „er habe die Sonderbehandlungen satt", ist so zu interpretieren, als sei das Recht auf einen Verteidiger die gemeinte Sonderbehandlung. G muss also den Eindruck gehabt haben, das Recht auf einen Verteidiger stehe ihm als „Sonderbehandlung" nicht zu, und A sei nicht gewillt, ihm die Möglichkeit einer Konsultation zu gewähren.

3. Ergebnis

Die Verteidigerkonsultation ist verhindert worden, sodass die in der Vernehmung erlangten Äußerungen nicht verwertbar sind.

Hinweise zur Lösung:

54 Viele der hier angesprochenen Probleme sind im Einzelnen ungeklärt bzw. befinden sich in Rechtsprechung und Literatur noch in der Diskussion. Eine Argumentation nach dem Muster „Meinung A, Meinung B, Stellungnahme" ist hier also nicht möglich. Zu einer überzeugenden Lösung gelangt in diesem Fall nur, wer die Probleme erkannt und sich eigene Gedanken gemacht hat. Die hier vorgestellte Musterlösung ist deshalb auch lediglich als Vorschlag zu verstehen, welche die Ansicht der Autorin widerspiegelt.

55 Das in **Frage 1** behandelte Problem der Verwertbarkeit privater Ermittlungen ist in der wissenschaftlichen Diskussion noch nicht abschließend geklärt. Die von der h.M. vertretene Abwägungsregel, nach der eine Verwertbarkeit dann ausgeschlossen ist, wenn der Akt der Beweisermittlung extrem menschenrechtswidrig war, löst die Probleme letztlich nicht, weil nicht die Fälle der Herbeiführung von Geständnissen unter Anwendung folterähnlicher Methoden die Praxis dominieren. Die in der Literatur entwickelten Alternativlösungen vermögen aber auf Grund ihrer unklaren Aussagen ebensowenig zu überzeugen. Die Auffassung, die eine analoge Anwendung des § 136a StPO befürwortet, bietet zwar eine klare Abgrenzung, kann jedoch m.E. nicht überzeugen. Wenn der Bearbeiter dieser Auffassung zustimmt, muss er sich damit auseinandersetzen, ob die verabreichte Alkoholmenge geeignet war, die Folgen des § 136a StPO auszulösen, was wohl abzulehnen ist.

56 Bei der Beantwortung der **Frage 2** muss sich der Bearbeiter zunächst damit auseinandersetzen, wie Tonbänder in die Hauptverhandlung eingeführt werden. Dabei ist eine andere Lösung als die hier dargestellte gut vertretbar. Inwieweit private Beweisergebnisse, die durch technische Hilfsmittel erlangt worden sind, verwertet werden können, ist schwieriger zu beantworten. In der Rechtsprechung hat sich noch keine einheitliche Linie herausgebildet. Während zum Teil ein Verstoß gegen § 201 I Nr. 2 StGB geprüft wird, steht in anderen Entscheidungen der Eingriff in das Allgemeine Persönlichkeitsrecht im Mittelpunkt. Im Ergebnis läuft

es aber immer auf eine Abwägung nach den Grundsätzen der Rechtsprechung des BVerfG hinaus. Besondere Schwierigkeiten ergeben sich hier, weil eine Lösung nur über die Rechtmäßigkeit der Aufnahme und der Einführung der Aufnahme in den Prozess zu erreichen ist. Da es sich nicht um eine Frage der Beweisverwertungsverbote im engeren Sinn handelt, ist die Aufgabe durch eine Heranziehung der einzelnen Theorien zu den Beweisverwertungsverboten nicht zu lösen.

Die der **Frage 3** zugrundeliegende Konstruktion entspricht in etwa dem in BGHSt 29, 230 entschiedenen Fall. Diese Entscheidung gehört zu den „Klassikern" im Bereich der StPO, deshalb ist die Lektüre dringend anzuraten.

Die **Frage 4** ist dagegen schwieriger zu beantworten. Die einzelnen Stellungnahmen zu den sog. informatorischen Befragungen unterscheiden sich zumeist nur im Detail. Hier ist eine Lösung gewählt worden, nach der G schon nicht mehr informatorisch befragt werden konnte, weil er bereits Beschuldigter war. Leider ist diese enge Auffassung vom Beschuldigtenbegriff nicht allgemein anerkannt. Wer die Ansicht vertritt, G sei noch nicht Beschuldigter gewesen, muss sich mit den Grenzen der zulässigen informatorischen Befragung befassen. M.E. war eine rein informatorische Befragung hier nicht mehr zulässig, weil G bereits konkret verdächtig war. Die – problematische – Rechtsprechung würde eine solche Befragung aber wohl auch noch in diesem Fall zulassen. Gerade Fallgestaltungen wie die hier vorliegende verdeutlichen das eigentliche Anliegen der sog. Vorermittlungen und der bei ihnen anerkannten informatorischen Befragungen. Es besteht darin, die Einleitung eines Ermittlungsverfahrens trotz konkreter Anhaltspunkte einer Straftat möglichst lange hinauszuschieben, um den Verdächtigten zu einer belastenden Aussage zu bewegen. In casu ist das Ergebnis aber letztlich offen, sodass es lediglich auf eine überzeugende Argumentation ankommt.

Das im Rahmen der **Frage 5** zu lösende Problem ist der Entscheidung BGHSt 38, 372 nachgebildet. In welchen konkreten Fällen eine rechtswidrige Verweigerung der Verteidigerkonsultation anzunehmen ist, bedarf noch der weiteren Klärung. Die Frage ist aber mit der Kenntnis der BGH-Entscheidung zu lösen. Eine Präzisierung der Kriterien des BGH kann in einer Hausarbeit nicht erwartet werden, sondern nur eine überzeugende Anwendung der aufgestellten Grundsätze. Wegen der engen Anlehnung des Sachverhalts an die zugrundeliegende BGH-Entscheidung ist eine rechtswidrige Verweigerung relativ problemlos anzunehmen.

Hausarbeit Nr. 2***

Kein fairer Handel

Beschlagnahme – Sicherstellung von Vermögenswerten – Revision – fehlgeschlagene Verständigung – Beschwerde – Auffangrechtserwerb und Rückwirkungsverbot – Verzicht auf Vermögenswerte

Wilfried Sauernagel (S) war Alleingesellschafter und -geschäftsführer der Bio-Frische-GmbH, einer Supermarktkette, die in ihren Läden fast ausschließlich Produkte aus kontrolliert biologischem Anbau und fairem Handel anbot. Um den Gewinn zu steigern, verlegte er sich ab März 2004 darauf, auch herkömmlich angebautes Obst und Gemüse von den Großhändlern zu kaufen, die Waren aber trotzdem unter dem „Bio-Frische"-Siegel – zum doppelten Preis ihres Marktwertes – anzubieten. In ähnlicher Weise verfuhr er mit diversen Kaffeesorten, auf denen er das „Fairtrade"- Zeichen anbrachte, obwohl es sich um gewöhnlichen Markenkaffee handelte. Die so gekennzeichneten Waren ließen sich von den ebenfalls angebotenen echten „Bio"- und „Fairtrade"-Produkten nicht mehr unterscheiden. Als S im November 2006 schließlich noch dazu überging, Fleisch, dessen Haltbarkeitsdatum längst überschritten war, unter dem „Bio-Frische"-Siegel zu vertreiben, wurde es der Sekretärin des S, Ulrike Wagner (W), zuviel. Sie kopierte einige Unterlagen, aus denen sich ergab, dass S seine Waren zu Unrecht mit den entsprechenden Siegeln versah, und schickte sie ohne Angabe eines Absenders an die Staatsanwaltschaft.

Die Staatsanwaltschaft durchsuchte daraufhin am 14.12.2006 auf richterliche Anordnung zeitgleich sämtliche Filialen der Bio-Frische-GmbH und die Privatwohnung des S. Dabei beschlagnahmte sie formell ordnungsgemäß die Geschäftsunterlagen der GmbH und – obwohl insoweit keine weitere Beweisbedeutung gegeben war – mehrere Kartons mit gefälschten „Bio-Frische"- und „Fairtrade"-Aufklebern sowie drei Firmen-LKW, in denen die angeblichen Bioprodukte transportiert worden waren. Auch das auf den Geschäftskonten der GmbH und dem Privatkonto des S befindliche Vermögen in Höhe von insgesamt 1,7 Millionen Euro wurde „im Interesse der Verbraucher" sichergestellt. S hatte geplant, das Geld in Kürze auf ein Nummernkonto in der Schweiz zu überweisen. Die Durchsicht der Unterlagen vor Ort ergab ferner, dass zumindest die 1,1 Millionen Euro auf den Geschäftskonten unmittelbar aus dem Verkauf der falsch gekennzeichneten Waren stammten. Bei den übrigen 600.000 Euro, die sich auf dem Privatkonto des S befanden, war sich die Staatsanwaltschaft über die Herkunft nicht sicher. Es gab aber einige Anhaltspunkte, dass auch dieses Geld aus den betrügerischen Verkäufen herrührte.

S wurde festgenommen und noch am selben Tag von Staatsanwalt Rainer Vogt (V) vernommen. Zu den Vorwürfen äußerte S sich auf Anraten seines Anwalts, Nikolas Rüther-Veltens (R), nicht. V bot dem R daraufhin an, die Beantragung eines Haftbefehls zu unterlassen und auf ein mildes Urteil hinzuwirken, wenn sein Mandant im Gegenzug auf die Rückgabe der beschlagnahmten 600.000 Euro verzichte. Diesen Vorschlag machte V, obwohl er genau wusste, dass die Umstände in der Person des S nicht ausreichten, um den Ermittlungsrichter vom Vorliegen eines Haftgrundes zu überzeugen. Nach Rücksprache mit S willigte R ein. S unterschrieb die Verzichtserklärung.

Die Hauptverhandlung fand am 17.7.2007 statt. Nach Verlesung der Anklageschrift gab die Vorsitzende Richterin der Großen Wirtschaftsstrafkammer, Andrea Moserbach (M), zu Protokoll, dass das Gericht die Verhängung einer Freiheitsstrafe von mehr als zwei Jahren auf Bewährung ausschließe, wenn S im Gegenzug ein Geständnis ablege. Darauf habe man sich in einem Vorgespräch mit R und V geeinigt.

In der anschließenden Vernehmung gab S absprachegemäß zu, die „Bio-Frische"- und „Fairtrade"-Siegel fälschlich angebracht zu haben, wies aber darauf hin, dass die herkömmlichen Produkte mindestens genauso gesund, wenn nicht sogar gesünder als die Bio-Waren seien. Auch von dem Fleisch sei keine Gesundheitsgefahr ausgegangen. Er habe das vor dem Verkauf überprüfen lassen.

Die Beweisaufnahme begann mit der Vernehmung der W als Zeugin. Sie sagte aus, von der Falschetikettierung erst im August 2006 erfahren zu haben. Gemeinsam mit der Leiterin der Einkaufsabteilung, Christiane Friedrich (F), hätte sie versucht, den S von den Betrügereien abzuhalten. S habe daraufhin beide massiv unter Druck gesetzt, ihnen mit der sofortigen Kündigung gedroht, wenn sie nicht „die Klappe halten" würden, und die Frauen zur Bekräftigung seiner Drohung noch am gleichen Abend für mehrere Stunden in einen Kühlraum gesperrt. F bestätigte die Aussage der W.

Nach der Zeugenvernehmung erklärte M, dass das Gericht sich an die Absprache mit R und V nicht mehr gebunden fühle. Der Umgang mit seinen Angestellten – für den S sich noch gesondert verantworten müsse – lasse auch die Betrugstaten in einem neuen Licht erscheinen. Das Geständnis des S werde im Rahmen der Beweiswürdigung nicht, im Übrigen aber strafmildernd berücksichtigt.

In der Folge wurde S zu einer Freiheitsstrafe von zwei Jahren und sechs Monaten verurteilt. Die Anordnung des Verfalls der 1,1 Millionen Euro unterblieb, da – wie im Urteilstenor festgestellt wurde – dem durch die Taten erlangten Betrag Verletztenansprüche in gleicher Höhe gegenüberstünden. Das Gericht beschloss aber die Aufrechterhaltung der Sicherstellung für die nächsten drei Jahre ab Rechtskraft des Urteils.

R legte form- und fristgerecht Revision ein, die er auf die Verletzung des Verfahrens beschränkte. Das Gericht habe S unfair behandelt, indem es sich nicht an die Absprache gehalten habe. Gegen die Aufrechterhaltung der Beschlagnahme für drei Jahre ging R mit der Beschwerde vor. Wegen des Zeitpunkts der Tat, der hier maßgeblich sei, habe das Gericht eine solche Anordnung gar nicht treffen dürfen. Die 1,1 Millionen Euro seien daher sofort, spätestens aber nach Ablauf von drei Monaten an den S auszukehren. Von der Staatsanwaltschaft verlangte R die Rückzahlung der 600.000 Euro. Für die Anordnung der U-Haft gegen den S habe damals kein Haftgrund vorgelegen. Auch von einer milden Strafe könne hier keine Rede sein.

1. War die Sicherstellung der einzelnen Gegenstände durch die Staatsanwaltschaft rechtmäßig?

2. Hat die Revision des S Aussicht auf Erfolg?

3. Wird die Beschwerde des S Erfolg haben?

4. Muss die Staatsanwaltschaft die 600.000 Euro an S zurückzahlen?

Lehrbuch: Rn. 381 ff.; 399 ff.; 898 ff.; 907 ff.; 688 ff.; 940 ff.

Gliederung

Frage 1: Rechtmäßigkeit der Sicherstellung	35
I. Formelle Rechtmäßigkeit	35
II. Materielle Rechtmäßigkeit	35
1. Tatverdacht	35
2. Spezielle Voraussetzungen der Sicherstellung	36
a) Sicherstellung nach § 94 StPO	36
b) Sicherstellung nach § 111b StPO	36
aa) Sicherung der Einziehung	37
(1) Anknüpfungstat	37
(2) Einziehungsfähige Objekte nach § 74 I StGB	37
(a) Die „Bio-Frische"- und „Fairtrade"-Aufkleber	37
(b) Die drei Firmen-LKW	37
(c) Die Vermögenswerte in Höhe von 1,7 Mio. Euro	38
(3) Besonderer Einziehungsgrund nach § 74 II StGB	38
(4) Verhältnismäßigkeit	38
(5) Zwischenergebnis	38
bb) Sicherung des Verfalls	38
(1) Anknüpfungstat	39
(2) Vom Täter oder Teilnehmer für die Tat oder aus ihr erlangt	39
(3) Gegenstand und Umfang des Erlangten	39
(4) Bestehen von Verletztenansprüchen nach § 73 I 2 StGB	40
(5) Sicherstellung nach § 111b V StPO	40
(6) Zwischenergebnis	40
cc) Sicherstellungsbedürfnis	41
3. Verhältnismäßigkeit	41
III. Ergebnis	41
Frage 2: Erfolgsaussichten der Revision	41
I. Zulässigkeit	41
II. Begründetheit	41
1. Absolute Revisionsgründe	42
2. Relative Revisionsgründe	42
a) Die Verständigung als solche	42
b) Das Abweichen von der Vereinbarung	43

c) Sonstige Verfahrensverstöße	44
III. Ergebnis	45

Frage 3: Erfolgsaussichten der Beschwerde	45
I. Zulässigkeit	45
II. Begründetheit	45
1. Verstoß gegen das Rückwirkungsverbot	45
a) Vorliegen einer Gesetzesänderung	45
b) Anwendung des § 2 StGB auf § 111i StPO	46
2. Zwischenergebnis	47
III. Ergebnis	47

Frage 4: Rückzahlung der 600.000 Euro	47
I. Art des Anspruchs	47
II. Vermögensverschiebung	48
III. Fehlender Rechtsgrund	48
1. Generelle Unwirksamkeit der Vermögensabschöpfung durch Verzicht	48
2. Unwirksamkeit des Verzichts im konkreten Fall	49
3. Zwischenergebnis	50
IV. Ergebnis	50

Literaturverzeichnis

Achenbach, Hans	Obligatorische Zurückgewinnungshilfe?, in: NStZ 2001, S. 401 ff.
Ders.	Vermögensrechtlicher Opferschutz im strafprozessualen Vorverfahren, in: Festschrift für Günter Blau, 1985, S. 7 ff.
Achenbach, Hans/ Ransiek, Andreas (Hrsg.)	Handbuch Wirtschaftsstrafrecht, 2004 (zit.: Bearb., in: HWSt)
Alternativkommentar	Kommentar zur Strafprozessordnung, Bd. 2/ Tb. 1, §§ 94 – 212b, 1992 (zit.: Bearb., in: AK-StPO)
Beulke, Werner	Strafprozessrecht, 9. Aufl., 2006
Böttcher, Reinhard/ Widmaier, Gunter	Absprachen im Strafprozeß?, in: JR 1991, S. 353 ff.
Dahs, Hans	Absprachen im Strafprozeß – Chancen und Risiken, in: NStZ 1988, S. 153 ff.
Eberbach, Wolfram	Zwischen Sanktion und Prävention, Möglichkeiten der Gewinnabschöpfung nach dem StGB, in: NStZ 1987, S. 486 ff.
Eser, Albin	Die strafrechtlichen Sanktionen gegen das Eigentum, 1969
Hanack, Ernst-Walter	Vereinbarungen im Strafprozeß, ein besseres Mittel zur Bewältigung von Großverfahren?, in: StV 1987, S. 500 ff.
Hassemer, Winfried	Pacta sunt servanda – auch im Strafprozess? – BGH, NJW 1989, 2270, in: JuS 1989, S. 890 ff.
Hellmann, Uwe	Strafprozessrecht, 2. Aufl., 2005
Hellmann, Uwe/ Beckemper, Katharina	Wirtschaftsstrafrecht, 2004
Ioakimidis, Ariadne	Die Rechtsnatur der Absprache im Strafverfahren, 2000 (zit.: Ioakimidis, Rechtsnatur)
Joecks, Wolfgang	Strafprozessordnung, Studienkommentar, 2006 (zit.: Joecks, Studienkommentar)
Karlsruher Kommentar	zur Strafprozessordnung und zum Gerichtsverfassungsgesetz mit Einführungsgesetz, 5. Aufl., 2003 (zit.: Bearb., in: KK-StPO)

Kiethe, Kurt/ Hohmann, Olaf	Das Spannungsverhältnis von Verfall und Rechten Verletzter (§ 73 I 2 StGB), in: NStZ 2003, S. 505 ff.
Kindhäuser, Urs	Strafprozessrecht, 2006
Kintzi, Heinrich	Verständigungen im Strafrecht, in: JR 1990, S. 309 ff.
Kreß, Claus	Absprachen im Rechtsvergleich, in: ZStW 116 [2004], S. 172 ff.
Küpper, Georg/ Bode, Karl-Christoph	Absprachen im Strafverfahren – Bilanz einer zehnjährigen Diskussion – , in: Jura 1999, S. 351 ff. u. S. 393 ff.
Leipziger Kommentar	Strafgesetzbuch Großkommentar, 11. Aufl., 1992 ff. (zit.: Bearb., in: LK-StGB)
Löwe-Rosenberg	Die Strafprozessordnung und das Gerichtsverfassungsgesetz, 25. Aufl., 1997 ff. (zit.: Bearb., in: Löwe-Rosenberg)
Malitz, Kirsten	Die Berücksichtigung privater Interessen bei vorläufigen strafprozessualen Maßnahmen gemäß §§ 111b ff. StPO, in: NStZ 2002, S. 337 ff.
Maurer, Hartmut	Allgemeines Verwaltungsrecht, 16. Aufl., 2006 (zit.: Maurer, Allg. Verwaltungsrecht)
Meyer-Goßner, Lutz	Strafprozessordnung, Gerichtsverfassungsgesetz, Nebengesetze und ergänzende Bestimmungen, 49. Aufl., 2007
Mosbacher, Andreas	Anmerkung zu BGH, Beschluss vom 24. 7. 2003 - 3 StR 368/02 u. 3 StR 415/02 (abgedruckt in NStZ 2003, S. 677 ff.), in: NStZ 2004, S. 52 ff.
Nack, Armin	Aktuelle Rechtsprechung des Bundesgerichtshofs zum Verfall, in: GA 2003, S. 879 ff.
Nomos-Kommentar	zum Strafgesetzbuch, Band 1, 2. Aufl., 2005
Pfeiffer, Gerd	Strafprozessordnung, Kommentar, 5. Aufl., 2005
Ranft, Otfried	Strafprozessrecht, 3. Aufl., 2005
Rönnau, Thomas	Die Absprache im Strafprozess, 1990 (zit.: Rönnau, Absprache)
Rönnau, Thomas	Vermögensabschöpfung in der Praxis, 2003 (zit.: Rönnau, Vermögensabschöpfung)
Schäfer, Herbert	Rechtsgespräch und Verständigung im Strafprozeß, in: DRiZ 1989, S. 294 ff.

Schmidt, Wilhelm	Gewinnabschöpfung im Straf- und Bußgeldverfahren, 2006 (zit.: Schmidt, Gewinnabschöpfung)
Schmidt-Hieber, Werner	Absprachen im Strafprozeß, Rechtsbeugung und Klassenjustiz?, in: DRiZ 1990, S. 321 ff.
Schönke, Adolf/ Schröder, Horst	Strafgesetzbuch, Kommentar, 27. Aufl., 2006 (zit: Bearb., in: Schönke/Schröder)
Schroeder, Friedrich-Christian	Strafprozessrecht, 4. Aufl., 2007
Schünemann, Bernd	Die Absprachen im Strafprozess, in: Festschrift für Peter Rieß, 2002, S. 525 ff.
Siolek, Wolfgang	Zur Fehlentwicklung strafprozessualer Absprachen, in: Festschrift für Peter Rieß, 2002, S. 563 ff.
Ströber, Hubert/ Guckenbiehl, Annette	Verfahren bei Verzicht auf die Rückgabe sichergestellter Gegenstände, in: Rpfleger 1999, S. 115 ff.
Systematischer Kommentar	zur Strafprozessordnung und zum Gerichtsverfassungsgesetz, Lsbl., 50. Lieferung, Okt. 2006 (zit.: Bearb., in: SK-StPO)
Thode, Marina	Die außergerichtliche Einziehung von Gegenständen im Strafprozess, 2000 (zit.: Thode, Außergerichtliche Einziehung)
Dies.	Die außergerichtliche Einziehung von Gegenständen im Strafprozess, in: NStZ 2000, S. 62 ff.
Tröndle, Herbert/ Fischer, Thomas	Strafgesetzbuch und Nebengesetze, 53. Aufl., 2006
Webel, Karsten	Rückgewinnungshilfe in Steuerstrafverfahren – unzulässig oder unverzichtbar und zwingend?, in: wistra 2004, S. 249 ff.
Weigend, Thomas	Eine Prozessordnung für abgesprochene Urteile?, in: NStZ 1999, S. 57 ff.
Ders.	Der BGH vor der Herausforderung der Absprachenpraxis, in: 50 Jahre Bundesgerichtshof, Festgabe aus der Wissenschaft, 2000, Band IV, S. 1011 ff.
Weßlau, Edda	Absprachen in Strafverfahren, in: ZStW 116 [2004], S. 150 ff.
Widmaier, Gunter	Der strafprozessuale Vergleich, in: StV 1986, S. 357 ff.

Lösung

Frage 1: Rechtmäßigkeit der Sicherstellung

Die Sicherstellung der einzelnen Gegenstände war rechtmäßig, wenn die formellen und materiellen Voraussetzungen jeweils gegeben waren.

I. Formelle Rechtmäßigkeit

Sowohl die Sicherstellung von Beweisgegenständen nach § 94 StPO als auch die Sicherstellung von Vermögenswerten nach § 111b StPO setzen gemäß §§ 98 I 1, 111e I 1 StPO das Vorliegen eines richterlichen Beschlusses voraus.

Zusätzlich muss die Sicherstellung in der Art und Weise ihrer Durchführung den gesetzlichen Anforderungen entsprechen. Bewegliche Sachen können im Rahmen des § 94 StPO durch Inverwahrungnahme, Versiegelung oder in sonstiger geeigneter Weise sichergestellt werden, wenn erkennbar zum Ausdruck kommt, dass die Sache der amtlichen Obhut untersteht[1]. Für die Beschlagnahme nach § 111b StPO enthält § 111c I StPO insoweit eine ausdrückliche Regelung. Die Sicherstellung von Forderungen erfolgt entweder durch Pfändung der unmittelbar erlangten Tatvorteile oder aber – im Falle der Sicherstellung des Wertersatzes – durch Anordnung des dinglichen Arrests.

Die formellen Anforderungen sind hier eingehalten worden.

II. Materielle Rechtmäßigkeit

Die Maßnahme müsste auch materiell rechtmäßig sein. Die Sicherstellung setzt als grundrechtsbeschränkende Zwangsmaßnahme im Ermittlungsverfahren neben dem Vorliegen eines Anfangsverdachts und den speziell geregelten Anforderungen auch die Verhältnismäßigkeit im Einzelfall voraus[2].

1. Tatverdacht

Ein einfacher Tatverdacht ist gegeben, wenn konkrete tatsächliche Anhaltspunkte vorliegen, die nach kriminalistischer Erfahrung die Beteiligung des Betroffenen an einer verfolgbaren Straftat als möglich erscheinen lassen[3]. Der zugrunde liegende Lebenssachverhalt ist dabei sowohl in tatsächlicher als auch in rechtlicher Hinsicht zu würdigen.

Konkrete tatsächliche Anhaltspunkte zu Lasten des S ergaben sich hier bereits aus den Geschäftsunterlagen, die W an die Staatsanwaltschaft geschickt hat.

In rechtlicher Hinsicht deuten die Umstände auf die Begehung eines Betruges gemäß § 263 I StGB in einer Vielzahl von Fällen hin. Die Kunden der Bio-Frische-Supermärkte wurden auf Grund der falschen Etiketten über die Beschaffenheit der Lebensmittel getäuscht und nahmen in dem Glauben, es handele sich um echte „Bio"- bzw. „Fairtrade"-Waren, eine Vermögensverfügung vor, indem

---

[1] BGHSt 3, 395, 400; *Meyer-Goßner*, § 94 Rn. 14.
[2] *Hellmann*, Strafprozessrecht, Rn. 206 ff.; *Schroeder*, Strafprozessrecht, Rn. 116.
[3] Vgl. statt aller *Beulke*, Strafprozessrecht, Rn. 111.

sie die Produkte kauften. Der Wert der Lebensmittel lag bei der Hälfte des gezahlten Kaufpreises, sodass auch ein Vermögensschaden eingetreten ist. S wollte mit dem Verkauf der Waren den Gewinn der Bio-Frische-GmbH steigern, sodass die erforderliche Drittbereicherungsabsicht vorlag. Es besteht Grund für die Annahme eines besonders schweren Falles gemäß § 263 III Nr. 1 Alt. 1 StGB.

69 Da die gefälschten Aufkleber in Verbindung mit den herkömmlichen Produkten zusammengesetzte Urkunden bilden, besteht im Übrigen der Verdacht auf mehrere Urkundenfälschungen gemäß §§ 267, 53 StGB.

70 Die ebenfalls in Betracht kommenden Straftaten wegen irreführender Werbung nach § 16 I UWG und § 59 I Nr. 7, 8 und 9 i.V.m. § 11 LFGB werden als Vorfeldtatbestände des Betruges von § 263 StGB verdrängt[4].

71 Ein einfacher Tatverdacht war mithin gegeben.

2. Spezielle Voraussetzungen der Sicherstellung

72 Zudem müssten die speziellen Voraussetzungen der Sicherstellung vorgelegen haben. Die Geschäftsunterlagen könnten nach § 94 StPO beschlagnahmt worden sein, wohingegen bei den übrigen Gegenständen mangels Beweisbedeutung nur eine Sicherstellung nach § 111b StPO in Betracht kommt.

a) Sicherstellung nach § 94 StPO

73 Nach § 94 I, II StPO können Gegenstände in Verwahrung genommen oder in anderer Weise sichergestellt werden, wenn sie als Beweismittel für die Untersuchung von Bedeutung sein können.

74 Aus den Geschäftsunterlagen ergab sich, dass S seine Lebensmittel zu Unrecht mit den falschen Siegeln versehen hatte. Auch die Erlangung eines Gewinns aus den betrügerischen Verkäufen kann mit den Unterlagen nachgewiesen werden. Die Beweisbedeutung war somit hier gegeben.

75 Jeweils *ein* „Bio-Frische"- bzw. „Fairtrade"-Aufkleber dürfte ebenfalls als Beweisstück zu den Akten genommen werden, die übrigen Aufkleber haben dagegen keine Beweisbedeutung.

b) Sicherstellung nach § 111b StPO

76 Gegenstände dürfen nach § 111b I StPO sichergestellt werden, wenn Gründe für die Annahme vorhanden sind, dass die Voraussetzungen für ihren Verfall oder ihre Einziehung vorliegen. Als ungeschriebenes Tatbestandsmerkmal setzt § 111b StPO zusätzlich das Vorliegen eines Sicherstellungsbedürfnisses voraus. Dieses Erfordernis folgt aus dem vollstreckungssichernden Zweck der Maßnahme[5].

---

[4] Hellmann/*Beckemper*, Wirtschaftsstrafrecht, Rn. 423.
[5] *Achenbach*, in: AK-StPO §§ 111b - 111d Rn. 6; *Joecks*, Studienkommentar, § 111b Rn. 10; *Rönnau*, Vermögensabschöpfung, Rn. 341.

aa) Sicherung der Einziehung

Die gefälschten Aufkleber, die Firmen-LKW und die sichergestellten Vermögenswerte könnten der Einziehung gemäß § 74 ff. StGB unterliegen.

(1) Anknüpfungstat

Es bestehen Gründe für die Annahme, dass S in einer Vielzahl von Fällen Betrügereien gemäß § 263 I StGB begangen hat[6]. Die als Anknüpfungstat vorausgesetzte vorsätzlich begangene rechtswidrige Straftat liegt daher vor.

(2) Einziehungsfähige Objekte nach § 74 I StGB

Bei den sichergestellten Objekten müsste es sich gemäß § 74 I StGB um Gegenstände handeln, die durch eine vorsätzliche Straftat hervorgebracht oder zu ihrer Begehung oder Vorbereitung gebraucht worden oder bestimmt gewesen sind.

(a) Die „Bio-Frische"- und „Fairtrade"-Aufkleber

Zur Begehung einer Tat „bestimmt" sind solche Gegenstände, die zwar nicht tatsächlich benutzt, aber für die Straftat vorgesehen und bereitgestellt waren[7]. In diese Kategorie der Tatmittel fallen die gefälschten „Bio-Frische"- und „Fairtrade"-Aufkleber. Diese waren zwar noch nicht an den Waren angebracht, eine Benutzung der Aufkleber in rechtmäßiger Weise ist jedoch nicht denkbar.

(b) Die drei Firmen-LKW

Die Firmen-LKW, in denen die angeblichen Bio-Produkte transportiert worden waren, könnten unter dem Aspekt der Vorbereitung der Straftat einziehungsfähig sein. Die Vorbereitung als solche muss die Tat lediglich in irgendeiner Form fördern und braucht nicht selbst strafbar zu sein[8]. Danach kämen die Firmen-LKW hier als Einziehungsobjekte in Betracht.

Diese tatbestandliche Ausdehnung der Einziehung auf alle erdenklichen in die Tat ursächlich verwickelten Gegenstände ist angesichts der uferlosen Kausalkette allerdings bedenklich und bedarf daher einer sinnvollen Begrenzung[9]. Nach zutreffender Auffassung weisen mittelbare Hilfsmittel den erforderlichen Tatbezug nur auf, wenn sie bereits in deliktischer Absicht hergestellt oder benutzt worden sind[10]. So ist etwa der Computer, mit dem ein Schriftstück mit beleidigendem Inhalt abgefasst wurde, kein Tatmittel im Sinne des § 74 I StGB, da er nicht als eigentliches Mittel der Beleidigung eingesetzt wurde[11].

Ähnlich liegt es hier bei den Firmen-LKW. Diese wurden im Vorfeld zwar zum Transport der fraglichen Waren verwendet und waren daher für die Begehung

---

[6] S.o. II.1.
[7] *Eser*, in: Schönke/Schröder, § 74 Rn. 9a.
[8] BGHSt 8, 205, 212 ff.; *Schmidt*, in: LK-StGB, § 74 Rn. 16.
[9] Grundlegend *Eser*, Strafrechtliche Sanktionen, S. 326 ff.; ders., in: Schönke/Schröder, § 74 Rn. 12; *Schmidt*, in: LK-StGB, § 74 Rn. 16; Tröndle/*Fischer*, Rn. 6.
[10] *Eser*, in: Schönke/Schröder, § 74 Rn. 12.
[11] OLG Düsseldorf NJW 1992, 3050.

der Betrugstaten kausal. Die LKW wurden aber entsprechend ihrer gewöhnlichen Bestimmung – zum Transport – gebraucht und nicht als eigentliches Mittel zur Begehung des Betruges eingesetzt. Der erforderliche Tatbezug war somit nicht gegeben. Die Firmen-LKW waren daher keine tauglichen Einziehungsobjekte.

(c) Die Vermögenswerte in Höhe von 1,7 Mio. Euro

84 Tatprodukte im Sinne des § 74 I StGB sind nur solche Gegenstände, die ihre Entstehung oder gegenwärtige Beschaffenheit unmittelbar der Tat verdanken, beispielsweise gefälschte Urkunden oder Münzen. Die Früchte des Verbrechens, d.h. die für die Tat oder aus ihr erlangten Vermögensvorteile, zählen nicht dazu[12]. Das auf den Geschäftskonten der GmbH befindliche Vermögen unterlag der Einziehung somit nicht.

(3) Besonderer Einziehungsgrund nach § 74 II StGB

85 Hinsichtlich der „Bio-Frische-" und „Fairtrade"-Aufkleber müsste zudem ein besonderer Einziehungsgrund nach § 74 II StGB vorliegen. In Betracht kommt hier die Gefahr der Begehung rechtswidriger Taten gemäß Nr. 2. Eine solche Gefahr ist immer dann gegeben, wenn die betreffenden Sachen praktisch gar nicht anders als durch Missachtung der Rechtsordnung gebraucht werden können[13]. Bei den gefälschten Aufklebern ist dies der Fall.

(4) Verhältnismäßigkeit

86 Im Gegensatz zur tätergerichteten Einziehung bzw. zur strafähnlichen Dritteinziehung ergibt sich das Erfordernis der Verhältnismäßigkeit für die Sicherungseinziehung nicht unmittelbar aus § 74b StGB, sondern folgt aus dem allgemeinen verfassungsrechtlichen Verhältnismäßigkeitsgrundsatz[14].

87 Die Einziehung der Aufkleber war hier zur Sicherung der Allgemeinheit vor der Begehung weiterer rechtswidriger Taten geeignet, zur Erreichung dieses Zwecks erforderlich und im Übrigen auch angemessen. Die Verhältnismäßigkeit im weiteren Sinne lag somit vor.

(5) Zwischenergebnis

88 Die gefälschten „Bio-Frische"- und „Fairtrade"-Aufkleber unterliegen der Einziehung gemäß § 74 ff. StGB, die drei Firmen-LKW und das sichergestellte Vermögen dagegen nicht.

bb) Sicherung des Verfalls

89 Die 1,7 Mio. Euro könnten aber gemäß §§ 73 ff. StGB dem Verfall unterliegen.

---

[12] *Herzog*, in: NK-StGB, § 74 Rn. 7; *Schmidt*, in: LK-StGB, § 74 Rn. 14.
[13] *Eser*, in: Schönke/Schröder, § 74 Rn. 33.
[14] *Eser*, in: Schönke/Schröder, § 74b Rn. 4.

(1) Anknüpfungstat

Die nach § 73 I StGB erforderliche vorsätzlich begangene rechtswidrige Anknüpfungstat liegt in den offensichtlich verwirklichten Betrugstaten des S.

(2) Vom Täter oder Teilnehmer für die Tat oder aus ihr erlangt

Das Vermögen muss vom Täter oder Teilnehmer unmittelbar für die Tat oder aus ihr erlangt worden sein. Für den Betrag in Höhe von 1,1 Mio. Euro konnte die Herkunft des Geldes aus den Betrugstaten bereits vor Ort anhand der Geschäftsunterlagen festgestellt werden. Dass diese Feststellung für die 600.000 Euro (noch) nicht sicher getroffen werden konnte, spielt für die endgültige Anordnung des Verfalls durch das Gericht, nicht aber für die Beschlagnahme eine Rolle. Denn nach § 111b I StPO genügen „Gründe für die Annahme", d.h. die Wahrscheinlichkeit im Sinne eines einfachen Tatverdachtes[15], dass der Verfall im weiteren Verfahrensverlauf angeordnet werden wird. Der Verdacht, dass auch die 600.000 Euro aus den Betrügereien herrührten, lag aufgrund tatsächlicher Anhaltspunkte hier vor. Eines Rückgriffs auf § 73d StGB bedarf es daher nicht.

Problematisch ist dagegen, dass sich die Verkaufserlöse teilweise auf den Konten der Bio-Frische-GmbH befanden und daher von dieser und nicht von dem S selbst erlangt worden sind. Gemäß § 73 III StGB kann der Verfall aber auch gegen einen Dritten angeordnet werden, wenn der Täter für den Dritten gehandelt und dieser dadurch etwas erlangt hat. Der sog. „Drittempfänger" kann dabei auch eine juristische Person sein[16]. S wollte den Gewinn der GmbH steigern und beging den Betrug daher *für* die GmbH. Die GmbH hat mit den Verkaufserlösen auch etwas erlangt. Die Voraussetzungen des Drittempfängerverfalls lagen daher vor.

(3) Gegenstand und Umfang des Erlangten

Nach § 73 I StGB können nur die *unmittelbar* erlangten Vorteile aus der Tat, nach § 73 II StGB kann ggf. auch das Surrogat für verfallen erklärt werden. S hat hier in unzähligen Einzelfällen Fleisch, Obst und Kaffee zu überhöhten Preisen verkauft. Die Kunden des S werden den Kaufpreis teilweise in bar, teilweise aber auch per Kreditkarte bzw. per Bankeinzug entrichtet haben. Obwohl die Gesamteinnahmen aus den betrügerischen Verkäufen im Wege einer Differenzrechnung ermittelt werden können, ist das einzelne Entgelt durch Einzahlung auf die Geschäftskonten, Überweisung auf das Privatkonto des S bzw. Durchmischung des Bargeldes und der Forderungen nicht mehr vorhanden. Gegenstand des Verfalls war daher hier nicht der unmittelbare Vorteil bzw. das Surrogat, sondern ein Geldbetrag, der dem Wert des Erlangten entsprach. Der Verfall des sog. Wertersatzes ist aber gemäß § 73a StGB ebenfalls zulässig. Prozessual erfolgt die Sicherstellung dann durch die Anordnung des dinglichen Arrests gemäß §§ 111b II, 111d StPO.

Fraglich ist zudem der Umfang des Verfallsgegenstandes. Nach dem Willen des Gesetzgebers ist das Erlangte nach dem Bruttoprinzip zu bestimmen, d.h., die für

---
[15] *Nack*, in: KK-StPO, § 111b Rn. 8; *Schäfer*, in: Löwe-Rosenberg, § 111b Rn. 16.
[16] *Eser*, in: Schönke/Schröder, § 73 Rn. 35.

die Tat gemachten Aufwendungen dürfen vom Taterlös nicht abgezogen werden[17]. Dies soll nach der – umstrittenen – Rechtsprechung des BGH auch für den Drittempfängerverfall gelten[18]. Ob es sich bei den 1,7 Mio. Euro um den Reinertrag aus den betrügerischen Verkäufen oder um die Bruttoerlöse ohne Abzug der für den Wareneinkauf getätigten Aufwendungen handelt, wäre daher für die Rechtmäßigkeit der Beschlagnahme unerheblich. Selbst mit der engeren Auffassung der Literatur, die beim unternehmensbezogenen Verfall die schuldhafte Verstrickung des Verfallsadressaten in die Anknüpfungstat fordert[19], könnte hier der Bruttobetrag abgeschöpft werden. S gehört nämlich als Geschäftsführer zu den verantwortlichen Leitungspersonen der bereicherten GmbH, sodass dessen schuldhaftes Verhalten dem Unternehmen zugerechnet werden kann.

(4) Bestehen von Verletztenansprüchen nach § 73 I 2 StGB

95 Die Anordnung des Verfalls ist nach § 73 I 2 StGB jedoch ausgeschlossen, soweit dem Verletzten aus der Tat ein Anspruch erwachsen ist. Für den Ausschluss des Verfalls genügt bereits die Existenz eines durchsetzbaren Anspruchs, nicht erforderlich ist es, dass der Verletzte diesen auch geltend macht[20]. Da S mit der Täuschung in einer Vielzahl von Fällen das Vermögen seiner Kunden geschädigt hat, können diese gemäß § 823 II BGB i.V.m. § 263 I StGB von S Schadensersatz verlangen. Verletztenansprüche sind daher hier gegeben. Der Verfall ist mithin gemäß § 73 I 2 StGB ausgeschlossen.

(5) Sicherstellung nach § 111b V StPO

96 Gemäß § 111b V StPO ist die Beschlagnahme von Vermögensgegenständen allerdings auch dann möglich, wenn der Anordnung des Verfalls Ansprüche des Verletzten nach § 73 I 2 StGB entgegenstehen. Zweck dieser sog. „Rückgewinnungshilfe" ist es, dem Verletzten die Durchsetzung seiner Ansprüche gegen den Täter zu erleichtern[21].

97 Der Verfall der 1,7 Mio. Euro kann hier nur deshalb nicht angeordnet werden, weil die von S betrogenen Kunden als Verletzte Ansprüche gegen S geltend machen können. Die übrigen Voraussetzungen für die Anordnung des Verfalls sind gegeben. Die Situation des § 111b V StPO lag daher vor.

(6) Zwischenergebnis

98 Es bestanden zwar aufgrund des § 73 I 2 StGB keine Gründe für die Annahme, dass die 1,7 Mio. Euro dem Verfall unterliegen würden. Die Sicherstellung durfte aber auf § 111b V StPO gestützt werden.

---

[17] BT-Drs. 12/1134, S. 12.
[18] BGHSt 47, 369, 376 f.
[19] *Achenbach*, in: HWSt, Kap. I 2, Rn. 32; *Hellmann*/Beckemper, Wirtschaftsstrafrecht, Rn. 922.
[20] St. Rspr, vgl. nur BGH NStZ 2001, 257, 258; *Herzog*, in: NK-StGB, § 73 Rn. 20; etwas enger *Eser*, in: Schönke/Schröder, § 73 Rn. 26.
[21] *Nack*, in: KK-StPO § 111b Rn. 18; *Rudolphi*, in: SK-StPO, § 111b Rn. 9.

cc) Sicherstellungsbedürfnis

Die Sicherstellung nach § 111b StPO setzt als ungeschriebenes Tatbestandsmerkmal das Vorliegen eines Sicherstellungsbedürfnisses voraus.

Da die gefälschten „Bio-Frische"- und „Fairtrade"-Aufkleber nur zu rechtswidrigen Zwecken verwendet werden können, resultiert dieses Bedürfnis hier schon aus der Gefahr der Begehung weiterer Straftaten.

Im Rahmen des § 111b V StPO ist das erforderliche Sicherstellungsbedürfnis gegeben, wenn bei einer Betrachtung ex ante die Gefahr besteht, dass das Opfer der Straftat seiner Ersatzansprüche verlustig geht, weil es diese selbst nicht rechtzeitig durchsetzen oder sichern kann[22]. Ob man im Übrigen ein einfaches oder ein qualifiziertes Sicherstellungsbedürfnis verlangt[23], kann vorliegend dahinstehen. Angesichts der bevorstehenden Transaktion des Geldes in die Schweiz liegt das Sicherstellungsbedürfnis hier nach beiden Auffassungen vor.

3. Verhältnismäßigkeit

Alle strafprozessualen Maßnahmen unterliegen als grundrechtsbeschränkende Eingriffe dem Grundsatz der Verhältnismäßigkeit. Anhaltspunkte für eine mangelnde Eignung, Erforderlichkeit und Angemessenheit der Sicherstellung der einzelnen Gegenstände bestehen indessen hier nicht.

III. Ergebnis

Die Sicherstellung der Geschäftsunterlagen, der „Bio-Frische"- und „Fairtrade"-Aufkleber sowie des Vermögens i.H.v. 1,7 Mio. war rechtmäßig, die Beschlagnahme der drei Firmen-LKW hingegen nicht.

Frage 2: Erfolgsaussichten der Revision

Die Revision des S hat Erfolg, wenn sie zulässig und begründet ist.

I. Zulässigkeit

Gemäß § 333 StPO ist gegen erstinstanzliche Urteile der Strafkammern die Revision statthaft. R war als Verteidiger des S gemäß § 297 StPO anfechtungsberechtigt und hat die Revision form- und fristgerecht eingelegt. S ist durch die Verurteilung zu einer Freiheitsstrafe auch beschwert. Die Revision ist daher zulässig.

II. Begründetheit

Die Revision ist gemäß § 337 I StPO begründet, wenn das Urteil auf einer Verletzung des Gesetzes beruht. Die revisiblen Gesetzesverletzungen können sich dabei

---

[22] *Achenbach*, NStZ 2001, 401, 402.
[23] Für ein qualifiziertes Sicherstellungsbedürfnis *Malitz*, NStZ 2002, 337, 339; *Meyer-Goßner*, § 111b Rn. 6 jew. m.w.N.; a.A. *Achenbach*, in: FS für Blau, S. 7, 17 f.; ders. in: NStZ 2001, 401, 403; *Hellmann*, Strafprozessrecht, Rn. 402; *Webel*, wistra 2004, 249, 251 f.

sowohl auf formelles als auch auf materielles Recht beziehen[24]. R rügt hier nur die Verletzung des Verfahrensrechts.

107 Es ist zwar erforderlich, dass das Urteil auf der Gesetzesverletzung „beruht", d.h. zwischen dem Verstoß und dem Urteil ein ursächlicher Zusammenhang besteht. Bei den absoluten Revisionsgründen des § 338 StPO wird dieser Kausalzusammenhang aber unwiderleglich vermutet, sodass die Beruhensprüfung entfällt.

1. Absolute Revisionsgründe

108 Absolute Revisionsgründe sind hier indessen nicht ersichtlich.

2. Relative Revisionsgründe

109 Der Ablauf des Verfahrens mit dem Treffen der Absprache über das Strafmaß und der Nichteinhaltung dieser Absprache im weiteren Verlauf könnten aber sonstige Verfahrenverstöße und damit relative Revisionsgründe begründen.

a) Die Verständigung als solche

110 Schon der Verständigung als solcher werden rechtsstaatliche Bedenken entgegengebracht[25]. Die Urteilsabsprache sei ein „Handel mit der Gerechtigkeit" und stehe mit einer ganzen Reihe hergebrachter Prozessgrundsätze in offenem Widerspruch: Einigten sich Gericht, Staatsanwaltschaft und Verteidigung bereits vor der Hauptverhandlung auf ein bestimmtes Strafmaß und werde in der Folge das Urteil entsprechend gefällt, entscheide das Gericht entgegen § 261 StPO gerade nicht nach seiner freien, aus dem Inbegriff der Verhandlung geschöpften Überzeugung. Vielmehr werde der grundsätzlich indisponible staatliche Strafanspruch durch die Absprache teilweise preisgegeben. Es bestehe überdies die Gefahr, dass die Strafe nicht nach der Schuld des Täters sondern danach bemessen werde, welche „Gegenleistung" er im Rahmen der Verständigung erbringe. Bei einem solchen Vorgehen sei das materielle Schuldprinzip in Frage gestellt. Wisse das Gericht zudem schon im Vorfeld, welche Strafe es verhängen wird, könne es den Angeklagten auch nicht zugleich als unschuldig im Sinne der Unschuldvermutung ansehen. Das Wissen um die Strafhöhe begründe eher den Verdacht der Befangenheit. Daneben könne bei einem ausgehandelten Geständnis der „In-dubio-pro-reo"-Grundsatz nicht mehr zum Tragen kommen. Die durch den „Deal" zweifelsohne erreichbare Verfahrensvereinfachung berge außerdem die Gefahr, dass das Gericht den Beschuldigten erheblich unter Druck setze, um das Verfahren auf diese Weise abzuschließen. Werde das Geständnis dann abgelegt, sei der Grundsatz der Selbstbelastungsfreiheit tangiert. Schließlich seien, wenn das Gericht das Ergebnis der Ver-

---

[24] *Beulke*, Strafprozessrecht, Rn. 563.
[25] Vgl. u.a. *Hassemer*, JuS 1989, 890, 892; *Kreß*, ZStW 116 [2004], 172 ff.; *Küpper/Bode*, Jura 1999, 351 ff. u. 393 ff.; *Pfeiffer*, Einleitung, Rn. 16c; *Ranft*, Strafprozessrecht, Rn. 1227 ff.; *Rönnau*, Absprache, S. 106 ff.; *Schünemann*, FS für Rieß, S. 525 ff.; *Siolek*, FS für Rieß, S. 563 ff.; *Weigend*, NStZ 1999, 57, 59 ff.; ders., in: 50 Jahre BGH-Festgabe, S. 1011 ff.; *Weßlau*, ZStW 116 [2004], 150 ff.

ständigung in der Hauptverhandlung verschweige, auch die Grundsätze der Mündlichkeit und der Öffentlichkeit angetastet.

Allen diesen von der Wissenschaft vorgetragenen Einwänden zum Trotz ist die Absprache aus der heutigen Strafverfahrenspraxis nicht mehr wegzudenken und als eigenständiges – wenn auch (noch) nicht explizit in der StPO geregeltes – Institut höchstrichterlich[26] anerkannt. Ob der Strafprozess bei einem Verbot der Verständigung – als Konsequenz aus der genannten Kritik – tatsächlich so viel „fairer" abliefe, ist überdies fraglich. Gerade umfangreichere Verfahren mit schwieriger Beweislage würden sich zeitlich stark in die Länge ziehen. Dies ist nicht nur für die Justiz, sondern auch und gerade für den Angeklagten eine Belastung. Kommt es dann zur Verurteilung und zu einem Gang durch die Instanzen, hätte die überlange Verfahrensdauer eine – zur ursprünglichen Tat unter Umständen ebensowenig schuldangemessene – Strafmilderung zur Folge[27]. 111

Werden die von der Rechtsprechung aufgestellten „Dealregeln"[28] befolgt, ist die Gefahr der Beeinträchtigung der angesprochenen Prozessgrundsätze äußerst gering. Die Anwesenheit aller Parteien – Gericht, Staatsanwaltschaft und Verteidigung – sichert in der Regel ein sachgerechtes Ergebnis, die „Waffen" sind gleichmäßig verteilt[29]. Überdies ist die Fähigkeit des Richters zur Abstraktion auch im „normalen" Verfahren – etwa bei Beweisverwertungsverboten – gefordert, sodass die Gefahr der Voreingenommenheit nicht größer ist als sonst. Die Verständigung als solche ist – bei Einhaltung der Regeln – mithin als zulässig anzusehen[30]. 112

Hier haben M, V und R vereinbart, dass S ein Geständnis ablegt und das Gericht eine Freiheitsstrafe von mehr als 2 Jahren auf Bewährung nicht verhängt. Eine feste Zusage zum Strafmaß liegt darin nicht und die Angabe von schuldangemessenen Obergrenzen ist zulässig[31]. Die Absprache wurde von M auch in der Hauptverhandlung offen gelegt und im Protokoll vermerkt. Anhaltspunkte, die darauf hindeuten, dass das Gericht auf Grund der Absprache seine Aufklärungspflicht verletzt hat, liegen nicht vor. Die Mindestbedingungen für die Wirksamkeit der Absprache wurden hier eingehalten. In der Verständigung selbst liegt somit kein relativer Revisionsgrund. 113

b) Das Abweichen von der Vereinbarung

Indem das Gericht den S abweichend von der getroffenen Absprache zu einer Freiheitsstrafe von 2 Jahren und 6 Monaten verurteilt hat, könnte es aber gegen das Gebot des fairen Verfahrens aus Art. 20 III GG, 6 I EMRK verstoßen haben. 114

---

[26] BVerfG NStZ 1987, 419 f.; BGHSt 43, 195 ff.
[27] BVerfGE 92, 277, 326 ff; BGHSt 35, 137, 139 ff.
[28] Grundlegend BGHSt 43, 195 ff. sowie BGHSt GrS 50, 41, 48 ff.
[29] *Mosbacher*, NStZ 2004, 52, 54.
[30] Für die grundsätzliche Zulässigkeit auch *Böttcher/Widmaier*, JR 1991, 353, 354 ff.; *Dahs*, NStZ 1988, 153, 154; *Hanack*, StV 1987, 500, 502 ff.; *Kintzi*, JR 1990, 309 ff.; *Schäfer*, DRiZ 1989, 294 ff.; *Schmidt-Hieber*, DRiZ 1990, 321 ff.; *Widmaier*, StV 1986, 357 ff.
[31] BGHSt 43, 195, 207.

115 In welchem Umfang die Absprache die Parteien bindet und wie sich eine fehlgeschlagene Verständigung auf den weiteren Ablauf des Verfahrens auswirkt, ist derzeit noch ungeklärt. Mit der Abgabe des Geständnisses erfüllt der Angeklagte zwar seinen Teil der Vereinbarung und kann sich in der Folge auf einen schützenswerten Vertrauenstatbestand berufen. Aus der Geltung der genannten Prozessgrundsätze – insbesondere des Schuldprinzips – ergibt sich aber, dass das Gericht bei Auftreten neuer Erkenntnisse nicht uneingeschränkt an die Vereinbarung gebunden sein kann. Die Grenze der aus dem Vertrauen des Angeklagten resultierenden Bindungswirkung soll nach einem sich derzeit herauskristallisierenden Konsens im Rahmen der Diskussion um die gesetzliche Regelung der Verständigung erreicht sein, wenn „neue schwerwiegende Umstände" zu Tage treten, die eine andere Beurteilung der Tat erforderlich machen[32]. Das Gericht muss den Angeklagten in einem solchen Fall gemäß § 265 I StPO auf die Veränderung des rechtlichen Gesichtspunktes hinweisen[33]. Sind diese Kriterien erfüllt, ist ein Verstoß gegen den fair-trial-Grundsatz durch das Abweichen von der Absprache nicht gegeben.

116 Hier sah das Gericht die aus der Zeugenvernehmung neu gewonnene Tatsache, dass S seine Angestellten zur Durchführung des Betrugs massiv unter Druck gesetzt hat, im Rahmen der übrigen Strafzumessungsgesichtspunkte des § 46 II StGB als so gravierend an, dass es nach seiner Überzeugung von der Vereinbarung abweichen musste. Schwerwiegende neue Umstände lagen daher vor.

117 Das Gericht hat den S auch darauf hingewiesen, dass es sich an die Absprache nicht mehr halten werde. Aus dem Fehlen eines rechtlichen Hinweises kann daher ebenfalls kein Verfahrensverstoß hergeleitet werden. In dem Abweichen von der Vereinbarung liegt somit hier kein relativer Revisionsgrund.

c) Sonstige Verfahrensverstöße

118 Fehler im Ermittlungsverfahren sind nur dann revisibel, wenn sie bis zum Urteil fortwirken, etwa weil sie ein Beweisverwertungsverbot zur Folge haben. Der Verzicht des S auf die 600.000 Euro zu Gunsten der Staatsanwaltschaft kann daher mangels beschwerender gerichtlicher Entscheidung nicht mit der Revision angefochten werden[34].

119 Auch in der Angabe des Verfallsbetrages im Urteilstenor liegt keine Beschwer, da zugleich festgestellt wird, dass dieser Betrag gemäß § 73 I 2 StGB nicht für verfallen erklärt werden kann.

120 Weitere Verfahrensfehler sind nicht ersichtlich.

---

[32] BGHSt 43, 195, 210; Begr. des Diskussionsentwurfs der ehem. Regierungsfraktionen und des BMJ, StV 2004, 228, 237; § 243a Abs. 5 des Gesetzentwurfes des Landes Niedersachsen, BR-Drs. 235/06; kritisch insoweit die Stellungnahme des DAV, StraFo 2006, 89, 97.
[33] BGHSt 43, 195, 210; *Kindhäuser*, Strafprozessrecht, § 19 Rn. 17.
[34] Vgl. OLG Düsseldorf, NStZ 1993, 452; BayObLGSt 1996, 99, 100 f.; *Rönnau*, Vermögensabschöpfung, Rn. 618; *Thode*, NStZ 2000, 62, 64 ff.

III. Ergebnis

Die zulässige Revision des S ist unbegründet. 121

Frage 3: Erfolgsaussichten der Beschwerde

Die Beschwerde des S wird Erfolg haben, wenn sie zulässig und begründet ist. 122

I. Zulässigkeit

Die Beschwerde ist gemäß § 304 StPO gegen alle von den Gerichten im ersten Rechtszug erlassenen Beschlüsse statthaft. Der Beschluss nach § 111i III StPO, den dinglichen Arrest für drei Jahre aufrecht zu erhalten, ergeht zwar regelmäßig zusammen mit dem Urteil[35]. Er ist aber nicht von der Beschwerde ausgeschlossen, da er der Urteilsfindung nicht im Sinne des § 305 S. 1 StPO vorausgeht. R ist als Verteidiger gemäß § 297 StPO anfechtungsberechtigt und hat die Beschwerde form- und fristgerecht erhoben. Eine Beschwer ist gegeben, die Beschwerde mithin zulässig. 123

II. Begründetheit

Sie wäre begründet, wenn der Beschluss des Gerichts nach § 111i III StPO, die Sicherstellung der 1,1 Millionen Euro für drei Jahre aufrecht zu erhalten, in rechtlicher oder tatsächlicher Hinsicht fehlerhaft war. 124

1. Verstoß gegen das Rückwirkungsverbot

Ein rechtlicher Fehler läge vor, wenn das Gericht mit der Anwendung des § 111i III StPO gegen das in § 2 StGB näher ausgestaltete Rückwirkungsverbot aus Art. 103 II GG, § 1 StGB verstoßen hätte. 125

Nach § 2 I StGB bestimmen sich die Strafe und ihre Nebenfolgen nach dem Gesetz, das zur Zeit der Tat gilt. Als Ausnahme davon sieht das sog. Meistbegünstigungsprinzip des § 2 III StGB vor, dass bei einer Änderung des Gesetzes im Zeitraum zwischen der Beendigung der Tat und der Entscheidung jeweils das mildeste Gesetz anzuwenden ist. 126

a) Vorliegen einer Gesetzesänderung

Die Vorschrift des § 111i StPO, auf deren Grundlage das Gericht den fraglichen Beschluss gefasst hat, wurde durch das Gesetz zur Stärkung der Rückgewinnungshilfe und der Vermögensabschöpfung bei Straftaten[36] neu gefasst und ist am 01.01.2007 in Kraft getreten. Die zuvor geltende Regelung hatte lediglich die Aufrechterhaltung der Beschlagnahme nach § 111c StPO – und dies für maximal drei Monate – gestattet, die Aufrechterhaltung des dinglichen Arrestes war nicht vorgesehen. Da der hier angeklagte Betrug des S spätestens im Dezember 2006 beendet war, hätte das Gericht den Beschluss der Aufrechterhaltung des dinglichen 127

---

[35] Vgl. BT-Drs. 16/700, S. 16.
[36] BGBl. I 2006, S. 2350.

Arrestes für drei Jahre zum Tatzeitpunkt nicht treffen dürfen. Die Gesetzesänderung belastet den S, sodass auch die Anwendung des Meistbegünstigungsprinzips gemäß § 2 III StGB nicht in Betracht kommt.

b) Anwendung des § 2 StGB auf § 111i StPO

128 Fraglich ist aber, ob die Regelung des § 111i StPO überhaupt in den Anwendungsbereich des § 2 StGB fällt. Der Begriff des „Gesetzes" im Sinne des § 2 StGB umfasst nämlich grundsätzlich nur das sachliche Strafrecht, d.h. alle allgemeinen und besonderen Bestimmungen, welche die Strafbarkeit begründen oder verschärfen[37]. Auf verfahrensrechtliche Normen soll das Rückwirkungsverbot dagegen keine Anwendung finden[38].

129 Beim Verfall, der Einziehung und der Unbrauchbarmachung handelt es sich allerdings nicht um „sachliches Strafrecht" im eigentlichen Sinne, sondern um selbständige Rechtsinstitute mit zudem nicht unumstrittener Rechtsnatur[39]. Um für den Fall einer Änderung dieser Maßnahmen gleichwohl Rechtssicherheit zu schaffen, ordnete der Gesetzgeber in § 2 V StGB die entsprechende Anwendung der in den Absätzen 1 bis 4 niedergelegten Grundsätze an.

130 Die Regelung des § 2 V StGB enthält indessen keine Aussage darüber, ob sich die Analogie nur auf die in den §§ 73 ff., 74 ff. StGB geregelten sachlichen Voraussetzungen oder auch auf das flankierende Prozessrecht in den §§ 111b ff. StPO erstreckt. Würde § 2 V StGB – was der Wortlaut durchaus zuließe – alle im Zusammenhang mit Verfall, Einziehung und Unbrauchbarmachung stehenden Regelungen erfassen, unterfiele die fragliche Vorschrift des § 111i III StPO dem Rückwirkungsverbot. Wenn – was aus systematischen Gründen näher liegt – die Differenzierung in sachliche und prozessuale Regelungen auch für die in § 2 V StGB genannten Maßnahmen gelten würde, müsste § 2 I StGB auf § 111i III StPO nur angewendet werden, wenn § 111i StPO ein materiell-rechtlicher Charakter zukäme.

131 Ein solcher materiell-rechtlicher Gehalt ist nicht schon deshalb ausgeschlossen, weil sich die Vorschrift in der StPO und nicht im StGB befindet. Für die Zuordnung einer Norm zum materiellen Recht oder zum Verfahrensrecht ist nicht der Ort der gesetzlichen Regelung, sondern allein deren Charakter maßgeblich[40].

132 Der Beschluss nach § 111i III StPO, den dinglichen Arrest für drei Jahre aufrecht zu erhalten, dient der Vorbereitung des mit dem Gesetz zur Stärkung der Rückgewinnungshilfe neu implementierten „Auffangrechtserwerbs" des Staates. Haben die Verletzten der Straftat ihre Ansprüche innerhalb der 3-Jahres-Frist nicht geltend gemacht, erwirbt gemäß § 111i V StPO der Staat die sichergestellten Vermögenswerte. Damit soll vermieden werden, dass das durch die Straftat Erlangte wieder an den Täter zurückfällt und sich das Verbrechen für diesen am Ende doch

---

[37] *Gribbohm*, in: LK-StGB, § 2 Rn. 4; *Schmitz*, in: MüKo-StGB, § 2 Rn. 10.
[38] BVerfGE 11, 139, 146; 25, 269, 286 f.; BGHSt 26, 228, 231; 40, 113, 118; *Hassemer/Kargl*, in: NK-StGB, § 1 Rn. 60 ff.; *Rudolphi*, in: SK-StGB, § 1 Rn. 10; *Schmitz*, in: MüKo-StGB, § 1 Rn. 17.
[39] Vgl. nur *Eser*, in: Schönke/Schröder, Vorbem § 73 Rn. 12 ff. m.w.N.
[40] *Gribbohm*, in: LK-StGB, § 2 Rn. 6.

lohnt[41]. Da der Rechtserwerb des Staates „entsprechend § 73e StGB" erfolgen soll, wird mit § 111i V StPO exakt das Ergebnis herbeigeführt, das es nach den §§ 73 ff. StGB auch gäbe, wenn die Regelung des § 73 I 2 StGB nicht existieren würde. Die Wirkung der Ausschlussklausel des § 73 I 2 StGB wird daher auf prozessualem Umweg aufgehoben, das materielle Verfallsrecht faktisch abgeändert. Für den Gesetzgeber wäre es ein Leichtes gewesen, dieses Ergebnis durch eine Änderung des § 73 I 2 StGB selbst zu erzielen. Eine solche Änderung der als „Totengräber des Verfalls" bezeichneten Ausschlussklausel war immer wieder gefordert worden[42] und in einem Gesetzesentwurf aus der 13. Legislaturperiode bereits ausformuliert[43]. Dass es mit dem Gesetz zur Stärkung der Rückgewinnungshilfe formal nur zu punktuellen Änderungen in der StPO und nicht zu einer grundlegenden Neugestaltung der §§ 73 ff. StGB gekommen ist, vermag an dem sachlich-rechtlichen Charakter der Neuregelung nichts zu ändern.

Offenbar geht der Gesetzgeber selbst von einem materiell-rechtlichen Gehalt seiner Änderungen aus. In der Gesetzesbegründung heißt es zum Artikel des Inkrafttretens, dass es einer Übergangsregelung nicht bedürfe, da auf die aus §§ 111i II bis VIII StPO-E resultierenden Belastungen für den Betroffenen § 2 StGB anwendbar sei[44]. **133**

Der in § 111i StPO geregelte Auffangrechtserwerb ist somit eine materiell-rechtliche Regelung des Verfalls in lediglich prozessualer Einkleidung. Das Rückwirkungsverbot des § 2 I StGB gilt daher gemäß § 2 V StGB entsprechend. **134**

2. Zwischenergebnis

Der Beschluss des Gerichts, die Sicherstellung für 3 Jahre aufrecht zu erhalten, verstößt mithin gegen das Rückwirkungsverbot. **135**

III. Ergebnis

Die Beschwerde des S ist zulässig und begründet. **136**

Frage 4: Rückzahlung der 600.000 Euro

Die Staatsanwaltschaft muss die 600.000 Euro an den S herausgeben, wenn er einen Anspruch auf die Rückzahlung des Geldes hat. **137**

I. Art des Anspruchs

Ob hinsichtlich der hier zugrunde liegenden Verzichtserklärung des S zivilrechtliche oder öffentlich-rechtliche Ansprüche in Betracht kommen, hängt in erster Linie von der Rechtsnatur des „Verzichts" ab. **138**

---

[41] BT-Drs. 16/700, S. 8 f.
[42] Vgl. nur BGHSt 45, 235, 249; *Eberbach*, NStZ 1987, 486, 491; *Kiethe/Hohmann*, NStZ 2003, 505 ff.; *Nack*, GA 2003, 879, 883.
[43] Vgl. BT-Drs. 13/9742, S. 17 f.
[44] BT-Drs. 16/700, S. 20; ähnlich offen formulierte es der 1. Strafsenat des BGH in einem obiter dictum, vgl. BGH wistra 2006, 341; a.A. *Schmidt*, Gewinnabschöpfung, Rn. 18a (rein prozessuale Verfahrensänderung).

139 V hat dem S angeboten, die Beantragung des Haftbefehls zu unterlassen und auf ein mildes Urteil hinzuwirken, wenn er „im Gegenzug" auf die 600.000 Euro verzichten würde. Die „Leistungen" stehen somit in einem Gegenseitigkeitsverhältnis. S war zudem darin frei, auf den Vorschlag des V einzugehen oder den weiteren Verfahrensverlauf abzuwarten. Die Absprache ist daher nicht als einseitige Willenserklärung des S, sondern als Vertrag zwischen S und der Staatsanwaltschaft zu qualifizieren. Dem steht auch der Umstand nicht entgegen, dass S hier vorleistungspflichtig war. Abgesehen von den Geschäften des täglichen Lebens findet kaum ein vertraglicher Leistungsaustausch gleichzeitig statt.

140 Das Strafrecht und insbesondere das Strafprozessrecht werden traditionell dem öffentlichen Recht zugeordnet, die Staatsanwaltschaft ist eine hierarchisch aufgebaute Behörde. Daher liegt es nahe, die Absprache zwischen S und der Staatsanwaltschaft als öffentlich-rechtlichen Vertrag anzusehen[45]. Allerdings sind sowohl bereicherungsrechtliche Ansprüche nach den §§ 812 ff. BGB als auch ein öffentlich-rechtlicher Erstattungsanspruch[46] dem Grunde nach gegeben, wenn eine Vermögensverschiebung ohne Rechtsgrund erfolgt. Da die Nichtigkeitsgründe des Zivilrechts über § 59 I VwVfG auch auf öffentlich-rechtliche Verträge Anwendung finden, kann eine genaue Zuordnung jedoch letztlich dahinstehen.

II. Vermögensverschiebung

141 S hat gegenüber V als Vertreter der Staatsanwaltschaft schriftlich auf die sichergestellten 600.000 Euro verzichtet. In der Praxis wird in der Folge der dingliche Arrest aufgehoben und die Forderung vom Beschuldigten an die Staatskasse überwiesen. Damit sind unabhängig vom Ausgang des Verfahrens sämtliche Ansprüche des S an dem Bankguthaben erloschen. Eine Vermögensverschiebung hat mithin stattgefunden.

III. Fehlender Rechtsgrund

142 Die Vermögensverschiebung wäre rechtsgrundlos erfolgt, wenn der „Verzichtsvertrag" zwischen der Staatsanwaltschaft und S unwirksam bzw. nichtig ist.

1. Generelle Unwirksamkeit der Vermögensabschöpfung durch Verzicht

143 Eine Absprache des Inhalts, zu Gunsten der Staatsanwaltschaft ohne genauere rechtliche Prüfung auf sichergestellte Vermögenswerte zu verzichten, könnte generell unzulässig und daher gemäß § 138 BGB – ggf. analog – nichtig sein.

144 Sind schon die Konsequenzen einer Verständigung über das Strafmaß weitgehend ungeklärt, so gilt dies für die Verständigung über Gewinnabschöpfungsmaß-

---

[45] *Ioakimidis*, Rechtsnatur, S. 120 ff.; *Thode*, Außergerichtliche Einziehung, S. 66 ff., 70; *dies.*, in: NStZ 2000, 62, 65; a.A. offenbar *Ströber/Guckenbiehl*, Rpfleger 1999, 115, 117.

[46] Zur Begründung des Anspruchs s. *Maurer*, Allg. Verwaltungsrecht, § 29 Rn. 20 ff.

nahmen erst recht. In der Wissenschaft finden sich hierzu nur wenige Stellungnahmen[47].

Gegen die Zulässigkeit eines außergerichtlichen Verzichts auf Vermögenswerte – der nicht selten Teil einer umfassenderen Absprache zwischen Staatsanwaltschaft, Beschuldigtem und Gericht ist – sprechen im Wesentlichen die gleichen Einwände wie gegen die Zulässigkeit der Urteilsabsprache und des Rechtsmittelverzichtes[48]. Zudem wird die Verzichtserklärung oft in einem sehr frühen Verfahrensstadium abgegeben, sodass der Beschuldigte in der Regel keine Anfechtungsmöglichkeiten hat[49]. 145

Gleichwohl ist trotz dieser Einwände auch im Rahmen der Gewinnabschöpfung nicht von einer generellen Unzulässigkeit der konsensualen Verfahrensgestaltung auszugehen. Der Verzicht als solcher ist dem deutschen Strafprozess nicht völlig fremd. § 302 StPO sieht die Möglichkeit des Rechtsmittelverzichtes als Prozesshandlung ausdrücklich vor. Hinzu kommt, dass das Ermittlungsverfahren aus Gründen der Flexibilität in der StPO weniger detailliert geregelt ist als das Haupt- und Rechtsmittelverfahren, sodass nicht von einer abschließenden Aufzählung der Handlungsmöglichkeiten für die Beteiligten auszugehen ist. Soweit der Beschuldigte im Ermittlungsverfahren daher rechtlichen Beistand hat und die Verhältnisse durch eine prinzipielle Waffengleichheit geprägt sind, ist der Verzicht auf Vermögenswerte mithin grundsätzlich als zulässig anzusehen[50]. 146

2. Unwirksamkeit des Verzichts im konkreten Fall

Die generelle Zulässigkeit einer Absprache mit vermögensrechtlichen Folgen für den Beschuldigten besagt jedoch noch nichts über deren Zulässigkeit im konkreten Fall. Fraglich ist daher, welche Maßstäbe für die Wirksamkeit solcher Absprachen im Einzelnen in Betracht kommen. 147

Obwohl es bei einer Absprache über Verfallsgegenstände lediglich um die Abschöpfung des rechtswidrigen Gewinnes und damit – zumindest nach der Rechtsprechung[51] – nicht um eine Strafe im engeren Sinne geht, ist die Situation für den Beschuldigten mit der Lage bei einer Urteilsabsprache vergleichbar. Er muss seine „Leistung" in der Regel zuerst erbringen und trägt das Risiko, dass sich die andere Seite nicht an die Vereinbarung hält. Die Verständigung über gewinnabschöpfende Maßnahmen bildet daher nur einen Teilbereich des gesamten Problemkomplexes der Verständigung im Strafverfahren. Somit liegt es nahe, die für die anderen Be- 148

---

[47] Vgl. *Pfeiffer*, in: KK-StPO, Einleitung Rn. 29b f.; *Rönnau*, Vermögensabschöpfung, Rn. 606 ff., 618; *Ströber/Guckenbiehl*, Rpfleger 1999, 115 ff.; zum ähnlich gelagerten Problem der Einziehung *Thode*, Außergerichtliche Einziehung, S. 66 ff.; *dies.* in: NStZ 2000, 62, 64 ff.;
[48] S.o. Frage 2, II. 2. a.
[49] Vgl. oben Frage 2, II. 2. c., insb. Fn. 34.
[50] So offenbar auch *Rönnau*, Vermögensabschöpfung, Rn. 606, insb. Fn. 123.; *Ströber/Guckenbiehl*, Rpfleger 1999, 115, 118; für die außergerichtliche Einziehung auch die Rspr, vgl. BGHSt 20, 253, 257; OLG Düsseldorf NStZ 1993, 452; BayObLGSt 1996, 99 ff.
[51] BVerfGE 110, 1, 13 ff.; BGHSt 47, 369, 372 ff.

reiche herausgearbeiteten Kriterien für die Wirksamkeit des „Deals" auch bei der Verständigung über die Vermögensabschöpfung anzuwenden.

149 Zu diesen Mindestbedingungen für die Wirksamkeit einer Absprache gehört u.a., dass – dem Rechtsgedanken des § 136a I StPO entsprechend – der Entschluss des Beschuldigten, auf die Vermögenswerte zu verzichten, frei von Täuschung, Drohung oder sonstigem Zwang zustande kommt[52].

150 V hat dem S angeboten, die Beantragung eines Haftbefehls zu unterlassen, wenn er auf die 600.000 Euro verzichte. Damit hat er die Situation wider besseres Wissen so dargestellt, als läge ein Haftgrund gegen S vor. Ob darin eher eine Täuschung oder vielmehr eine Drohung zu sehen ist, kann dahinstehen, da im Falle einer angekündigten – wenn auch offensichtlich rechtswidrigen – U-Haft jedenfalls von einer Zwangslage für den Betroffenen und daher von einer unzulässigen Willensbeeinflussung auszugehen ist[53].

151 Die Erklärung des S, auf die 600.000 Euro zu verzichten, beruhte daher auf einem Willensmangel und ist somit nichtig. Die Absprache ist daher insgesamt unwirksam.

3. Zwischenergebnis

152 Ein rechtlicher Grund für das Behalten-Dürfen der 600.000 Euro liegt mangels einer wirksamen Vereinbarung nicht vor. Ein Anspruch des S ist somit gegeben.

IV. Ergebnis

153 Die Staatsanwaltschaft muss die 600.000 Euro an den S zurückzahlen.

Hinweise zur Lösung:

154 Bei der Beantwortung der **Frage 1** ist auch eine nach den einzelnen sichergestellten Gegenständen differenzierende Lösung vertretbar. Der hier beschrittene Weg vermeidet Wiederholungen und bietet sich auch deshalb an, weil die formellen Voraussetzungen nach dem Sachverhalt als gegeben anzusehen sind.

155 Bei der **Frage 2** ist angesichts der Fülle der Literatur zum „Deal im Strafverfahren" eine Auseinandersetzung mit jeder einzelnen Stellungnahme im Rahmen einer Hausarbeit kaum möglich. Es ist deshalb eine Auswahl zu treffen, der Streitstand zusammenfassend darzustellen und ein eigener Standpunkt zu beziehen. Mit prominenter Rückendeckung (vgl. insb. Fn. 25) kann auch die generelle Unzulässigkeit der Absprache vertreten werden.

156 Das in **Frage 3** angesprochene Problem resultiert aus der Änderung der Rechtslage durch das Gesetz zur Stärkung der Rückgewinnungshilfe und der Vermögensabschöpfung bei Straftaten zum 01.01.2007 und ist bislang noch nicht literarisch aufgearbeitet. Werden die Hinweise aus dem Sachverhalt aber zutreffend gedeutet, liegt die Prüfung eines Verstoßes gegen das Rückwirkungsverbot nahe.

---

[52] BVerfG NStZ 1987, 419 f.; grundlegend BGHSt 17, 14, 17 ff.
[53] BGH NJW 2004, 1885, 1886; BGH NStZ 2005, 279, 280.

Nicht eindeutig beantwortet werden kann die **Frage 4**. Als Ausgangspunkt sollte jedoch erkannt werden, dass die Rückzahlung der 600.000 Euro an S vom Vorliegen eines Anspruchs – gleich welcher Art – abhängig ist. Neben zivilrechtlichen Ansprüchen und dem öffentlich-rechtlichen Erstattungsanspruch kann beispielsweise auch ein Amtshaftungsanspruch geprüft werden. Auf die Herausarbeitung sämtlicher zivil- oder öffentlich-rechtlicher Feinheiten des jeweiligen Anspruchs kommt es nicht an. Falls die außergerichtliche Vermögensabschöpfung nicht generell abgelehnt wird, müssen die Grenzen der Wirksamkeit solcher Absprachen bestimmt werden. Die hier vorgeschlagene – keineswegs zwingende – Lösung zieht den Vergleich zu den übrigen Absprachen und wendet deren Wirksamkeitskriterien auch auf den „Vermögens-Deal" an.

Klausur Nr. 1**

Der Galerist

Online-Durchsuchung – Durchsuchung und Beschlagnahme – Beweisverwertungsverbote – Beschlagnahmeverbote – Tagebücher – Zufallsfunde – Recht auf Verteidigung

In der Nacht zum 29.04.2007 kam es in der Berliner Galerie „B.Art" zu einem spektakulären Gemälde-Raub. Gestohlen wurden u.a. Werke des aufstrebenden Künstlers Eike Singen, dessen eindrucksvolle Dialoge zwischen Realismus und Abstraktion auf dem internationalen Kunstmarkt Erlöse von mehreren Hunderttausend Euro pro Bild einbringen. Sowohl die Gemälde selbst als auch das Gebäude der B.Art waren mittels modernster computergesteuerter Alarmtechnik mehrfach gesichert. In der Zeit zwischen 2.00 und 5.00 Uhr war die Anlage jedoch aus unerklärlichen Gründen ausgeschaltet. Um in den Besitz der Beute zu gelangen, hatte der Täter zudem den Angestellten eines privaten Sicherheitsdienstes niedergeschossen. Der Mann erlag am nächsten Morgen im Krankenhaus seinen Verletzungen.

Nach Aufnahme der Ermittlungen und ersten Gesprächen mit den Mitarbeitern der B.Art fiel der Verdacht auf Rüdiger Kurz (K). K war noch bis vor einem halben Jahr in führender Funktion bei der B.Art beschäftigt, musste dann aber nach einem schweren Zerwürfnis mit seinen Vorstandskollegen das Feld räumen. Bei seinem Abgang hatte er bittere Rache geschworen. In der B.Art hatte man diese Drohungen nicht ernst genommen, obwohl K in seiner früheren Position auch Zugang zu den Daten der Alarmanlage gehabt hatte.

Bei der „routinemäßigen" Befragung durch die Kriminalpolizei erklärte K, er habe das Gebäude der B.Art seit einem halben Jahr nicht betreten. Zum Tatzeitpunkt habe er – allein – in seinem Bett gelegen und geschlafen. Die Nachbarn des K gaben jedoch an, sie hätten in der fraglichen Nacht ein Auto wegfahren hören.

Um zu verhindern, dass sich K wegen der Fortsetzung der Ermittlungen gegen seine Person ins Ausland absetzt, beantragte die Staatsanwaltschaft eine heimliche Durchsuchung des Computers des K. Diese sollte mittels eines sog. „Trojaners" erfolgen, der sämtliche Daten des K kopieren und von diesem unbemerkt über das Internet an die Polizeibehörde übertragen würde. Die Staatsanwaltschaft erhoffte sich dadurch Hinweise auf das Ausschalten der Alarmanlage und den Verbleib der Gemälde.

Der zuständige Ermittlungsrichter (E) lehnte den Erlass einer solchen Anordnung allerdings ab. Er erließ auf den Folgeantrag aber die Anordnung der Durchsuchung der Wohnung des K und der Beschlagnahme seines Computers. Daraufhin beschlagnahmte die Kriminalpolizei den PC des K.

Die Auswertung der Daten war „ein voller Erfolg". Die Ermittler fanden nicht nur die – jüngst genutzten – Schaltpläne und den Code für die Entsicherung der Alarmanlage, sondern im „Gesendet"-Ordner des E-mail-Programmes auch eine Nachricht an die Verlobte des K, in der K ihr von den gestohlenen Bildern berichtete. Außerdem fand sich ein Dokument mit dem Titel „Die Odyssee meines Lebens.doc", in dem der Erzähler aus der Ich-Perspektive neben einigen „Frauengeschichten" den genauen Tathergang seiner „Rache" schilderte. Zudem entdeckten die Fahnder eine ordentliche Auflistung aller Geldbeträge, die K in den letzten zehn Jahren als Schmiergeld von diversen Kunstliebhabern erhalten und nicht in seinen Steuererklärungen angegeben hatte.

Angesichts der erdrückenden Last der Indizien und der bestehenden Fluchtgefahr wurde K in Untersuchungshaft genommen. Da K – bevor er sich ganz der modernen Kunst hingab – einige Semester Jura studiert hatte, machte er in seinem Haftraum einige Aufzeichnungen, die zu seiner Verteidigung dienen sollen.

1. Hätte E dem Antrag auf die „Online-Durchsuchung" des Computers des K stattgeben müssen?

2. War die Anordnung der Durchsuchung und der Beschlagnahme des Computers rechtmäßig?

3. Wäre die Verwendung der sichergestellten Daten in einem Strafverfahren gegen K zulässig?

4. Dürfen die Aufzeichnungen im Haftraum des K beschlagnahmt werden?

Lehrbuch: Rn. 133 ff.; 404 ff.; 780 ff.; 388 ff.; 398; 413; 390.

Lösung

Frage 1: Ablehnung der Anordnung der Online-Durchsuchung

E hätte dem Antrag auf die Durchsuchung des Computers stattgeben müssen, wenn es sich bei der Online-Durchsuchung um eine zulässige Ermittlungsmaßnahme handeln würde und darüber hinaus alle formellen und materiellen Voraussetzungen für die Anordnung dieser Maßnahme vorgelegen hätten.

I. Zulässigkeit der Maßnahme

Eine spezielle Regelung für die heimliche Durchsuchung eines Computers mittels staatlicher „Spyware" enthält die StPO bislang nicht. Zu prüfen ist daher, ob die Maßnahme von den bereits vorhandenen Befugnisnormen in der StPO gedeckt ist oder ggf. auf die Befugnisgeneralklausel des § 161 I 1 Alt. 2 StPO gestützt werden kann.

1. Anwendung der vorhandenen Befugnisnormen

Die Online-Durchsuchung könnte von einer der in der StPO bereits vorhandenen Befugnisnormen gedeckt sein. In Betracht kommen die Vorschriften über die Durchsuchung und Beschlagnahme, die Überwachung der Telekommunikation sowie den Einsatz technischer Mittel.

a) Durchsuchung und Beschlagnahme gemäß §§ 102, 94 StPO

Bei Vorliegen eines Anfangsverdachts einer – beliebigen – Straftat gestatten die §§ 102, 94 StPO den Strafverfolgungsbehörden die Durchsuchung der Wohnung des Verdächtigen einschließlich der Durchsuchung und Beschlagnahme der ihm gehörenden Sachen. Die Durchsuchung erstreckt sich gemäß § 110 I StPO auch auf die Durchsicht der Papiere des Betroffenen, wobei der Begriff der „Papiere" weit ausgelegt wird und alle Gegenstände erfasst, in denen Informationen verkörpert sind. Die Durchsuchung und Beschlagnahme eines Computers wäre im Rahmen einer solchen Durchsuchung daher grundsätzlich zulässig. Insoweit könnte die Online-Durchsuchung sogar als geringerer Eingriff angesehen werden, da die Wohnung des Betroffenen in diesem Fall gar nicht betreten werden muss.

Im Gegensatz zur „heimlichen" Online-Durchsuchung geht das Gesetz bei der Durchsuchung der Wohnung aber davon aus, dass der Betroffene unmittelbar Kenntnis von der Maßnahme erlangt. Davon zeugt u.a. die Schutzvorschrift des § 106 StPO, die das Anwesenheitsrecht des Wohnungsinhabers, oder, wenn dieser nicht anwesend sein kann, die Hinzuziehung eines Vertreters, Angehörigen, Hausgenossen oder Nachbarn vorsieht. Auch die Erteilung der schriftlichen Durchsuchungsbescheinigung nach § 107 I StPO setzt die Anwesenheit des Wohnungsinhabers voraus. Die „Offenheit" der Wohnungsdurchsuchung erlaubt dem Betroffenen eine sofortige Überprüfung und ggf. ein sofortiges Einschreiten gegen das Vorgehen der Strafverfolgungsorgane. Hierin liegt der wesentliche Unterschied zur Online-Durchsuchung, die verdeckt erfolgt und somit einen andersartigen Charakter hat.

164 Die Online-Durchsuchung ist mithin nicht von §§ 102, 110 StPO gedeckt.

b) Überwachung der Telekommunikation gemäß § 100a StPO

165 Die Online-Durchsuchung könnte aber unter § 100a StPO fallen. Die Vorschrift erlaubt unter strengen Voraussetzungen die verdeckte Überwachung der Telekommunikation. Zwar besteht während der Übertragung der Daten an die Polizeibehörde eine Verbindung des Computers des Betroffenen mit dem Internet, sodass der Betroffene i.S.d. § 3 Nr. 22 TKG „kommuniziert". Ziel der Online-Durchsuchung ist aber nicht die Überwachung *dieses* Datenaustauschs, sondern die Erlangung anderer, vom Betroffenen aktuell gar nicht genutzter Daten, für deren Übertragung lediglich die bestehende Verbindung ausgenutzt wird. § 100a StPO ist daher für die Online-Durchsuchung ebenfalls nicht einschlägig.

c) Einsatz technischer Mittel gemäß § 100f StPO

166 Auch ein nach § 100f I Nr. 2 StPO zur Erforschung des Sachverhalts zulässiger Einsatz technischer Mittel liegt im Fall der Online-Durchsuchung eines Computers nicht vor. Die technischen Mittel dürfen lediglich zu Observationszwecken und zudem nur außerhalb der Wohnung eingesetzt werden.

d) Zwischenergebnis

167 Die verdeckte Durchsuchung des Computers eines Verdächtigen ist von den in der StPO geregelten speziellen Ermittlungsmaßnahmen nicht gedeckt.

2. Bestimmung der Zulässigkeit im Wege einer Gesamtanalogie?

168 Die Online-Durchsuchung ist auch nicht im Wege einer Gesamtschau der vorhandenen Befugnisnormen – etwa nach §§ 94, 102, 100a, 100c StPO analog – als zulässig anzusehen. Zwar mag sich der Charakter der Maßnahme als Mischung der in der StPO bereits geregelten Zwangsmittel darstellen und die Eingriffsintensität dem Vergleich mit anderen Maßnahmen standhalten. Der Grundsatz des Gesetzesvorbehalts und das Bestimmtheitsgebot nach Art. 20 III GG verbieten jedoch eine Kombination verschiedener Rechtsgrundlagen und verlangen stattdessen eine konkrete eigene Regelung.

3. Anwendung der Befugnisgeneralklausel

169 Nach § 161 I 1 Alt. 2 StPO ist die Staatsanwaltschaft befugt, Ermittlungen jeder Art selbst vorzunehmen oder durch die Behörden und Beamten des Polizeidienstes vornehmen zu lassen, soweit nicht andere gesetzliche Vorschriften ihre Befugnisse besonders regeln. Die Vorschrift entspricht der polizeilichen Befugnisgeneralklausel in § 163 I 2 StPO und hat wie diese den Sinn, der Staatsanwaltschaft aus Gründen der Flexibilität auch solche Maßnahmen zu gestatten, die in der StPO keine ausdrückliche Grundlage haben. Aus der Existenz der speziell geregelten Zwangsmaßnahmen der StPO und dem verfassungsrechtlichen Grundsatz des Vorbehalts des Gesetzes ergibt sich aber im Umkehrschluss, dass nicht *jeder* staatliche Eingriff ohne weiteres von der Generalklausel gedeckt ist. Insbesondere

grundrechtsrelevante Eingriffe erfordern eine hinreichend bestimmte gesetzliche Grundlage, die dem Gebot der Normenklarheit entspricht und dem Bürger die Konsequenzen seines Handelns deutlich vor Augen führt. Ob eine Maßnahme auf die Generalklausel des § 161 I 1 StPO gestützt werden kann, hängt daher von der Grundrechtsintensität des jeweiligen Eingriffs ab.

Die Nutzung des Computers als Kommunikations- und Speichermedium hat im Laufe des letzten Jahrzehntes auch außerhalb der beruflichen Sphäre erheblich an Bedeutung gewonnen. Die Beschlagnahme sämtlicher Daten auf der Festplatte eines PC – z.B. des privaten E-mail-Verkehrs oder digitaler Urlaubsfotos – erlaubt es den Strafverfolgungsbehörden in der Regel, sich ein genaues Bild von der Person des Betroffenen und seinen Lebensumständen zu machen. Das Kopieren und Auswerten der Daten stellt daher einen erheblichen Eingriff in die Privatsphäre und damit u.a. in das verfassungsrechtlich geschützte Recht auf informationelle Selbstbestimmung nach Art. 2 I i.V.m. 1 I GG dar. Die „Eingriffsdichte" der – in der StPO ausdrücklich geregelten – Wohnungsdurchsuchung und der Beschlagnahme sind damit jedenfalls erreicht. Die „heimliche" Durchführung der Online-Durchsuchung erinnert zudem an Maßnahmen wie die akustische Wohnraumüberwachung oder die Überwachung der Telekommunikation, die ebenfalls nach der StPO nur unter besonderen Voraussetzungen zulässig sind. 170

Die Online-Durchsuchung liegt somit eindeutig oberhalb der Schwelle der ausdrücklich in der StPO geregelten Zwangsmaßnahmen und kann mithin nicht auf die Befugnisgeneralklausel des § 161 I 1 StPO gestützt werden. Eine spezielle Ermächtigungsgrundlage ist daher erforderlich. 171

II. Ergebnis

E hat den Antrag auf die Online-Durchsuchung zu Recht abgelehnt. 172

Frage 2: Rechtmäßigkeit der Durchsuchungs- und Beschlagnahmeanordnung

Die von E erlassene Anordnung der Durchsuchung der Wohnung des K und der Beschlagnahme seines Computer war rechtmäßig, wenn E zuständig war, ein Antrag der Staatsanwaltschaft vorlag und die sachlichen Voraussetzungen für die Durchsuchung und die Beschlagnahme gegeben waren. 173

I. Zuständigkeit des E

Sachlich und örtlich zuständig für den Erlass einer Durchsuchungs- und Beschlagnahmeanordnung ist gemäß §§ 162 I, 105 I, 98 StPO der Richter des Amtsgerichts, in dessen Bezirk die zu durchsuchende Wohnung belegen ist. E war somit zuständig. 174

II. Antrag der Staatsanwaltschaft

Der nach § 162 I StPO erforderliche Antrag der Staatsanwaltschaft lag vor. 175

III. Sachliche Voraussetzungen

176 Jede strafprozessuale Ermittlungsmaßnahme setzt neben dem Vorliegen der ihr eigenen, speziell geregelten Anforderungen das Vorliegen eines Tatverdachts sowie die Verhältnismäßigkeit der Maßnahme voraus.

1. Tatverdacht

177 Ein Tatverdacht liegt vor, wenn es konkrete tatsächliche Anhaltspunkte gibt, die es nach der kriminalistischen Erfahrung als möglich erscheinen lassen, dass eine verfolgbare Straftat begangen worden ist. Der zugrunde liegende Lebenssachverhalt ist dabei sowohl in tatsächlicher als auch in rechtlicher Hinsicht zu prüfen.

a) Tatsächliches Moment

178 Der Streit mit den Vorstandskollegen und die Entlassung sind mögliche Motive für die Entwendung der Gemälde, zumal K außerdem „bittere Rache" geschworen hatte. Während seiner Tätigkeit bei der B.Art hatte K zudem Zugang zu den Daten der Alarmanlage. Er hat auch kein überzeugendes Alibi und seine Nachbarn haben in der Tatnacht ein Auto wegfahren hören. Konkrete tatsächliche Anhaltspunkte, die es als möglich erscheinen lassen, dass K die Tat begangen hat, lagen daher vor.

b) Rechtliches Moment

179 Die Umstände deuten auf die Begehung eines Tötungsdeliktes im Sinne der §§ 211 ff. StGB sowie auf die Begehung eines Raubes bzw. eines räuberischen Diebstahls mit Todesfolge hin.

180 Der Täter hat mehrere Gemälde aus dem Gebäude entwendet, also fremde bewegliche Sachen weggenommen. Ob ein Raub oder ein räuberischer Diebstahl begangen wurde, hängt davon ab, ob der Täter den Wachmann vor oder nach Vollendung des Diebstahls niedergeschossen hat. Jedenfalls aber hat er eine Schusswaffe i. S. d. § 250 II Nr. 1 StGB verwendet, sodass in jedem Fall entweder ein schwerer Raub mit Todesfolge oder aber ein schwerer räuberischer Diebstahl mit Todesfolge vorliegt.

181 Für das Vorliegen eines Totschlags oder Mordes (Habgier) kommt es im Wesentlichen auf die – noch zu ermittelnde – innere Tatseite an.

182 Gründe für einen eventuellen Ausschluss der Strafbarkeit sind nicht ersichtlich. Es besteht mithin ein Anfangsverdacht wegen eines Tötungsverbrechens.

2. Spezielle Voraussetzungen der §§ 102, 94 StPO

183 Die Durchsuchung der Wohnung eines Verdächtigen darf nach § 102 StPO u. a. erfolgen, wenn zu vermuten ist, dass die Durchsuchung zur Auffindung von Beweismitteln führen werde. Gleiches gilt für die Sicherstellung nach § 94 StPO, die sich auf Gegenstände bezieht, die als Beweismittel für die Untersuchung von Bedeutung sein können. Die Staatsanwaltschaft erhoffte sich von der Maßnahme Hinweise auf die Zugangsdaten der Alarmanlage und den Verbleib der Gemälde. Die Tatbeute ist ebenso wie das Tatmittel geeignet, Beweis für die Begehung einer

Straftat zu erbringen. Nach kriminalistischer Erfahrung schafft es ein Straftäter in der Regel nicht, sämtliche Hinweise auf die Tat aus seinem engeren Lebensumfeld zu beseitigen. Die speziellen Voraussetzungen für die Durchsuchung der Wohnung des K und die Beschlagnahme seines Computers lagen daher vor.

3. Verhältnismäßigkeit

Die Anordnung müsste verhältnismäßig, d.h. geeignet, erforderlich und angemessen gewesen sein. Die Durchsuchung einer Wohnung und Beschlagnahme eines Computers ist zumindest nicht ungeeignet, Beweis gegen eine Person zu erbringen und sie einer Straftat zu überführen. Im konkreten Fall ist auch kein Mittel ersichtlich, das den K bei gleicher Wirkung weniger belastet hätte, sodass die Maßnahmen auch erforderlich waren. Die Durchsuchung der Wohnung stellt zwar einen schweren Eingriff in die verfassungsmäßig garantierten Rechte des Betroffenen aus Art. 2 I und 13 GG dar. Auf der anderen Seite geht es vorliegend aber um die Aufklärung eines Tötungsverbrechens. Schwerere Verbrechen gegen die körperliche Integrität einer Person sind nicht denkbar. Die Anordnung der Maßnahmen war daher auch verhältnismäßig im engeren Sinne. **184**

IV. Ergebnis

Die Durchsuchungs- und Beschlagnahmeanordnung war rechtmäßig. **185**

Frage 3: Verwendung der Daten im Verfahren gegen K

Die Daten des K dürfen in einem Strafverfahren gegen ihn verwendet werden, wenn sie keinem Beweisverwertungsverbot unterliegen. Ein Beweisverwertungsverbot kann sich entweder aus einem Beweiserhebungsverbot ergeben oder aber unmittelbar aus der Verfassung folgen. Die Zulässigkeit der Beweisverwertung ist jeweils anhand der konkreten Daten zu bestimmen. **186**

I. Schaltpläne und der Code für die Alarmanlage

Die Schaltpläne und der Code für die Alarmanlage sowie der Umstand der Benutzung können vor Gericht gegen K verwertet werden. Die Durchsuchung der Wohnung des K und die Beschlagnahme seines Computers waren rechtmäßig. Ein Beweiserhebungsverbot ist nicht ersichtlich. **187**

II. E-mail an die Verlobte des K

Die E-mail an die Verlobte des K könnte jedoch einem Beweiserhebungsverbot unterliegen. Nach § 97 I Nr. 1 StPO sind schriftliche Mitteilungen zwischen dem Beschuldigten und den Personen, die nach § 52 oder § 53 I 1 Nr. 1 bis 3b StPO das Zeugnis verweigern dürfen, beschlagnahmefrei. Der Begriff der „schriftlichen Mitteilung" umfasst dabei alle Gedankenäußerungen, die ein Absender einem Empfänger zukommen lässt, damit er davon Kenntnis nimmt, mithin auch den E-mail-Verkehr einer Person. Die Verlobte des K ist zudem nach § 52 I Nr. 1 StPO zur Verweigerung des Zeugnisses berechtigt. **188**

189 Die Mitteilung muss sich nach § 97 II 1 StPO allerdings im Gewahrsam des Zeugnisverweigerungsberechtigten befinden. Die E-mail wurde hier zwar verschickt, befindet sich aber dennoch im „Gesendet"-Ordner des E-mail-Programms des K, auf das nur der K Zugriff hat. Damit hatte er auch noch Gewahrsam an der E-mail. Beschlagnahmefrei wäre die E-mail dagegen, wenn sie sich im E-mail-Programm auf dem Computer der Verlobten befände. Die E-mail kann somit im Verfahren gegen K verwertet werden.

III. „Die Odyssee meines Lebens.doc"

190 Fraglich ist, ob auch das Dokument „Die Odyssee meines Lebens.doc" vor Gericht verwertet werden kann. Sowohl der Titel als auch der Inhalt des Dokuments – Frauengeschichten und der Tathergang – lassen darauf schließen, dass K hier seine Gefühlswelt niederzuschreiben und sein Leben zu reflektieren versuchte. Es handelt sich daher um tagebuchähnliche Aufzeichnungen.

191 Ob derartige Niederschriften vom Staat zu Zwecken der Strafverfolgung genutzt werden dürfen oder dem von Art. 2 I i. V. m. Art. 1 I GG geschützten „unantastbaren Kernbereich" privater Lebensgestaltung unterfallen, ist umstritten. Während eine Auffassung solche Aufzeichnungen im Rahmen der vom BVerfG entwickelten „Sphärentheorie" der „Privatsphäre" zuordnet, gehören Tagebücher nach der Gegenansicht zum unantastbaren Bereich der „Intimsphäre". Ob der Täter allerdings in so hohem Maße schutzwürdig ist, dass seine Aufzeichnungen mit der letzteren Ansicht dem Zugriff des Staates von vornherein entzogen sind, ist zweifelhaft. Die schriftliche Fixierung seiner Gedanken birgt für den Betroffenen schließlich immer die Gefahr, dass Dritte – und damit auch die Strafverfolgungsbehörden – Zugriff auf das Dokument und Kenntnis von seinem Inhalt nehmen. Auch kann die bloße Tatsache, dass sich eine Information in einem Tagebuch befindet, nicht über deren Verwertbarkeit entscheiden. Es muss in erster Linie auf den Inhalt der Aufzeichnungen abgestellt werden. Enthalten diese lediglich Pläne für bevorstehende oder Berichte über vergangene Straftaten, so gehören sie dem unantastbaren Kernbereich privater Lebensgestaltung nicht an und dürfen – in den Grenzen der Verhältnismäßigkeit – verwertet werden. Sind sie dagegen höchstpersönlicher Natur, liegt eine Zuordnung zur Intimsphäre nahe und die Aufzeichnungen sind nicht verwertbar.

192 Das Tagebuch des K enthält neben den höchstpersönlichen und unverwertbaren Abschnitten über seine „Frauengeschichten" auch eine Schilderung des Tathergangs. Dieser Teil der Aufzeichnungen ist nicht höchstpersönlicher Natur und daher für eine Güterabwägung offen.

193 Zu prüfen ist mithin, ob die Verwertung unter den konkreten Umständen verhältnismäßig wäre. Die Schilderung des Tathergangs im Tagebuch wäre als Beweis für die Tatbegehung des K zwar geeignet. Die Verwendung des Dokuments ist aber angesichts der übrigen Beweismittel nicht zwingend erforderlich. Diese reichen nämlich aus, die Schuld des K vor Gericht zu beweisen. Die Verwertung wäre somit unverhältnismäßig.

IV. Auflistung der Schmiergeldbeträge

Die Liste der Geldbeträge lässt auf die Verwirklichung einer Bestechlichkeit im geschäftlichen Verkehr nach § 299 I StGB, zumindest aber auf die Begehung von Steuerhinterziehungen gemäß § 370 I AO durch K schließen. Sie stehen zwar in keinem Zusammenhang mit dem Gemälderaub in der Kunsthalle. Nach § 108 I StPO ist aber auch die Beschlagnahme von sog. „Zufallsfunden" zulässig, solange die Regelung nicht missbraucht wird, indem die Strafverfolgungsbehörden gezielt nach solchen Zufallsfunden suchen. Dafür bestehen hier aber keine Anhaltspunkte, sodass die Liste der Geldbeträge in einem – noch einzuleitenden – Ermittlungsverfahren wegen §§ 299 I StGB, 370 I AO gegen K verwendet werden darf.

194

Frage 4: Die Beschlagnahme der Aufzeichnungen aus dem Haftraum des K

Die Aufzeichnungen aus dem Haftraum des K dürfen beschlagnahmt werden, wenn sie keinem Beschlagnahmeverbot unterliegen.

195

Ein solches Verbot könnte sich vorliegend aus § 97 StPO ergeben. Beschlagnahmefrei sind gemäß § 97 I Nr. 1 StPO etwa schriftliche Mitteilungen zwischen dem Beschuldigten und den zur Verweigerung des Zeugnisses berechtigten Personen i.S.d. §§ 52, 53 StPO. Unter diese Regelung fallen die Aufzeichnungen des K nicht, da sie keine von einem Absender an einen Empfänger gerichtete „Mitteilung" darstellen.

196

Es handelt sich zudem um Aufzeichnungen des Beschuldigten und nicht um Aufzeichnungen seines Verteidigers, sodass auch § 97 I Nr. 2 StPO vom Wortlaut her nicht einschlägig ist.

197

In Betracht kommt jedoch eine analoge Anwendung des § 97 StPO unter Berücksichtigung des in Art. 6 III EMRK und Art. 2 I, 20 III GG verankerten Verteidigungsrechts des Beschuldigten. Dürften nämlich die erkennbar zur Verteidigung angefertigten Aufzeichnungen des Beschuldigten ohne weiteres sichergestellt und durchgesehen werden, so hätte dies gerade in den schwereren Verfahren, in denen schriftliche Aufzeichnungen als Gedankenstütze unerlässlich sind, eine enorme Einschränkung seiner Verteidigungsmöglichkeiten zur Folge. Zudem ist nicht auszuschließen, dass K diese Unterlagen nach der Begründung eines Verteidigungsverhältnisses seinem Verteidiger übergeben wird. Der grundsätzlich unantastbare Schutz von Unterlagen, die der Verteidigung dienen, ergibt sich deshalb nicht nur aus der – lückenhaften – Regelung des § 97 I Nr. 1 und 2 StPO, sondern auch aus dem Recht auf ungehinderten Verkehr zwischen dem Verteidiger und dem Beschuldigten nach § 148 StPO, wobei es hierbei keine Rolle spielt, in wessen Gewahrsam sich die Dokumente befinden.

198

Angesichts der bestehenden Regelungslücke und der vergleichbaren Interessenlage muss § 97 StPO auf die Aufzeichnungen des Beschuldigten daher analog angewendet werden. Die Unterlagen des K dürfen somit nicht beschlagnahmt werden.

199

Hinweise zur Lösung:

200 Die Beantwortung der **Frage 1**, die ein aktuelles Problem betrifft, setzt eine fundierte Kenntnis der Systematik der – geregelten und ungeregelten – Ermittlungsmaßnahmen in der StPO einschließlich der verfassungsmäßigen Dimension bei der Frage der Zulässigkeit der einzelnen Maßnahmen voraus. Der Umfang der Befugnisgeneralklauseln sollte bekannt sein, die Vereinbarkeit der Online-Durchsuchung mit den geregelten Ermittlungsmaßnahmen ist schlichte Gesetzesanwendung. Die Frage kann daher auch ohne Kenntnis des einschlägigen BGH-Urteils (BGH NJW 2007, 930 ff.) zutreffend beantwortet werden.

201 Der Ermittlungsrichter des BGH (Beschl. v. 21.2.2006, StV 2007, 60 ff. mit abl. Anm. *Beulke/Meininghaus*, S. 63 ff.) und Teile der Literatur (*Graf*, DRiZ 1999, 281, 285; *Hofmann*, NStZ 2005, 121, 123 ff.) sehen die Vorschriften über die Durchsuchung von Wohnräumen nach §§ 102, 103 StPO als ausreichende Ermächtigungsgrundlage für eine Online-Durchsuchung an. Diese Ansicht kann bei entsprechender Argumentation selbstverständlich auch in der Klausur vertreten werden.

202 Die **Frage 2** wirft keine größeren Probleme auf.

203 Die **Frage 3** spricht einige Standardprobleme aus dem Bereich der Beweisverwertung an. Zunächst muss der Zusammenhang zwischen den Beweisverwertungs- und den Beweiserhebungsverboten erkannt werden. Die Prüfung des Beschlagnahmeverbotes bei der E-mail an die Verlobte verlangt dann lediglich die Anwendung des Gesetzes.

204 Schwieriger ist die Beurteilung des Dokuments, in dem K seine Tat schildert. Die Kenntnis der unterschiedlichen Ansichten über die Reichweite des allgemeinen Persönlichkeitsrechts bei Tagebüchern wird als Grundwissen vorausgesetzt (vgl. BVerfGE 80, 367, 376 ff.; BGHSt 34, 397 ff.). Bei entsprechender Argumentation kann hier jeder Ansicht gefolgt werden, ohne dass dies auf das Ergebnis einen Einfluss hat, da die Verwertung des Dokuments im konkreten Fall jedenfalls nicht erforderlich und damit unzulässig ist.

205 Bei der Liste der Schmiergeldbeträge handelt es sich um einen Zufallsfund, der nach § 108 StPO verwertet werden kann. Die Unverwertbarkeit von Zufallsfunden bei einer gezielten Suche durch die Strafverfolgungsbehörden gehört ebenfalls zum Grundwissen (LG Berlin NStZ 2004, 571 ff.) und sollte als ungeschriebenes Prüfungsmerkmal kurz angesprochen werden.

206 Die Beantwortung der **Frage 4** setzt ein grundlegendes Verständnis von den Rechten des Beschuldigten, insbesondere seinem Recht auf ungehinderte Verteidigung voraus. § 97 StPO muss geprüft und abgelehnt werden. Ob das Beweisverwertungsverbot dann in Analogie zu § 97 StPO (BGHSt 44, 46) oder direkt aus dem verfassungsrechtlichen Grundsatz des „fair trial" (vgl. *Schneider*, Jura 1999, 411, 418) hergeleitet wird, spielt für das Ergebnis keine Rolle. Das Zusammenspiel des § 148 mit § 97 StPO sollte bekannt sein und kann für die Argumentation ergänzend herangezogen werden.

Klausur Nr. 2*

Der fliegende Teppichhändler

Blutprobe – Durchsuchung – Untersuchungshaft – Haftgründe

Philipp Teichmann (T) verkaufte – gezielt an ältere Menschen – Teppiche. Die Vorgehensweise war immer gleich: Er klingelte an der Haustür eines Rentners und überredete ihn zum Kauf eines angeblichen Orientteppichs, der ein wahres Schnäppchen sei. In Wirklichkeit waren die Teppiche aber Fälschungen und nicht einmal die Hälfte des Kaufpreises wert.

Als T wieder einmal als fliegender Teppichhändler unterwegs war, schellte er an der Haustür von Wilhelm Rabenstein (R), um ihm einen Teppich zu verkaufen. R durchschaute jedoch das angebliche Schnäppchen und ergriff T am Arm, um ihn bis zum Eintreffen der Polizei festzuhalten. T wehrte sich und schlug auf R ein. R stürzte und erlitt dabei einen sehr komplizierten Trümmerbruch der Hand, der erwarten ließ, dass sie auf Dauer steif bleiben würde, was sich später auch bewahrheitete. Abgesehen von dem Zwischenfall mit R verliefen die Geschäfte an diesem Tag aber gut. Um seinen Erfolg zu feiern, saß T am Abend in einer Gaststätte der Stadt B und trank Bier, später kam noch Schnaps hinzu. Obwohl er wusste, dass er alkoholisiert war, setzte er sich gegen Mitternacht hinter das Steuer seines weißen Kleintransporters, der mit Teppichen gefüllt war, und trat die Heimfahrt zu seiner einige Kilometer entfernter Wohnung an. Unterwegs fuhr er aufgrund seiner Alkoholisierung Schlangenlinien und wurde deshalb von einer Polizeistreife angehalten. Als der Polizeibeamte Frank Peters (P) die Personalien des T feststellte, nahm er dessen „Alkoholfahne" wahr. P forderte T auf, in ein Atemalkoholtestgerät zu pusten. Da sich T aber weigerte, ordnete P eine Entnahme der Blutprobe an, verbrachte den sich sträubenden T mit Gewalt in den Polizeiwagen und fuhr mit ihm ins Krankenhaus. Dort nahm der Arzt Dr. Stefan Albrecht (A) dem T Blut ab; die Untersuchung ergab eine Blutalkoholkonzentration in Höhe von 2,1 ‰.

Um zu verhindern, dass T in seinem betrunkenen Zustand etwas zustoßen würde, beschloss P, T mit auf die Wache zu nehmen, damit T in der Ausnüchterungszelle seinen Rausch ausschlafen konnte. In der Zelle hatte T plötzlich Angst, die Polizei könnte seinen Wagen durchsuchen, die Teppiche entdecken und dadurch auf seine Teppichverkäufe aufmerksam werden. Er wollte aber auf gar keinen Fall ins Gefängnis: Von Panik ergriffen versuchte er, sich das Leben zu nehmen. Der Selbstmordversuch scheiterte allerdings, da ihn ein Polizeibeamter rechtzeitig fand. Obwohl die Polizeibeamten den Ermittlungsrichter nicht erreichen konnten, durchsuchten sie noch in der Nacht den Transporter des T und fanden die Teppiche. Der Polizei lagen nämlich mehrere Anzeigen von Personen vor, die angaben, von einem Teppichhändler an der Haustür „über den Tisch gezogen" worden zu sein; auch R hatte bereits den Vorfall an der Haustür angezeigt. Die Beschreibungen des Täters trafen auf T zu; ein weißer Kleintransporter wurde ebenfalls genannt.

Am frühen Vormittag war T zwar weitgehend ausgenüchtert, die Polizei hielt ihn aber dennoch in Gewahrsam, um ihn dem Haftrichter vorzuführen. T wurde als Beschuldigter vernommen. Zum Tatvorwurf selbst – den Teppichverkäufen und dem Niederschlagen des R – wollte er sich nicht äußern. Weitere Nachprüfungen ergaben, dass T bereits wegen Betrügereien vorbestraft war. Am Nachmittag beantragte die Staatsanwaltschaft den Erlass eines Haftbefehls gegen T bei dem Ermittlungsrichter des Amtsgerichts B, Daniel Ebert (E).

1. Durfte P dem T eine Blutprobe entnehmen lassen?

2. War die Durchsuchung des Transporters des T rechtmäßig?

3. Wird E den Haftbefehl gegen T erlassen?

Lehrbuch: Rn. 57 ff.; 217 ff.; 286 ff.; 404 ff.

Lösung

Frage 1: Zulässigkeit der Blutentnahme des T

Die Blutentnahme des T durch P – unter Mithilfe des A – war zulässig, wenn P zur Anordnung und Durchführung dieser Maßnahme befugt war und deren materiellen Voraussetzungen vorlagen.

I. Anordnungsbefugnis

Die Anordnung der Entnahme einer Blutprobe steht gem. § 81a II StPO grundsätzlich dem Richter zu. Bei Gefahr im Verzug darf sie ausnahmsweise von der Staatsanwaltschaft und ihren Ermittlungspersonen i.S.d. § 152 I GVG angeordnet werden. Gefahr im Verzug liegt vor, wenn die zeitliche Verzögerung durch die Einholung der richterlichen Anordnung den Erfolg der Blutprobenentnahme hätte gefährden können. Während der Zeit, die notwendig gewesen wäre, um den Richter einzuschalten, hätte sich die Blutalkoholkonzentration des T abgebaut; es lag also Gefahr im Verzug vor. Als Ermittlungsperson der Staatsanwaltschaft war P somit zur Anordnung der Entnahme einer Blutprobe befugt.

II. Zwangsweises Verbringen zur Blutentnahme

Fraglich ist, ob P auch berechtigt war, den sich sträubenden T zwangsweise zur Entnahme der Blutprobe zu verbringen. In § 81a StPO ist eine solche Zwangsmaßnahme zwar nicht ausdrücklich vorgesehen, eine Erlaubnis könnte sich aber aus einem Vergleich des § 81a StPO mit § 81c VI 2 StPO ergeben: Der unmittelbare Zwang i.S.d. § 81c VI 2 StPO umfasst das Recht der Verbringung zum Untersuchungsort. Wenn dies gegenüber einem Dritten zulässig ist, müssen derartige Zwangsmaßnahmen auch von § 81a StPO erfasst sein, da die Voraussetzungen zur Untersuchung einer anderen Person (§ 81c StPO) prinzipiell enger sind. Deshalb gestattet § 81a StPO erst recht das zwangsweise Verbringen des Beschuldigten zum Arzt. Die dafür erforderliche Anordnung kann bei Gefahr im Verzug von der Staatsanwaltschaft und ihren Ermittlungspersonen i.S.d. § 152 I GVG getroffen werden, da § 81a StPO die Beschränkungen des § 81c VI StPO nicht enthält. P war damit berechtigt, T zwangsweise zum Arzt mitzunehmen.

III. Voraussetzungen der Blutentnahme

T müsste Beschuldigter gewesen sein. Da § 81a I StPO keine besonderen Anforderungen stellt, reicht ein Anfangsverdacht, d.h., es müssen konkrete tatsächliche Anhaltspunkte für eine begangene Straftat bzw. deren Versuch vorliegen. Die Fahrweise des T, der Schlangenlinien fuhr, und seine „Alkoholfahne" waren konkrete tatsächliche Anhaltspunkte für seine Fahruntüchtigkeit und damit für eine Straftat nach § 316 StGB, sodass ein Tatverdacht gegen T bestand. T war also Beschuldigter.

Die Ermittlung der Blutalkoholkonzentration diente dazu, die Fahruntüchtigkeit i.S.d. § 316 StGB festzustellen. Die Entnahme der Blutprobe war somit für das Verfahren von Bedeutung, § 81a I 1 StPO.

213	Es waren keine gesundheitlichen Nachteile durch die Entnahme der Blutprobe zu erwarten; auch wurde sie von A, einem Arzt, nach den Regeln der ärztlichen Kunst vorgenommen, § 81a I 2 StPO.
214	Die Blutentnahme müsste zudem verhältnismäßig gewesen sein. Die Blutprobe war geeignet, die Fahruntüchtigkeit festzustellen. Fraglich ist, ob sie auch erforderlich war. Dies wäre der Fall, wenn kein gleich geeignetes Mittel ersichtlich ist, das T weniger belasten würde. Als milderes Mittel kommt hier das Pusten in das Röhrchen in Betracht. T verweigerte das allerdings. Strittig ist, ob und wenn ja, in welchem Umfang T verpflichtet war, bei der Feststellung seiner Alkoholisierung mitzuwirken, insbesondere, ob er aktiv tätig werden musste.
215	Nach einer Ansicht trifft den Beschuldigten eine generelle Mitwirkungspflicht bei der Durchführung des Strafverfahrens; der nemo-tenetur-Grundsatz sei allein auf die Aussagefreiheit im Rahmen förmlicher Vernehmung beschränkt. T hätte nach dieser Auffassung aktiv an der Feststellung seiner Alkoholisierung mitwirken und in das Prüfröhrchen blasen müssen. Da T das aber verweigerte, hätte der Atemtest zwangsweise durchgeführt werden müssen. Das Pusten in das Röhrchen sei nämlich gegenüber der Entnahme der Blutprobe ein weit geringerer Eingriff, also das mildere Mittel, und die Entnahme der Blutprobe somit nicht erforderlich.
216	Nach der Gegenmeinung soll der Beschuldigte wegen der Menschenwürdegarantie des Art. 1 GG weder zur aktiven Mitwirkung noch zur Duldung entsprechender Maßnahmen verpflichtet sein. T hätte danach weder in das Röhrchen blasen noch die Entnahme der Blutprobe dulden müssen.
217	Zustimmung verdient jedoch die vermittelnde Auffassung, die zwar eine Verpflichtung des Beschuldigten, aktiv mitzuwirken, ablehnt, aber eine Pflicht zur Duldung der Maßnahmen bejaht. Der nemo-tenetur-Grundsatz gilt nämlich für das gesamte Strafverfahren, sodass der Beschuldigte grundsätzlich in keiner Weise zur aktiven Mitwirkung verpflichtet ist. Zwar ist das Pusten in das Röhrchen das mildere Mittel gegenüber der Entnahme der Blutprobe – was für die erste Ansicht zu sprechen scheint –, in der Praxis bewähren würde es sich aber nicht, da das Pusten voraussetzt, aktiv zu werden, letztlich also nicht erzwungen werden kann. Der Beschuldigte müsste seine Mitwirkung nur solange verweigern, bis nach einigen Stunden der Alkoholgehalt zur Tatzeit nicht mehr nachgewiesen werden kann. Zwangsmaßnahmen müssen jedoch durchsetzbar sein, was nur der Fall ist, wenn sie keine aktive Mitwirkung des Beschuldigten voraussetzen, sondern geduldet werden müssen. Der Beschuldigte hat dann die Möglichkeit, Zwangsmaßnahmen durch freiwillige Mitwirkung abzuwenden, das Gebot des fairen Verfahrens bleibt folglich gewahrt. T war damit nach zutreffender Auffassung zwar nicht verpflichtet, in das Testgerät zu blasen, die notwendigen Maßnahmen zur Entnahme der Blutprobe musste er aber dulden. Die Blutentnahme war somit erforderlich.
218	Angesichts des Vorwurfs der Trunkenheitsfahrt und der hierfür gegebenen gravierenden Verdachtsmomente – Fahren von Schlangenlinien und „Alkoholfahne" – waren die mit der Entnahme der Blutprobe verbundenen Beeinträchtigungen des T verhältnismäßig im engeren Sinne.

IV. Ergebnis

219	Die Entnahme der Blutprobe war zulässig.

Frage 2: Rechtmäßigkeit der Durchsuchung des Transporters

Die Durchsuchung des Kleintransporters des T durch die Polizeibeamten war rechtmäßig, wenn sie zur Anordnung bzw. Durchführung dieser Maßnahme befugt waren und deren materiellen Voraussetzungen vorlagen.

I. Anordnungsbefugnis

Mit der Durchsuchung des Kleintransporters des T lag eine Durchsuchung der Sachen, die dem Beschuldigten gehören, nach § 102 StPO vor. Gem. § 105 I 1 StPO hat die Durchsuchung in der Regel der Richter anzuordnen. Ausnahmsweise liegt die Kompetenz bei den Polizeibeamten, die Ermittlungspersonen der Staatsanwaltschaft i.S.d. § 152 I GVG sind, wenn Gefahr im Verzug war. T verbrachte zwar die Nacht in der Ausnüchterungszelle. Die Polizeibeamten konnten aber den Ermittlungsrichter in der Nacht nicht erreichen und es war zu befürchten, dass T am nächsten Morgen nach der Entlassung die Teppiche verstecken würde bzw. sich ihrer entledigt hätte, während die richterliche Anordnung eingeholt worden wäre. Gefahr im Verzug lag damit vor.

II. Voraussetzungen der Durchsuchung

1. Tatverdacht

Der für § 102 StPO erforderliche Anfangsverdacht ist gegeben, wenn aufgrund tatsächlicher Anhaltspunkte die Möglichkeit besteht, dass eine Straftat begangen worden ist.

a) Tatsächliches Moment

Die Beschreibungen des R und der Anzeigeerstatter über den Teppichhändler trafen auf T zu. Er fuhr auch einen weißen Kleintransporter. Unter Berücksichtigung dieser Ermittlungsergebnisse und der Aussage des R besteht eine gewisse Wahrscheinlichkeit, dass T den R niedergeschlagen und dadurch die Verletzung der Hand verursacht hat. Die bekannten Tatsachen begründen zudem eine gewisse Wahrscheinlichkeit dafür, dass T gefälschte Teppiche verkauft hatte.

b) Rechtliches Moment

T müsste durch das ihm vorgeworfene Verhalten rechtswidrig und schuldhaft einen Straftatbestand verwirklicht haben und es dürften keine Verfahrenshindernisse vorliegen.

aa) §§ 223 I, 226 I Nr. 2, 2. Alt., 18 StGB

T könnte einer schweren Körperverletzung gem. §§ 223 I, 226 I Nr. 2, 2. Alt., 18 StGB verdächtig sein.

(1) Der Schlag des T war sowohl für eine körperliche Misshandlung als auch für eine Gesundheitsschädigung des R kausal und objektiv zurechenbar. T handelte vorsätzlich.

Die Hand des R, ein wichtiges Glied des Körpers i.S.d. § 226 I Nr. 2, 2. Alt. StGB, ist durch die Versteifung auf Dauer funktionsunfähig geworden. Der Schlag führte zwar nicht direkt zur Versteifung der Hand. R stürzte aber durch den Schlag und brach sich die Hand. Die Versteifung resultierte damit aus dem Erfolg der Körperverletzung. Ein spezifischer Gefahrzusammenhang liegt somit vor, ohne dass es auf den Streit ankäme, wie der Gefahrzusammenhang im Einzelfall beschaffen sein muss und welcher Anknüpfungspunkt dafür in Betracht kommt. Die Versteifung war objektiv vorhersehbar und vermeidbar, sodass T hinsichtlich der schweren Folge zumindest Fahrlässigkeit anzulasten ist, vgl. § 18 StGB.

228 (2) Er handelte auch rechtswidrig und schuldhaft. Die Versteifung war subjektiv vorhersehbar und vermeidbar. Verfahrenshindernisse sind nicht ersichtlich.

229 (3) T ist somit einer schweren Körperverletzung gem. §§ 226 I Nr. 2, 2. Alt, 18 StGB verdächtig. § 223 I StGB wird von § 226 StGB verdrängt.

bb) §§ 263 I, II, III 2 Nr. 1, 1. Alt., 22, 23 I StGB

230 T könnte eines versuchten gewerbsmäßigen Betruges gem. §§ 263 I, II, III 2 Nr. 1, 1. Alt. 22, 23 I StGB zulasten des R verdächtig sein.

231 (1) Da R das angebliche Schnäppchen durchschaute, scheidet mangels Irrtums ein vollendeter Betrug aus. Der Versuch des Betruges ist nach § 263 II StGB mit Strafe bedroht.

232 (2) T wollte R über eine äußere Tatsache – die Echtheit der Orientteppiche – täuschen. Dadurch sollte R einem Irrtum erliegen, infolgedessen er einen Kaufvertrag mit T abschließen, mithin über sein (R) Vermögen verfügen sollte. Die Teppiche waren ihren Preis nicht wert, sodass der durch den Vertrag eingegangenen Verpflichtung kein wirtschaftlich gleichwertiger Gegenanspruch gegenüber gestanden hätte. T hatte somit Tatentschluss hinsichtlich des Schadens, der bereits mit Vertragsschluss eingetreten wäre (sog. Eingehungsbetrug). Er handelte zudem mit Bereicherungsabsicht.

233 (3) Als T dem R die Teppiche als echte Orientteppiche anbot, hat er bereits die Täuschungshandlung vorgenommen und damit unmittelbar zur Verwirklichung des Betrugstatbestandes angesetzt.

234 (4) Rechtfertigungs- und Entschuldigungsgründe sind nicht ersichtlich.

235 (5) Aus den wiederholten Teppichverkäufen wollte sich T eine fortlaufende Einnahmequelle von einigem Umfang und einer gewissen Dauer verschaffen. Er handelte folglich gewerbsmäßig. Es liegt ein besonders schwerer Fall nach § 263 III 2 Nr. 1, 1. Alt. StGB vor. Anhaltspunkte für ein Verfahrenshindernis sind nicht gegeben.

236 (6) T ist folglich eines versuchten gewerbsmäßigen Betruges gem. §§ 263 I, II, III 2 Nr. 1, 1. Alt. 22, 23 I StGB zulasten des R verdächtig.

cc) § 263 I, III 2 Nr. 1, 1. Alt. StGB

237 Es besteht zudem der Verdacht, dass T mehrere gewerbsmäßige Betrügereien gem. § 263 I, III 2 Nr. 1, 1. Alt. StGB zulasten der Anzeigeerstatter begangen hatte; Verfahrenshindernisse sind nicht gegeben.

dd) Konkurrenzen und Ergebnis

238 T ist folglich wegen einer schweren Körperverletzung gem. §§ 226 I Nr. 2, 2. Alt, 18 StGB in Tateinheit mit versuchtem gewerbsmäßigem Betrug gem. §§ 263 I, II,

III 2 Nr. 1, 1. Alt. 22, 23 I StGB zulasten des R sowie mehrerer tatmehrheitlich begangener gewerbsmäßiger Betrügereien gem. § 263 I, III 2 Nr. 1, 1. Alt. StGB zulasten der Anzeigeerstatter verdächtig.

2. Spezielle Voraussetzungen des § 102 StPO

§ 102 StPO erlaubt u.a., die Sachen des Verdächtigen zu durchsuchen, wenn vermutet wird, dadurch Beweismittel aufzufinden. Es genügt, dass aufgrund kriminalistischer Erfahrung oder tatsächlicher Anhaltspunkte die Vermutung besteht, der Zweck der Durchsuchung könne erreicht werden. Nach den Aussagen der Anzeigeerstatter und des R lag die Annahme nahe, dass T die gefälschten Teppiche in seinem weißen Kleintransporter aufbewahrte. Die sog. Ermittlungsdurchsuchung würde also vermutlich dazu führen, gefälschte Teppiche als Beweismittel beschlagnahmen zu können.   239

3. Verhältnismäßigkeit

Die Durchsuchung war geeignet und erforderlich, um die vermuteten Beweismittel zu finden. Angesichts des gravierenden Tatvorwurfs und der belastenden Umstände waren die mit der Maßnahme verbundenen Beeinträchtigungen verhältnismäßig im engeren Sinne.   240

III. Ergebnis

Die Durchsuchung des Kleintransporters des T war rechtmäßig.   241

Frage 3: Erlass des Haftbefehls gegen T

E wird den Haftbefehl gegen T erlassen, wenn er zuständig ist und die Voraussetzungen für die Anordnung der Untersuchungshaft vorliegen.   242

I. Zuständigkeit des E

Gem. § 114 I StPO wird die Untersuchungshaft durch schriftlichen Haftbefehl des Richters angeordnet. Die örtliche, sachliche und funktionelle Zuständigkeit für richterliche Untersuchungshandlungen im Ermittlungsverfahren folgt grundsätzlich aus §§ 162 I, II, 169 StPO, § 21e I 1 GVG. Für den Erlass eines Haftbefehls ist die örtliche und sachliche Zuständigkeit in §§ 125, 128 StPO besonders geregelt.   243

Fraglich ist, ob sich die Zuständigkeit des E aus § 128 StPO ergibt. Dann müsste T vorläufig festgenommen worden sein, vgl. § 127 StPO.   244

In dem Verbringen des T in die Ausnüchterungszelle lag keine solche Festnahme, sondern ein sog. Schutzgewahrsam, vgl. § 39 I Nr. 1 BPolG, da T stark alkoholisiert war (BAK 2,1 ‰) und deshalb zum Schutz seiner Person von P in Gewahrsam genommen wurde.   245

Am nächsten Morgen war T aber weitgehend ausgenüchtert, sodass er an sich hätte entlassen werden müssen, vgl. § 42 I Nr. 1 BPolG. Er wurde jedoch weiterhin in Gewahrsam gehalten, worin eine vorläufige Festnahme gem. § 127 II StPO liegen könnte. Würden die Voraussetzungen eines Haftbefehls gegen T vorliegen,   246 wäre E gem. § 128 StPO sachlich und örtlich zuständig. Da § 128 StPO die allgemeine Zuständigkeitsregelung nicht ausschließt, würde sich die Zuständigkeit des E zugleich aus § 125 I StPO ergeben. Bei dem Amtsgericht B läge nämlich sowohl der Gerichtsstand des Ergreifungsortes, § 9 StPO, als auch der des Aufenthaltsortes des Beschuldigten T. Deshalb kann letztlich dahinstehen, ob eine haftsichernde amtliche Festnahme nach § 127 II StPO vorliegt und E nach § 128 StPO zuständig ist, da sich die örtliche und sachliche Zuständigkeit des E jedenfalls aus § 125 I StPO ergibt.

247 Der Ermittlungsrichter ist funktionell zuständig für den Erlass des Haftbefehls. §§ 125, 128, 162 StPO verwenden den Begriff des Ermittlungsrichters zwar nicht, aus § 21e I 1 GVG folgt aber, dass die Aufgaben des Richters am Amtsgericht während des Ermittlungsverfahrens von besonderen, durch Geschäftsverteilungsplan bestellten Ermittlungsrichtern wahrgenommen werden.

248 E ist somit örtlich, sachlich und funktionell zuständig. Die Staatsanwaltschaft hat den Antrag auf Erlass des Haftbefehls gestellt, §§ 125 I, 162 I 1 StPO.

II. Voraussetzungen der Untersuchungshaft

249 Die Untersuchungshaft setzt gem. § 112 I StPO voraus, dass ein dringender Tatverdacht sowie ein Haftgrund vorliegen und die Verhältnismäßigkeit gewahrt ist.

1. Dringender Tatverdacht

250 T müsste gem. § 112 I 1 StPO der ihm vorgeworfenen Tat dringend verdächtig sein. Dringender Tatverdacht ist gegeben, wenn gerichtsverwertbare Beweise vorhanden sind, durch die der Beschuldigte mit großer Wahrscheinlichkeit überführt werden kann. Der Verdacht muss sich auf eine prozessual verfolgbare, rechtswidrige und schuldhafte Tat beziehen. Aufgrund der Ermittlungsergebnisse (Fund der Teppiche; Beschreibungen des Täters und des Kleintransporters durch die Anzeigeerstatter; Aussage des R) ist in tatsächlicher Hinsicht mit hoher Wahrscheinlichkeit davon auszugehen, dass T eine schwere Körperverletzung sowie einen versuchten Betrug und mehrere vollendete Betrügereien begangen hat. T ist somit der ihm vorgeworfenen Taten dringend verdächtig.

2. Haftgrund

a) Fluchtgefahr

251 Als Haftgrund kommt Fluchtgefahr gem. § 112 II Nr. 2 StPO in Betracht. Fluchtgefahr liegt vor, wenn bei Würdigung der Umstände des konkreten Falles aufgrund bestimmter Tatsachen eine höhere Wahrscheinlichkeit dafür spricht, dass sich der Beschuldigte dem Strafverfahren entziehen wird, als für die Erwartung, er werde am Verfahren teilnehmen. Es ist also eine Prognose anzustellen, die aus bestimmten Tatsachen abgeleitet und auf das Verfahren bezogen wird, in dem die Untersuchungshaft angeordnet werden soll. Bei der Beurteilung der Fluchtgefahr ist eine auf den jeweiligen Einzelfall bezogene Gesamtabwägung vorzunehmen.

252 Es besteht gegen T ein dringender Tatverdacht wegen schwerer Körperverletzung, versuchten gewerbsmäßigen Betruges und gewerbsmäßigen Betruges in mehreren Fällen. Die von T zu erwartende Strafe richtet sich nach den Strafrahmen der §§ 226 I StGB, 263 III 1 StGB und § 263 II, III 1 StGB. Zudem sind §§ 52 und 53 StGB zu beachten. § 226 I StGB sieht eine Freiheitsstrafe von einem Jahr bis zu zehn Jahren vor, § 263 III StGB von sechs Monaten bis zu zehn Jahren. T ist zwar zur Last zu legen, dass er bereits wegen Betrügereien vorbestraft ist. Weitere Strafzumessungstatsachen i.S.d. § 46 StGB zulasten des T sind aber nicht ersichtlich, insbesondere darf T nicht zum Nachteil gereichen, dass er sich nicht zum Tatvorwurf äußerte, da ihm ein Schweigerecht zusteht, vgl. §§ 136 I 2, 163a III 2, IV 2 StPO. Es ist deshalb davon auszugehen, dass die Strafe im unteren Bereich des Strafrahmens festgesetzt werden wird, sodass keine Fluchtanreiz bietende Strafe zu erwarten ist. Selbst wenn vom Gegenteil auszugehen wäre, müssten noch weitere Umstände hinzutreten, welche die Fluchtgefahr indizieren.

Sie könnte sich jedoch aus dem Suizidversuch des T ergeben. Fluchtgefahr liegt nämlich nicht nur vor, wenn zu erwarten ist, der Beschuldigte werde flüchten oder untertauchen, sondern auch dann, wenn Tatsachen dafür sprechen, dass er die Durchführung des Verfahrens gegen sich auf andere Weise durch „aktive Verfahrenssabotage" verhindern will. Fraglich ist, ob eine Suizidgefahr der Fluchtgefahr gleichgesetzt werden kann. Dafür spricht, dass bei einem Suizidenten die Gefahr besteht, er werde sich dem Verfahren entziehen. Das Verhalten muss allerdings von einem auf die Entziehung gerichteten Willen getragen sein, wobei es ausreicht, dass der Beschuldigte den Erfolg der Verfahrensverhinderung als Konsequenz seines Verhaltens bewusst in Kauf nimmt. Da der Suizident sich aber in einer psychischen Ausnahmesituation befindet, wird dieses Bewusstsein bei ihm fehlen. Eine Suizidgefahr begründet somit keine Fluchtgefahr. **253**

Gegen eine Fluchtgefahr spricht zudem, dass T einen festen Wohnsitz hat. **254**

Die Erwartung, T werde sich dem Verfahren entziehen, ist damit nicht wahrscheinlicher als die Erwartung, er werde am Verfahren teilnehmen. Fluchtgefahr scheidet daher als Haftgrund aus. **255**

b) Verdunkelungsgefahr

Anzeichen für den Haftgrund der Verdunkelungsgefahr gem. § 112 II Nr. 3 StPO sind nicht ersichtlich. **256**

c) Schwere der Tat

Möglicherweise liegt der Haftgrund Schwere der Tat gem. § 112 III StPO vor. Danach darf die Untersuchungshaft auch in den Fällen angeordnet werden, in denen zwar kein Haftgrund nach § 112 II StPO besteht, der Beschuldigte aber unter dem dringenden Verdacht steht, eine Katalogtat gem. § 112 III StPO begangen zu haben. Die schwere Körperverletzung nach § 226 StGB gehört zu den dort aufgelisteten schweren Straftaten. Da § 112 III StPO allerdings bei wörtlichem Verständnis gegen das Rechtsstaatsprinzip verstoßen würde, ist die Norm im Wege verfassungskonformer Auslegung zu korrigieren: Die Untersuchungshaft darf nach § 112 III StPO nur angeordnet werden, wenn zu dem dringenden Tatverdacht hinsichtlich einer in der Norm genannten Katalogtat der Haftgrund der Flucht- oder Verdunkelungsgefahr hinzutritt; die Anforderungen an deren Feststellung sind jedoch geringer als bei § 112 II StPO. Es müssen zwar Umstände vorhanden sein, welche die Gefahr begründen, dass ohne die Festnahme des Beschuldigten die Aufklärung und Ahndung der Tat verhindert oder erschwert werden könnte. **257**

Im Gegensatz zu § 112 II StPO muss diese Gefahr aber nicht mit bestimmten Tatsachen belegbar sein, sondern es genügt, dass sie nach den Umständen des Einzelfalls nicht auszuschließen ist. Damit besteht also eine widerlegliche Vermutung für das Vorliegen eines Haftgrundes.

258 Nach den Umständen des Falles spricht wenig gegen das Vorliegen der Fluchtgefahr. T hat zwar einen festen Wohnsitz, dem Strafverfahren hat er sich aber nicht gestellt, sondern vielmehr versucht, sich diesem durch den Selbstmordversuch „zu entziehen". Zudem ist er – trotz erdrückender Beweislast – nicht geständig. Es liegen damit zwar einerseits keine konkreten Tatsachen für die Annahme vor, T werde sich dem Strafverfahren entziehen, andererseits lässt sich dies aber auch nicht ausschließen.

259 Der Haftgrund Schwere der Tat gem. § 112 III StPO liegt folglich vor.

3. Verhältnismäßigkeit

260 Die Untersuchungshaft war geeignet und erforderlich die Flucht des T zu verhindern und damit ihren Zweck, die Verfahrenssicherung, zu erreichen. Die mit der Untersuchungshaft verbundenen Beeinträchtigungen des T waren angesichts des gravierenden Tatvorwurfs einer schweren Körperverletzung und der belastenden Umstände zudem verhältnismäßig im engeren Sinne, § 112 I 2 StPO.

III. Ergebnis

261 E wird gegen T einen Haftbefehl erlassen.

Hinweise zur Lösung:

262 Bei der **Frage 1** ist zum einen darauf einzugehen, ob Zwangsmaßnahmen zur Durchsetzung einer rechtmäßig angeordneten Entnahme einer Blutprobe zulässig sind. Darüber bestand früher Streit, der heute aber weitgehend überwunden ist. Es ist fast einhellig anerkannt, dass für die Beurteilung der getroffenen Maßnahmen allein § 81a StPO maßgeblich ist; die Polizeigesetze der Länder sind insoweit weder direkt noch indirekt anwendbar (OLG Dresden, NJW 2001, 3643 f.; *Krey*, Strafverfahrensrecht-1, Rn. 490 ff; *Meyer-Goßner*[50], § 81a Rn. 29 m.w.N.; *Eser*, in: Schönke/Schröder[27], § 113 Rn. 34; *Pfeiffer*[5], § 81a Rn. 4, 6). Nur vereinzelt wird diese Auffassung kritisiert (*Benfer*, NJW 2002, 2688 f.). Die Kenntnis dieser Kritik ist aber nicht vorauszusetzen. Zum anderen ist das „Standardproblem" zu erörtern, ob bei körperlichen Untersuchungen im Rahmen von § 81a StPO eine Pflicht des Verdächtigen zur aktiven Mitwirkung besteht. Die verschiedenen Lösungsansätze reichen von der Ablehnung der aktiven und passiven Duldungspflicht (*Sautter*, AcP 161 (1962), 215, 258 f) über die Bejahung der Pflicht, körperliche Eingriffe zu dulden (BGHSt 34, 39, 45 f.; OLG Hamm MDR 1974, 508, 509; *Beulke*[9], Rn. 241; *Kühne*[7], Rn 477; *Ranft*[3], Rn. 725; *Roxin*[25], § 33 Rn. 6; *Senge*, in: KKStPO[5], § 81a Rn. 4), bis zur Annahme einer generellen Mitwirkungspflicht des Beschuldigten (*Lesch*[2], Kap. 4 Rn. 66 ff.). Die Lösung folgt der vermittelnden Ansicht. Es ist selbstverständlich vertretbar, einer der beiden anderen Ansichten mit entsprechender Begründung zu folgen.

Im Rahmen der **Frage 2** sind sowohl die strafprozessualen Gesichtspunkte als auch die materiell-rechtliche Prüfung unproblematisch.

Bei der Beantwortung der **Frage 3** sind die beiden in Betracht kommenden Vorschriften über die Zuständigkeit des E, nämlich § 125 I StPO und § 128 StPO, anzusprechen. Obwohl in der Mitnahme des T in die Ausnüchterungszelle keine vorläufige Festnahme gem. § 127 StPO, sondern ein sog. Schutzgewahrsam, vgl. § 39 I Nr. 1 BPolG (näher *Kugelmann*, Polizei- und Ordnungsrecht, Kap. 5 Rn. 220 ff.; *Rachor*, in: Lisken/Denninger, Handbuch des Polizeirechts[4], F 579 ff.) zu sehen ist und deshalb an sich die Prüfung der sachlichen Voraussetzungen eines Haftbefehls gegen T erforderlich wäre, kann dahinstehen, ob § 127 II StPO vorliegt, da sich die Zuständigkeit des E auch aus der allgemeinen Zuständigkeitsvorschrift gem. § 125 StPO ergibt. Es wäre allerdings nicht unvertretbar, bereits an dieser Stelle die Voraussetzungen des Haftbefehls gegen T zu prüfen. Zudem ist zu problematisieren, ob die Suizidgefahr eine Fluchtgefahr begründet. Nach heute fast einhelliger Auffassung ist dies abzulehnen (*Boujong*, in: KKStPO[5], § 112 Rn. 17; *Hilger*, in: LR[25], § 112 Rn. 37; *Joecks*, § 112 Rn. 15; *Meyer-Goßner*[50], § 112 Rn. 18; *Schlothauer/Weider*, Untersuchungshaft[3], Rn. 559; a.A. OLG Bremen, JZ 1956, 375; OLG Hamburg, JR 1995, 72, 73 ff.). Bei dem Haftgrund „Schwere der Tat" handelt es sich um ein „Standardproblem", sodass das Erfordernis der verfassungskonformen Auslegung dieses Haftgrundes und deren Umsetzung (BVerfGE 19, 342, 350; *Hilger*, in: LR[25], § 112 Rn. 53; krit. *Deckers*, in: AKStPO, § 112 Rn. 29 f.; *Paeffgen*, in: SKStPO, § 112 Rn. 41 ff.) bekannt sein müssen.

Klausur Nr. 3**

Big Brother: Überwachung total

Rechtsschutz gegen richterliche und nichtrichterliche Maßnahmen – Bewegungsbilderstellung bei der Telekommunikationsüberwachung – Fotoaufnahmen ohne Kenntnis des Betroffenen – Vernichtung des Fotomaterials nach Abschluss der Ermittlungen

Die Sparkasse Berlin-Mitte war Anfang des Jahres von zwei maskierten Männern überfallen worden. Auf Grund eines detaillierten anonymen Hinweises und weil der Überfall dessen „Handschrift" trug, verdächtigte die Polizei den gerade aus der Haft entlassenen Bodo Biedermaier (B). Mangels anderer erfolgversprechender Ermittlungsmaßnahmen beantragte Staatsanwalt Siegfried Schlau (S) die Telekommunikationsüberwachung bei dem Ermittlungsrichter Dr. Reinhart Renner (R), weil er sich Informationen über die Tat und die Ermittlung des bis dahin unbekannten Aufenthaltsortes des B durch das Abhören des Mobilfunkanschlusses des B erhoffte. R ordnete die inhaltliche und technische Überwachung für den Zeitraum vom 15. bis 25. März an. B führte zwar keine Gespräche, die Hinweise auf die Tat gegeben hätten. Es war der Polizei aber möglich, auf Grund der Mitteilungen des Betreibers des Mobilfunknetzes über die Standortdaten den Aufenthaltsort des B kontinuierlich festzustellen. Jedes Mobiltelefon sendet nämlich im betriebsbereiten Zustand (sog. „Stand-by"-Betrieb), auch wenn von ihm nicht telefoniert wird, in bestimmten Abständen Signale zum nächsten Funkmasten. Auf diese Weise erfuhren die Polizeibeamten KOK Felix Fritz (F) und KK Michael Müller (M), die Ermittlungspersonen der Staatsanwaltschaft sind, dass B am 22. März sich in Richtung der überfallenen Bank bewegte. Sie folgten ihm und machten während der Beobachtung Fotos von ihm in seinem Auto. Am nächsten Tag zeigten F und M diese Fotos einigen Ladenbesitzern in der Nähe der Sparkasse und fragten, ob sich dieser Mann hier häufiger aufgehalten hätte. Niemand erkannte B jedoch wieder. Das Ermittlungsverfahren gegen B wurde deshalb nach einigen Wochen mangels hinreichenden Tatverdachts eingestellt.

B beauftragte den Rechtsanwalt Georg Grote (G) mit der Einsichtnahme in die Ermittlungsakten. Als B von der Überwachung erfuhr, war er über die Methoden des Staates entsetzt. Deshalb bittet er G um Rechtsauskunft darüber, wie er sich nachträglich dagegen wehren kann.

1. B hält die Bewegungsbilderstellung durch Auswertung der Standortdaten seines Mobiltelefons, ohne dass er Gespräche geführt hat, für unzulässig, da es sich dabei schwerlich um eine Telekommunikation handeln könne. Welchen gerichtlichen Rechtsbehelf kann B erheben und würde er erfolgreich sein?

2. Ferner ist B der Ansicht, Polizeibeamte dürften nicht aus eigenem Entschluss Fotos von unbescholtenen Bürgern machen. Zumindest sei aber das Fotografieren in das Auto hinein rechtswidrig, da es sich um einen mit der Wohnung vergleichbaren Raum handele. Eine Verletzung seiner Würde läge jedenfalls im Herumzeigen der Fotos. Welche Rechtsschutzmöglichkeiten hat B und würde ein Rechtsbehelf Erfolg haben?

3. Da B einschlägig vorbestraft ist, befürchtet er – wie es sich für ihn in diesem Fall gezeigt hat – bei jedem Überfall verdächtigt zu werden. Deshalb möchte er, dass die Fotos vernichtet werden. Hat B einen Anspruch auf Vernichtung der Fotos?

Lehrbuch: Rn. 125; 143 ff; 213; 214 ff.; 306; 329 ff.; 336 ff.; 341 f.; 350 ff; 781 ff; 787 f.; 792; 860 ff.; 865

Lösung

Frage 1: Richterliche Kontrolle der Bewegungsbilderstellung durch Auswertung der Standortdaten des Mobiltelefons

G wird dem B zur Überprüfung der Maßnahme raten, wenn ein gerichtlicher Rechtsbehelf zur nachträglichen Überprüfung der Bewegungsbilderstellung gegeben ist und die Maßnahme rechtswidrig war.

I. Zulässigkeit der richterlichen Kontrolle

1. Statthafter Rechtsbehelf

Grundsätzlich ist die Beschwerde gem. § 304 I StPO das statthafte Rechtsmittel gegen Beschlüsse und Verfügungen des Ermittlungsrichters. B will sich jedoch nicht gegen die Anordnung der Telekommunikationsüberwachung (das „Ob" der Maßnahme), sondern gegen die Bewegungsbilderstellung durch Auswertung der Standortdaten seines Mobiltelefons, also gegen Art und Weise der Durchführung der richterlichen Anordnung durch die Polizei (das „Wie" der Maßnahme) zur Wehr setzen. Die Beschwerde ist deshalb nicht der einschlägige Rechtsbehelf.

Welcher Rechtsbehelf zur Anfechtung der Art und Weise der Durchführung einer vom Richter angeordneten und von der Polizei vollzogenen Maßnahme zur Verfügung steht, ist strittig. Die ältere Rechtsprechung und ein Teil der Literatur befürworten den Rechtsweg nach §§ 23 ff. EGGVG zum Oberlandesgericht. Die heute h.M. wendet dagegen § 98 II 2 StPO analog an, und zwar auch im Falle der nachträglichen Überprüfung der Vollzugsmodalitäten einer bereits erledigten richterlich angeordneten Ermittlungsmaßnahme.

Gegen eine Anwendung der §§ 23 ff. EGGVG spricht zum einen, dass der Rechtsweg zum OLG einen Fremdkörper im System der Rechtsschutzmöglichkeiten der StPO darstellt, der dem wirksamen und damit vor allem einheitlichen Rechtsschutz entgegensteht. Gegen richterliche und nichtrichterliche Ermittlungsmaßnahmen sowie deren Vollzug sind grundsätzlich die Beschwerde gem. § 304 StPO oder der Antrag auf richterliche Entscheidung gem. § 98 II 2 StPO gegeben. Bedenken ergeben sich zum anderen daraus, dass das OLG nicht das „sachverhaltsnächste" Gericht ist. Z.B. § 100d X StPO zeigt jedoch, dass – jedenfalls bei einer Maßnahme nach § 100c StPO – auch nach der Erledigung der Maßnahme das für die Anordnung zuständige Gericht zur Überprüfung der Rechtmäßigkeit der Anordnung und der Art und Weise berufen ist. Darüber hinaus ist die Grenze zwischen dem „Ob" und dem „Wie" der Maßnahme oft fließend, sodass es sachgerecht erscheint, die Kontrolle der Art und Weise des Vollzuges dem Richter, der die Maßnahme angeordnet hat, in analoger Anwendung des § 98 II 2 StPO zu übertragen. § 98 II 2 StPO gilt ausdrücklich zwar nur für die Beschlagnahme, eine für die entsprechende Anwendung dieser Vorschrift erforderliche Regelungslücke besteht aber, da die StPO keine Regelung der Überprüfung der Vollzugsmodalitäten einer richterlich angeordneten Telekommunikationsüberwachung enthält. Bei der Bewegungsbilderstellung im Rahmen der richterlich angeordneten Telekommunikationsüberwachung handelt es sich zudem um den Vollzug einer grundrechtsrelevanten Ermittlungsmaßnahme durch die Polizei, sodass auch die Vergleichbarkeit der Sachverhalte vorliegt.

2. Rechtsschutzbedürfnis des B

270 Das erforderliche Rechtsschutzbedürfnis könnte fehlen, weil die richterlich angeordnete Maßnahme der Telekommunikationsüberwachung durch den Vollzug bereits vollständig erledigt war. Die früher h.M. hielt erledigte richterliche Maßnahmen wegen prozessualer Überholung grundsätzlich für unanfechtbar. Nunmehr wird die Anfechtung einer bereits vollzogenen richterlich angeordneten Maßnahme jedenfalls dann zugelassen, wenn diese in tiefgreifender Weise in die Grundrechte des Betroffenen eingreift.

271 Wann ein in diesem Sinne tiefgreifender Eingriff vorliegt, ist allerdings bislang nicht geklärt. Die Rechtsprechung stellt vorrangig darauf ab, ob der Gesetzgeber die Anordnung vorbeugend dem Richter vorbehalten hat, erkennt aber an, dass auch in den anderen Fallgruppen eine nachträgliche Überprüfung geboten sein kann. Die Literatur macht dagegen das konkrete Ausmaß der mit dem Grundrechtseingriff verbundenen Belastungen zum Maßstab.

272 Da zum einen für die Anordnung der Telekommunikationsüberwachung ein Richtervorbehalt besteht, diese Maßnahme zum anderen aber auch das durch Art. 10 I GG verbriefte Fernmeldegeheimnis und das aus dem allgemeinen Persönlichkeitsrecht des B nach Art. 2 I i.V.m. Art. 1 I GG folgende Recht auf informationelle Selbstbestimmung schwerwiegend beeinträchtigt, liegt nach beiden Auffassungen ein tief greifender Eingriff vor. Die Maßnahme war zudem bereits abgeschlossen, bevor B sie mit den dafür vorgesehenen Rechtsmitteln angreifen konnte.

3. Ergebnis

273 Der Antrag auf richterliche Entscheidung gem. § 98 II 2 StPO analog ist deshalb zulässig.

II. Begründetheit

274 Der Antrag wäre begründet, wenn die angefochtene Maßnahme rechtswidrig war und B dadurch in seinen Rechten verletzt wurde.

1. Anordnung der Telekommunikationsüberwachung

275 Gegen die formelle und materielle Verfassungsmäßigkeit der §§ 100a S. 1 Nr. 2, 100b und §§ 100g, 100h StPO bestehen keine Bedenken. B war auf Grund bestimmter Tatsachen verdächtig, eine Katalogtat nach § 100a S. 1 Nr. 2 StPO begangen zu haben, und die Erforschung des Sachverhalts auf andere Weise erschien aussichtslos, sodass die Voraussetzungen der inhaltlichen Telekommunikationsüberwachung vorliegen. Auch die Auskunft über die Telekommunikationsverbindungsdaten (technische Telekommunikationsüberwachung) nach §§ 100g, 100h StPO durfte angeordnet werden, da B als Täter einer Straftat von erheblicher Be-

deutung (einer Katalogtat nach § 100a S. 1 Nr. 2 StPO) in Betracht kam und die Auskunft für die Untersuchung erforderlich war.

2. Rechtmäßigkeit der Vollzugsmaßnahme

Fraglich ist allerdings, ob die konkrete Maßnahme von der Anordnung des R gedeckt war. 276

Die inhaltliche und technische Telekommunikationsüberwachung ist anscheinend in §§ 100a, 100b und §§ 100g, 100h StPO umfassend geregelt. Dennoch ist strittig, ob die Auswertung der Standortkennung eines Mobilfunkendgerätes im „Stand-by"-Betrieb zulässig ist. Eine Auffassung lässt den Zugriff auf die Verbindungsdaten unabhängig von dem Zustandekommen einer Verbindung, also auch im „Stand-by"-Betrieb, im Rahmen der §§ 100a, 100b StPO zu, da zur Überwachung der Telekommunikation auch die Aufzeichnung der Standortkennung gehöre. Die Gegenmeinung hält diese Maßnahme mangels Eingriffsermächtigung für unzulässig. §§ 100a, 100b sowie §§ 100g, 100h StPO ermöglichten den Zugriff auf Verbindungsdaten nicht generell und umfassend, sondern allein zum Zweck der Überwachung der Telekommunikation. 277

Durch die Einführung der §§ 100g, 100h StPO ist die erstgenannte Auffassung jedoch überholt, da das Gesetz die Überwachung des Inhalts der Telekommunikation in §§ 100a, 100b StPO und die Überwachung der technischen Telekommunikationsverbindungsdaten nach §§ 100g, 100h StPO klar von einander abgrenzt und somit die Auskunft über alle mit der Telekommunikation zusammenhängenden technischen Daten aus dem Anwendungsbereich der §§ 100a, 100b ausnimmt. Demnach ist für die Übermittlung von technischen Daten, aus denen auch die Standortkennung ersichtlich ist, die Auskunftsanordnung nach §§ 100g, 100h StPO die einzig in Betracht kommende Ermächtigungsgrundlage. § 100g III Nr. 1 StPO lässt den Zugriff auf die Telekommunikationsverbindungsdaten nur „im Falle einer Verbindung" und im Zusammenhang mit dem „anrufenden und angerufenen Anschluss" zu. Die Vorschrift gestattet den Zugriff ausschließlich auf die echten Verbindungsdaten, also solche, die bei dem Zustandekommen oder dem Versuch der Herstellung einer Verbindung anfallen. 278

Der Zugriff auf die „Stand-by"-Daten war mangels eines bewusst ausgelösten tatsächlichen Kommunikationsvorgangs unzulässig, sodass die Anordnung des R die Feststellung des Standortes des Mobiltelefons des B nicht umfasst. 279

Da die Erstellung des Bewegungsbildes des B anhand der übermittelten technischen Daten des in „Stand-by"-Betrieb geschalteten Mobiltelefons rechtswidrig war und B durch diese Maßnahme in seinen Rechten verletzt wurde, ist sein Antrag auf richterliche Entscheidung i.S.v. § 98 II 2 StPO analog begründet. 280

III. Ergebnis

Ein Antrag des B auf richterliche Entscheidung analog § 98 II 2 StPO ist somit zulässig und begründet. 281

Frage 2: Gerichtliche Überprüfung der Zulässigkeit der Fotoaufnahmen und deren Verwertung ohne Kenntnis des B

282 B wird mit seinem Anliegen vor Gericht Erfolg haben, wenn ein nachträglicher Rechtsbehelf gegen die Maßnahmen von F und M zulässig und begründet ist.

I. Zulässigkeit des Rechtsbehelfs des B
1. Statthafter Rechtsbehelf

283 Die Überprüfung der Rechtmäßigkeit von Lichtbildaufnahmen nach § 100f I Nr. 1 StPO und der beschränkten Veröffentlichung dieser Aufnahmen, d.h. die Gestattung der Einsichtnahme durch mögliche Zeugen (vgl. §§ 160, 163 StPO) kann ebenfalls gem. § 98 II 2 StPO analog durch Antrag auf gerichtliche Entscheidung begehrt werden. Zwar wird zum Teil auch hier der Rechtsweg zum OLG nach Maßgabe der §§ 23 ff. EGGVG befürwortet, der grundsätzlich denkbar wäre, weil die Polizei bei Ermittlungshandlungen, die sie als „verlängerter Arm der Staatsanwaltschaft" in deren Auftrag (vgl. § 161 StPO) oder im Wege des ersten Zugriffs (vgl. § 163 I StPO) aus eigener Initiative vornimmt, nach der sog. „funktionalen" Betrachtungsweise als Justizbehörde i.S.v. § 23 I 1 EGGVG tätig wird. Aus den oben genannten Gründen ist § 98 II 2 StPO aber entsprechend anwendbar.

284 Diese Rechtsschutzmöglichkeit steht B trotz der vollständigen Erledigung der Maßnahme zur Verfügung, wenn er ein berechtigtes Interesse an der nachträglichen Feststellung der Rechtswidrigkeit der nicht von einem Richter angeordneten Maßnahme hat. Das ist bei tiefgreifenden Grundrechtseingriffen insbesondere dann zu bejahen, wenn sich die direkte Belastung durch den angegriffenen Hoheitsakt nach dem typischen Verfahrensablauf auf eine Zeitspanne beschränkt, in welcher der Betroffene die gerichtliche Entscheidung in der von der Prozessordnung gegebenen Instanz kaum erlangen kann. Die Maßnahmen von F und M stellen auf Grund der konkreten Überwachungsbelastungen einen tiefgreifenden Eingriff in das allgemeine Persönlichkeitsrecht des B aus Art. 2 I i.V.m Art. 1 I GG dar und waren bereits erledigt, bevor B von diesen Kenntnis erlangt hatte. Somit ist der Antrag auf richterliche Entscheidung gem. § 98 II 2 StPO analog grundsätzlich der statthafte Rechtsbehelf zur Überprüfung der Rechtmäßigkeit der Fotoaufnahmen.

285 Etwas anderes könnte jedoch gelten, weil B nicht nur die Anfertigung der Fotografien selbst angreifen will, sondern darüber hinaus eine richterliche Überprüfung der Art und Weise des inzwischen abgeschlossenen Vollzugs der Fotoaufnahmen – also des Fotografierens in das Auto hinein – beantragt. Zum Teil wird die Auffassung vertreten, das OLG sei im Verfahren nach § 28 I 4 EGGVG zur nachträglichen Rechtmäßigkeitskontrolle berufen. Die Gegenauffassung wendet dagegen auch bei der Überprüfung der Vollzugsmodalitäten § 98 II 2 StPO analog an. Der Einwand, der für die reguläre Anordnung der Maßnahme zuständige Richter könne die Grenzen und Modalitäten des Vollzuges einer nicht richterlich angeordneten Maßnahme in entsprechender Anwendung des § 98 II 2 StPO nur solange regeln, wie sie noch nicht vollständig abgeschlossen sei, kann nicht überzeugen.

Die Aufhebungsbefugnis in diesem Verfahren schließt auch die Befugnis des zur Anordnung berufenen Richters als sachverhaltsnächstes Gericht zur Feststellung der Rechtswidrigkeit des Vollzugs der Maßnahme ein. Deshalb ist der Antrag auf richterliche Entscheidung gem. § 98 II 2 StPO analog auch der zur Überprüfung der Vollzugsmodalitäten statthafte Rechtsbehelf.

2. Ergebnis

Der Antrag auf richterliche Entscheidung gem. § 98 II 2 StPO analog ist einheitlich zur richterlichen Überprüfung aller angefochtenen Maßnahmen von F und M zulässig. 286

II. Begründetheit

Der Antrag des B wäre begründet, wenn die von F und M durchgeführten Maßnahmen rechtswidrig waren und B dadurch in seinen Rechten verletzt wurde. 287

1. Rechtmäßigkeit der Fotoaufnahmen

Unabhängig von dem Vorliegen der Voraussetzungen des § 100f StPO könnte sich hier die Rechtswidrigkeit der Fotoaufnahmen daraus ergeben, dass die Polizeibeamten B nur deshalb fotografieren konnten, weil sie auf rechtswidrige Weise seinen Aufenthaltsort ermittelt hatten. Die Problematik ähnelt der Fernwirkung eines Beweisverwertungsverbotes. Nach der dazu ganz herrschenden Meinung scheidet eine solche Fernwirkung aus, entweder weil sie generell abgelehnt oder jedenfalls nur für besonders schwerwiegende Verstöße anerkannt wird. Um einen solchen handelt es sich hier nicht. 288

Die Herstellung von Lichtbildern ohne Kenntnis des Betroffenen ist gem. § 100f I Nr. 1 StPO grundsätzlich zur Verfolgung aller Straftaten zulässig, nicht nur – wie die Maßnahmen nach § 100c StPO – bei dem Verdacht wegen einer bestimmten Katalogtat. B war der Beteiligung an dem Überfall auf die Sparkasse Berlin-Mitte, also eines Raubes oder einer räuberischen Erpressung verdächtig. Die Erforschung des Sachverhalts auf andere Weise wäre zudem weniger erfolgversprechend, sodass F und M die Fotoaufnahmen gem. § 100f I Nr. 1 StPO grundsätzlich anfertigen durften. 289

Die Maßnahme könnte jedoch das allgemeine Persönlichkeitsrecht des B aus Art. 2 I i.V.m. Art. 1 I GG verletzt haben. Zu den Bedingungen der Persönlichkeitsentfaltung gehört es, dass der Einzelne einen Raum besitzt, in dem er unbeobachtet sich selbst überlassen ist und mit den Personen seines besonderen Vertrauens ohne Rücksicht auf gesellschaftliche Verhaltenserwartungen und ohne Furcht von staatlichen Sanktionen verkehren kann. Die Herstellung von Fotoaufnahmen griff zwar in diesen Schutzbereich, aber nicht in den unantastbaren Kernbereich, die „Intimsphäre" ein. B bewegte sich zum Zeitpunkt der Fotoaufnahmen in der Öffentlichkeit, sodass auch eine verfassungsrechtliche Rechtfertigung in Betracht kommt. Das allgemeine Persönlichkeitsrecht wird in einem solchen Fall nicht absolut geschützt, sondern es findet seine Schranken nach h.M im schlichten Gesetzesvorbehalt des Art. 2 I GG. § 100f I Nr. 1 StPO enthält eine Einschränkungsmöglichkeit des allgemeinen Persönlichkeitsrechts des B. Die Anfertigung der 290

Fotografien war zudem zur Aufklärung der Tat geeignet und erforderlich und in Anbetracht der Schwere der Tat trotz der nicht sehr gravierenden Verdachtsmomente auch angemessen, somit verhältnismäßig.

291 Die Vollzugsmodalitäten der Maßnahme – also das Fotografieren in das Auto des B hinein – könnten allerdings das Grundrecht des B aus Art. 13 I GG verletzen. Das wäre jedoch nur der Fall, wenn darin ein Eingriff in den Schutzbereich dieses Grundrecht zu sehen wäre, der verfassungsrechtlich nicht gerechtfertigt war. Der Schutzbereich des Art. 13 I GG erfasst die Unverletzlichkeit der Wohnung. Die Maßnahme hätte diesen nur tangiert, wenn das Auto des B einen der Wohnung i.S.d. Art. 13 I GG vergleichbaren Raum darstellt. Wohnung ist jeder Raum, den der Einzelne der allgemeinen Zugänglichkeit entzieht und zum Ort seines Lebens und Wirkens bestimmt. Der Schutzbereich des Art 13 I GG erstreckt sich zwar grundsätzlich auch auf Räume, die nur vorübergehend Wohnzwecken dienen – wie dies z.B. bei Wohnmobilen der Fall ist. Ein „normaler" PKW kann aber in aller Regel nicht unter den Begriff der „Wohnung" subsumiert werden, da es ihm sogar an einer zumindest vorübergehenden Bestimmung zur Wohnzwecken fehlt. Der Sachverhalt enthält keine Angaben, die den Schluss zulassen würden, dass B sein Auto zu seinem Lebensmittelpunkt bestimmt hätte. Somit handelt es sich bei dem Auto des B nicht um einen der Wohnung i.S.d. Art 13 I GG vergleichbaren Raum. Demnach fehlt es hier bereits an einem Eingriff in den Schutzbereich dieses Grundrechts.

292 Der Antrag auf richterliche Entscheidung wäre deshalb unbegründet.

2. Rechtmäßigkeit der Vorlage der Aufnahmen

293 Fraglich ist, ob die Verwendung der Fotos, also die Vorlage bei potenziellen Zeugen, das allgemeine Persönlichkeitsrecht des B aus Art. 2 I i.V.m. Art. 1 I GG einschränkt und – sollte dies der Fall sein – eine tragfähige Rechtsgrundlage dafür vorhanden ist.

294 Das Grundgesetz gewährt dem einzelnen Bürger einen unantastbaren Bereich privater Lebensgestaltung, auf den die öffentliche Gewalt nicht einwirken darf. Art. 2 I GG verbürgt dieses Recht auf freie Entfaltung der Persönlichkeit. Bei der Bestimmung des Inhalts und der Reichweite dieses Grundrechts ist die Grundnorm des Art. 1 I GG zu beachten, wonach die Würde des Menschen unantastbar ist und von der staatlichen Gewalt beachtet und geschützt werden muss. Indem F und M die Lichtbilder, die B in der Nähe der überfallenen Bank zeigten, im Zusammenhang mit dieser Straftat potentiellen Zeugen, also einer beschränkten Öffentlichkeit zugänglich machten, griffen sie in den Schutzbereich des allgemeinen Persönlichkeitsrechts gem. Art. 2 I i.V.m. Art. 1 I GG ein.

295 Eine spezielle Ermächtigungsnorm für diesen Eingriff enthält das Strafprozessrecht nicht, sodass nur die polizeiliche Befugnisgeneralklausel des § 163 I StPO der Maßnahme eine Rechtsgrundlage verschaffen könnte. Diese Generalklausel erlaubt allerdings nicht jede grundrechtsrelevante Ermittlungstätigkeit. Je wesentlicher die Grundrechtsbeeinträchtigung ist, desto präziser muss der Gesetzgeber die Eingriffsgrundlage ausgestalten. Das „Herumfragen" oder die Vorlage von Lichtbildern verdächtiger Personen beeinträchtigt deren Grundrechte nicht so

wesentlich, dass dazu eine spezielle Eingriffsermächtigung erforderlich wäre. Das Zeigen der Fotos findet somit in § 163 I StPO eine tragfähige Grundlage.

F und M müssten aber auch den Grundsatz der Verhältnismäßigkeit beachtet haben. Die Maßnahme war jedenfalls geeignet und erforderlich zur Erreichung des verfolgten Zwecks. Darüber hinaus durfte sie das betroffene Grundrecht nicht unangemessen beeinträchtigen. Die Vorlage der Fotos hätte das Grundrecht aus Art. 2 I i.V.m. Art. 1 I GG unangemessen eingeschränkt, wenn das Ergebnis der Interessenabwägung ein nachteiliges Missverhältnis aufweist. Hierbei ist das öffentliche Interesse an einer schnellen und wirksamen Strafverfolgung einerseits mit dem schutzwürdigen Interesse des B an der Wahrung seiner Privatsphäre andererseits abzuwägen. Zum Zeitpunkt der beschränkten Veröffentlichung der Lichtbilder von B lag gegen ihn ein auf Tatsachen gegründeter Verdacht wegen der Beteiligung an dem Überfall auf die Sparkasse Berlin-Mitte vor. Bei den einschlägigen Tatbeständen (§§ 249, 255 StGB) handelt es sich um Verbrechen im technischen Sinne, also schwere Straftaten. Die Polizeibeamten wählten zudem einen möglichst schonenden Weg der Sachverhaltsaufklärung, indem sie die Fotoaufnahmen nicht etwa durch die Veröffentlichung im Fernsehen oder in der Presse der Öffentlichkeit uneingeschränkt zugänglich machten. B wurde somit nicht in dem Kreis der an seiner Person interessierenden Mitbürger, nämlich Nachbarn, Arbeitskollegen oder Bekannten und Verwandten in Verruf gebracht. F und M zeigten die Fotoaufnahmen lediglich potenziellen Zeugen, die B vermutlich gar nicht kannten. Unter Berücksichtigung des erheblichen Gewichts der Straftat und der eher geringfügigen Beeinträchtigung des Persönlichkeitsrechts des B überwiegt das öffentliche Interesse an der schnellen und wirksamen Strafverfolgung. Demnach war die Vorlage der Fotos auch angemessen.

III. Ergebnis

Da der Antrag des B auf richterliche Entscheidung i.S.v. § 98 II 2 StPO analog zwar zulässig, aber unbegründet ist, würde er damit keinen Erfolg haben.

Frage 3: Anspruch auf Vernichtung des Fotomaterials nach Abschluss der Ermittlungen

B hätte einen Anspruch auf Vernichtung des von F und M hergestellten Fotomaterials nach Abschluss der Ermittlungen, wenn eine gesetzliche Verpflichtung zur Vornahme dieser Handlung besteht.

I. Anspruchsgrundlage

Eine ausdrückliche Regelung existiert nicht. § 100f II 3 i.V.m. § 100b VI StPO enthält lediglich die Verpflichtung zur unverzüglichen Vernichtung der durch die Abhörmaßnahmen nach § 100f II StPO erlangten Unterlagen unter Aufsicht der Staatsanwaltschaft, wenn diese Unterlagen zur Strafverfolgung nicht mehr benötigt werden. Diese Vorschrift betrifft jedoch gerade nicht das gem. § 100f I Nr. 1 StPO gewonnene Beweismaterial, und sie ist mangels Vergleichbarkeit der Sachverhalte auch nicht analogiefähig.

300 Den Verbleib des nach § 100f I Nr. 2, II StPO gewonnenen Beweismaterials regelt § 101 IV StPO. Ein Anspruch auf Vernichtung der Fotos ergibt sich daraus aber nicht, weil die Vorschrift zum einen ohnehin nicht für die nach § 100f I Nr. 1 StPO aufgenommenen Lichtbilder gilt und zum anderen die Vernichtung nicht vorschreibt.

301 In Betracht käme allenfalls die Anwendung der Grundsätze, die zur weiteren Verwendung der durch eine erkennungsdienstliche Behandlung gem. § 81b StPO gewonnenen Unterlagen entwickelt worden sind. Diese Unterlagen werden aus präventiv-polizeilichen Gründen grundsätzlich in den Strafakten aufbewahrt, wenn auf Grund der Persönlichkeit des Beschuldigten und der Art der ihm zur Last gelegten Tat nach der kriminalistischen Erfahrung damit zu rechnen ist, dass er künftig weitere Straftaten begehen wird und die Unterlagen der Aufklärung in einem zukünftigen Ermittlungsverfahren förderlich sein können. Nur wenn das Strafverfahren die Unschuld des Beschuldigten erweist oder aus den anderen Gründen ausgeschlossen werden kann, dass er in Zukunft strafrechtlich in Erscheinung treten wird, die Unterlagen zur Aufklärung zukünftiger Straftaten nicht beitragen können, sind diese zu vernichten. Ob diese Grundsätze auf das nach § 100f I Nr. 1 StPO gewonnene Fotomaterial übertragen werden können, kann in casu offen bleiben, da B einschlägig vorbestraft und seine Unschuld in diesem Verfahren keineswegs erwiesen ist, ein Anspruch auf Vernichtung der Fotos somit nicht bestünde.

II. Ergebnis

302 B kann somit die Vernichtung der nach § 100f I Nr. 1 StPO aufgenommenen Lichtbilder nach Abschluss des Ermittlungsverfahrens nicht verlangen.

Hinweise zur Lösung:

303 Das Hauptproblem bei der Beantwortung der **Frage 1** liegt in der zutreffenden Feststellung des statthaften Rechtsbehelfs gegen die Vollzugsmodalitäten einer erledigten richterlich angeordneten Ermittlungsmaßnahme. Einige Oberlandesgerichte (Karlsruhe, NStZ 1992, 97; Koblenz, StV 1994, 284; NStZ-RR 1999, 50) bejahen den Rechtsweg nach §§ 23 ff. EGGVG. Der BGH (St 44, 265 ff.) befürwortet dagegen – unter Aufgabe seiner früheren Rechtsprechung – die analoge Anwendung des § 98 II 2 StPO – jedenfalls – für die richterliche Überprüfung der Art und Weise der Durchführung einer nichtrichterlich angeordneten Maßnahme (vgl. auch BGHSt. 45, 183, 186 mit Anm. *Amelung*, JR 2000, 479; *Martin*, JuS 2000, 196; BGH NJW 2000, 84) Das BVerfG (E 96, 44 ff.) hat die unübersichtliche Spaltung der Rechtsmittel gegen Zwangsmaßnahmen im Ermittlungsverfahren sowie deren uneinheitliche Handhabung durch die Fachgerichte ausdrücklich gerügt. Die h.M. (OLG Stuttgart, StV 1999, 298; OLG Hamburg, StV 1999, 301; *Bachmann*, NJW 1999, 2414, 2415; *Beulke*[9], Rn. 322 ff., 326a; *Eisele*, StV 1999, 298; *Fezer*, NStZ 1999, 151; *Laser*, NStZ 2001, 120, 124; *Müller-Christmann*, JuS 2000, 167) wendet § 98 II 2 StPO im Übrigen ohnehin auch auf richterliche Ermittlungsmaßnahmen an.

Bei der Beurteilung des Rechtsschutzbedürfnisses im Falle der Erledigung der angefochtenen Maßnahme hat sich in der Rspr. ein Wandel vollzogen. Die früher h.M. (BVerfGE 49, 329, 340 ff.; BGHSt 28, 57, 58; 28, 160, 161; 37, 79, 84; BGH NJW 1995, 3397; OLG Frankfurt, NStZ-RR 1996, 364; OLG Karlsruhe, NJW 1988, 983) hielt erledigte richterliche Maßnahmen wegen prozessualer Überholung grundsätzlich für unanfechtbar. Nunmehr folgern das BVerfG (BVerfGE 96, 27, 41 f.; BVerfG NJW 1997, 2163, 2164 f.; 1998, 2131; StV 2002, 348; StV 2005, 351, 352) und im Anschluss daran auch der BGH (BGH StV 1998, 579; NJW 1999, 730, 731 f.) aus dem Erfordernis eines effektiven Rechtsschutzes (Art. 19 IV GG) die Berechtigung des Betroffenen, tief greifende Grundrechtseingriffe gerichtlich überprüfen zu lassen, wenn die von der Prozessordnung gegebene Instanz nach dem typischen Verfahrensablauf nicht über die direkte Belastung durch den angegriffenen Hoheitsakt entscheiden kann. Konsequent erscheint es, in diesen Fallkonstellationen auf das konkrete Ausmaß der mit dem Grundrechtseingriff verbundenen Belastungen abzustellen (vgl. nur *Beulke*[9], Rn. 327).

304

Die Beurteilung der Zulässigkeit der Bewegungsbilderstellung im Rahmen der Telekommunikationsüberwachung gehört inzwischen zu den „strafprozessualen Standardproblemen". Die wohl h.M. (BGH [ER], StV 2001, 214; LG Dortmund, NStZ 1998, 577; LG Ravensburg, NStZ-RR 1999, 84; LG Aachen StV 1999, 590; *Beulke*[9], Rn. 253; *Nack*, in KKStPO[5], § 100a, Rn. 14) lässt die Erstellung von Bewegungsbildern anhand unechter Verbindungsdaten im Rahmen der §§ 100a, 100b zu, wogegen die Gegenmeinung (*Bernsmann*, NStZ 2002, 103; *Demko*, NStZ 2004, 57, 59; *Koenig/Koch/Braun*, K&R 2002, 293; *Wohlers/Demko*, NStZ 2003, 241, 247) diese Ermittlungsmaßnahme mangels entsprechender Eingriffsermächtigung ablehnt. Beide Auffassungen sind selbstverständlich in einer Klausur gut vertretbar.

305

Zur Beantwortung der **Frage 2** konnte im Wesentlichen auf die Ausführungen zur Bestimmung des Rechtswegs gegen den Vollzug einer richterlich angeordneten Ermittlungsmaßnahme verwiesen werden. Unterschiede bestehen zwar darin, dass es sich um die Überprüfung einer nichtrichterlichen Maßnahme und deren Vollzug handelt, es liegt aber nahe, einen einheitlichen Rechtsweg anzunehmen (vgl. BVerfGE 96, 44 ff.), also auch hier die Anwendbarkeit der §§ 23 ff. EGGVG abzulehnen. Hinsichtlich des Bestehens des Rechtsschutzbedürfnisses gilt das oben Gesagte.

306

Der Streit, ob § 163 StPO lediglich eine Aufgabennorm ist oder der Polizei auch Befugnisse im strafrechtlichen Ermittlungsverfahren verleiht, wurde durch die Einführung der polizeilichen Befugnisgeneralklausel in § 163 I 2 StPO überholt und sollte in einer Klausur wegen der eindeutigen Gesetzeslage nicht mehr dargestellt werden.

307

Die **Frage 3** nach der Vernichtung des in zulässiger Weise nach § 100f I Nr. 1 StPO hergestellten Fotomaterials wird – soweit ersichtlich – in der Literatur nicht behandelt. Die Parallele zur Verwertung der im Rahmen einer erkennungsdienstlichen Behandlung gem. § 81b StPO angefallenen Unterlagen bietet sich wegen der Ähnlichkeit der Konstellationen allerdings an.

308

Klausur Nr. 4**

Der unerkannte Juwelendieb

Jedermann-Festnahme – Durchsuchung – körperliche Untersuchung – DNA-Analyse

Werner Folland (F) hörte gegen 1.30 Uhr einen lauten Knall. Als er aus dem Fenster spähte, sah er im Schein der Straßenlaterne, dass jemand durch die eingeschlagene Scheibe des auf der gegenüberliegenden Straßenseite gelegenen Juweliergeschäftes in die Auslage griff und Gegenstände in einer Plastiktüte verstaute. F zog sich schnell ein Hemd und eine Hose über und lief aus dem zweiten Stock auf die Straße. Dort angekommen, erblickte er einen Mann, der – eine Plastiktüte in der Hand haltend – vor dem Schaufenster des Juweliers stand. F meinte, den Täter vor sich zu haben, und rief der Person zu, sie solle stehen bleiben. Der Mann lief jedoch – sichtlich erschrocken – davon. F nahm die Verfolgung auf, holte ihn etwa einhundert Meter weiter ein und hielt ihn mit einem schmerzhaften Griff am Arm fest. Der Mann versetzte F daraufhin einen wuchtigen Faustschlag gegen die Brust, um sich zu befreien. F ließ ihn aber nicht los, sondern drehte ihm den Arm auf den Rücken und hielt ihn fest, bis einige Minuten später ein Streifenwagen am Tatort eintraf, da durch das Einschlagen der Scheibe die Alarmanlage des Juweliergeschäftes ausgelöst worden war. Die Polizeibeamten durchsuchten die Kleidung und die Plastiktüte der von F festgenommenen Person. Es handelte sich um den türkischen Staatsbürger Nazif Tunca (T). T gab an, auf dem Weg zur Frühschicht an dem Juweliergeschäft vorbeigekommen und stehen geblieben zu sein, um sich den Schaden anzuschauen. Als Grund für seine Flucht gab er Furcht vor dem herannahenden F an. Erst vor zwei Wochen sei er nachts überfallen und zusammengeschlagen worden. Die Polizeibeamten durchsuchten die Kleidung des T und die Plastiktüte. Gegenstände aus dem Juweliergeschäft fanden sie dabei nicht. Die Plastiktüte enthielt lediglich die Verpflegung des T für den Arbeitstag. Die Beamten ließen T gehen, nachdem sie seine Personalien notiert hatten.

1. Beurteilen Sie die Strafbarkeit von F und T wegen der Auseinandersetzung.

2. Durften die Polizeibeamten T durchsuchen?

Am Tatort fand die Kriminalpolizei Blutspuren, die offensichtlich von dem Täter stammten, der sich an den Scherben der Scheibe verletzt zu haben schien. Maria Zacharias (Z), eine andere Anwohnerin, bestätigte im Übrigen die Darstellung des T. Sie hatte eine Person bei dem Diebstahl beobachtet. Nachdem der Täter schnell die mitgeführte Tüte „vollgestopft" habe, sei er zu einem in der Nähe mit laufendem Motor abgestellten Porsche gelaufen und sei davon gefahren. Erst dann sei T um die Ecke gekommen. Der Porsche habe ein Potsdamer Kennzeichen gehabt. Die übrigen Buchstaben und Ziffern habe sie jedoch nicht lesen können. Staatsanwalt Schober (S) forderte die Halter aller in Potsdam zugelassenen Sportwagen der Marke Porsche auf, eine Speichelprobe für eine DNA-Analyse abzugeben. Auch Walter Poche (P) wurde angeschrieben. Er lehnte es ab, sich eine Speichelprobe abnehmen zu lassen, weil es für unerhört hielt, mit einer solchen Tat in Verbindung gebracht zu werden.

3. Was kann S tun, um durch eine DNA-Analyse feststellen zu lassen, ob P als Täter des Einbruchs in Betracht kommt oder ausscheidet?

Lehrbuch: Rn. 259 ff.; 283 ff.; 294 ff.

Lösung

Frage 1: Die Strafbarkeit von F und T wegen der Auseinandersetzung

I. Strafbarkeit des F
1. § 239 I StGB

F könnte sich wegen Freiheitsberaubung gem. § 239 I StGB strafbar gemacht haben, indem er T für mehrere Minuten bis zum Eintreffen der Polizei festhielt.

a) Tatbestand
aa) Objektiver Tatbestand

F hinderte T durch Gewalt für einige Minuten daran, seinen (des T) Aufenthaltsort zu verlassen. Er beraubte T somit auf andere Weise – als durch Einsperren – seiner Freiheit. Eine Freiheitsberaubung, die einige Minuten dauert, überschreitet die Unerheblichkeitsschwelle, zumal das Mittel, nämlich die Gewaltanwendung, von einigem Gewicht war.

bb) Subjektiver Tatbestand

F handelte mit dem Ziel, T die Ausübung seiner persönlichen Fortbewegungsfreiheit unmöglich zu machen, mithin absichtlich.

b) Rechtswidrigkeit
aa) Notwehr, § 32 StGB

T führte keine aus dem Juweliergeschäft entwendeten Gegenstände bei sich. Notwehr in Form der Nothilfe scheidet somit mangels – gegenwärtigen – Angriffs aus. Das gilt im Übrigen unabhängig davon, ob T die Scheibe zum Zweck eines Diebstahls eingeschlagen oder er die Gelegenheit zur Wegnahme fremder Sachen nutzen wollte.

bb) Festnahmerecht, § 127 I 1 StPO

F könnte aber durch das Recht zur anwesenheitssichernden Flagranzfestnahme nach § 127 I 1 StPO gerechtfertigt sein. Dann müsste er T auf frischer Tat betroffen bzw. verfolgt haben. Strittig ist, wie der Begriff der Tat zu verstehen ist.

Nach einer am Wortlaut des § 127 I 1 StPO orientierten – materiell-strafrechtlichen – Auffassung setzt das Jedermann-Festnahmerecht eine tatsächlich begangene Straftat voraus; nicht erkennbare Rechtfertigungs- oder Entschuldigungsgründe sollen es allerdings unberührt lassen. Ob T eine Straftat begangen hatte, konnte jedoch nicht festgestellt werden. Die Umstände sprechen sogar dafür, dass die Darstellung des T, er sei zufällig an dem Juweliergeschäft vorbeigekommen und habe sich nur den Schaden ansehen wollen, zutrifft. T hatte somit schon keinen Straftatbestand erfüllt, sodass bei Anwendung dieser Sicht § 127 I 1 StPO in casu ausscheidet.

316 Die an den Grundsätzen des Strafprozessrechts ausgerichtete Gegenmeinung lässt einen – dringenden – Tatverdacht genügen. Ein solcher liegt vor, wenn der Festgenommene mit großer Wahrscheinlichkeit eine Straftat begangen hat. Es genügt also nicht, dass nur der Festnehmende diesen Verdacht hegt, sondern die von ihm wahrnehmbaren Umstände müssen die Tatbegehung durch den Festgenommenen nahe liegend erscheinen lassen. Aus der Sicht des F deutete alles darauf hin, dass T einen Einbruchsdiebstahl begangen hatte. F hatte unmittelbar nach der Zerstörung der Scheibe den mutmaßlichen Dieb beobachtet, der eine Plastiktüte bei sich trug. F konnte den Täter zwar nicht ununterbrochen beobachten, da er kurz nach dem Einschlagen der Scheibe den T am Tatort antraf, sprach dies aber dafür, dass es sich bei T um den Täter handelte. Es erschien unwahrscheinlich, dass in der Zwischenzeit der Täter verschwunden, dafür aber ein Unbeteiligter gekommen war, der ebenfalls eine solche Tüte mitführte. Als weiteres Indiz kam die spontane Flucht des T hinzu, die in dieser Situation kaum anders zu erklären war, als dass der überraschte Täter entkommen wollte. Somit sprach eine hohe Wahrscheinlichkeit dafür, dass T den Einbruchsdiebstahl begangen hatte. Nach dieser Auffassung wäre der Anwendungsbereich des § 127 I 1 StPO also eröffnet.

317 Da die Meinungen zu unterschiedlichen Ergebnissen führen, ist eine Streitentscheidung erforderlich. Die erstgenannte Auffassung scheint den Wortlaut der Vorschrift für sich in Anspruch nehmen zu können. Zudem erfordern auch andere Rechtfertigungsgründe das objektive Vorliegen der rechtfertigenden Umstände und begnügen sich nicht mit einem Verdacht. So muss z.B. bei der Notwehr gem. § 32 StGB der Angriff tatsächlich gegeben sein. Diese Betrachtung lässt jedoch den strafverfahrensrechtlichen Charakter des Festnahmerechts außer Betracht. Die Zwangsmaßnahmen des Strafprozessrechts setzen grundsätzlich nur einen Tatverdacht, also die bloße Möglichkeit, dass eine verfolgbare Straftat begangen wurde, voraus. Bisweilen fordert das Gesetz einen höheren Verdachtsgrad, wenn es sich um besonders belastende Eingriffe in die Rechtsgüter des Betroffenen handelt; so liegt es z.B. bei der Untersuchungshaft, die nach § 112 I 1 StPO nur bei einem dringenden Tatverdacht angeordnet werden darf. Eine tatsächlich begangene Tat wird ansonsten dagegen nicht gefordert. Das ist notwendigerweise so, weil zu Beginn des Ermittlungsverfahrens noch gar nicht feststehen kann, ob der mutmaßliche Täter die Tat, derer er verdächtig ist, tatsächlich begangen hat. Die Zulässigkeit der Ermittlungsmaßnahmen muss aber schon im Zeitpunkt ihrer Vornahme zu beurteilen sein, nicht erst nach rechtskräftigem Abschluss des Strafverfahrens geraume Zeit später, zumal das Legalitätsprinzip die Strafverfolgungsorgane zum Eingreifen verpflichtet, wenn ein Tatverdacht auftaucht (§§ 152 II, 160 I, 163 I StPO), und sie sich gem. §§ 258, 13 StGB wegen Strafvereitelung durch Unterlassen strafbar machen können, falls sie durch eine Verletzung der Verfolgungspflicht die Bestrafung des Täters verhindern oder verzögern. Deshalb können nach einhelliger Auffassung Polizeibeamte eine anwesenheitssichernde Flagranzfestnahme auf § 127 I 1 StPO schon bei Vorliegen eines Tatverdachts stützen. Dies belegt im Übrigen, dass der Wortlaut der Vorschrift nicht – jedenfalls nicht zwingend – für die materiell-strafrechtliche Sichtweise spricht. Zwar unterliegen Privatpersonen nicht dem Legalitätsprinzip. Daraus folgt aber nicht, dass eine Rechtfertigung – im Gegensatz zu Strafverfolgungsorganen – nur anzunehmen ist, wenn die Tat auch wirklich begangen wurde. Zwar scheidet die Strafbarkeit einer Privatperson wegen Strafvereitelung mangels Verfolgungspflicht aus. Indem § 127 I 1 StPO Privaten das Festnahmerecht zubilligt, bedient es sich aber des Bürgers quasi als Strafverfolgungsorgan zur Sicherung des Strafverfahrens. Deshalb dürfen an die Rechtfertigung der Festnahmehandlung einer Privatperson keine strengeren Anforderungen gestellt werden, als dies bei einem Amtsträger der Fall ist. Der Anwendungsbereich des § 127 I 1 StPO ist somit eröffnet.

F traf T am Tatort an und stellte ihn nach einer kurzen Verfolgung, sodass der raum-zeitliche Zusammenhang von Tat und Festnahme gegeben ist. **318**

T lief weg, als F ihn aufforderte stehen zu bleiben, sodass der Festnahmegrund Fluchtverdacht vorlag. **319**

§ 127 I 1 StPO gestattet jedenfalls die mit einer Festnahme verbundene Beeinträchtigung der Fortbewegungsfreiheit, sodass F mit dem Festhalten ein zulässiges Mittel anwendete. **320**

Er handelte zudem mit dem Willen, die Strafverfolgung des T zu sichern. Das subjektive Rechtfertigungselement ist somit ebenfalls gegeben. **321**

Die Freiheitsberaubung ist folglich gerechtfertigt. **322**

2. § 223 StGB

Durch die Zufügung der mit dem Festhalten verbundenen Schmerzen behandelte F den T in übler unangemessener Weise und beeinträchtigte dessen körperliches Wohlbefinden in nicht unerheblicher Weise. Das Festnahmerecht des § 127 I 1 StPO erlaubt grundsätzlich auch die Anwendung von Maßnahmen, die eine Körperverletzung zur Folge haben. Wie bei allen strafprozessualen Ermittlungshandlungen ist jedoch das Verhältnismäßigkeitsprinzip zu berücksichtigen. Die Flucht des T konnte F nur dadurch verhindern, dass er ihn festhielt und ihm zur Verhinderung weiteren Widerstandes den Arm auf den Rücken drehte. Diese Mittel waren also geeignet und erforderlich, die Flucht des T zu verhindern. Bei dem Einbruchsdiebstahl handelt es sich um eine Straftat von einigem Gewicht, sodass die mit dem Festhalten verbundene körperliche Misshandlung auch verhältnismäßig im engeren Sinne war, zumal F dem T lediglich vorübergehende Schmerzen zufügte, dessen körperliche Unversehrtheit aber nicht verletzte. Deshalb ist auch die Körperverletzung gerechtfertigt. **323**

3. Ergebnis

F hat sich nicht strafbar gemacht. **324**

II. Strafbarkeit des T

1. § 223 I StGB

T könnte sich wegen Körperverletzung gem. § 223 I StGB strafbar gemacht haben, indem er F einen wuchtigen Faustschlag gegen die Brust versetzte. **325**

a) Tatbestand

aa) Objektiver Tatbestand

326 Der mit Wucht gegen die Brust geführte Faustschlag verursachte bei F Schmerzen, sodass darin eine körperliche Misshandlung zu sehen ist.

bb) Subjektiver Tatbestand

327 T sah die Körperverletzung des F als sichere Folge seines Verhaltens voraus, handelte also mit dolus directus 2. Grades.

b) Rechtswidrigkeit

328 Ein Rechtfertigung durch Notwehr gem. § 32 StGB käme nur in Betracht, wenn F einen gegenwärtigen rechtswidrigen Angriff auf ein geschütztes Interesse des T unternommen hätte. Die Beeinträchtigungen der Fortbewegungsfreiheit und des körperlichen Wohlbefindens waren aber – wie oben festgestellt wurde – gerechtfertigt. Der Angriff des F war somit nicht rechtswidrig, sodass § 32 StGB ausscheidet. Andere Rechtfertigungsgründe sind nicht ersichtlich.

c) Schuld

329 Es könnte aber ein Erlaubnistatbestandsirrtum vorliegen. Um einen solchen Irrtum handelt es sich, wenn der Täter sich tatsächliche Umstände vorstellt, die – wenn sie der Realität entsprächen – sein Verhalten rechtfertigen würden.

330 Das Festhalten mittels des schmerzhaften Griffs an den Arm war sogar objektiv ein gegenwärtiger Angriff auf die Fortbewegungsfreiheit und das körperliche Wohlbefinden des T. Dieser brachte die Aufforderung des F stehen zu bleiben und die anschließende Verfolgung nicht mit dem Einbruchsdiebstahl in Verbindung, sondern er glaubte, dass F ihn überfallen und misshandeln wollte. Nach seiner Vorstellung war der Angriff folglich auch rechtswidrig.

331 Auf der Grundlage der – falschen – Tatsachensicht des T stand ihm kein anderes gleichermaßen wirksames, aber weniger einschneidendes Mittel zur Verfügung, um den Angriff abzuwehren. Die Verteidigung war somit erforderlich, auch wenn sich deren Unwirksamkeit zeigte.

332 T handelte zudem mit Verteidigungswillen.

333 Bei Zugrundelegung der Vorstellung des T war der Faustschlag von § 32 StGB gedeckt.

334 Umstritten ist, welche Rechtsfolgen das Vorliegen eines Erlaubnistatbestandsirrtums hat.

335 Die strenge Schuldtheorie behandelt ihn als Verbotsirrtum gem. § 17 StGB mit der Folge, dass der Erlaubnistatbestandsirrtum die Schuld nur entfallen lässt, wenn er unvermeidbar war. Über die für die Vermeidbarkeit maßgeblichen Kriterien ist noch keine Einigung erzielt worden. Zum Teil wird die Vermeidbarkeit verneint, wenn der Täter keinen Anlass hatte, sich zu informieren, bzw. wenn er auch bei sorgfältiger Prüfung oder Erkundigung in dem Irrtum befangen geblieben wäre. Der Schluss, dass F den T zum Stehenbleiben aufforderte, weil er ihn mit der ein-

geschlagenen Scheibe in Verbindung brachte, drängte sich auf. Hätte T die Gesamtumstände gewürdigt, so hätte er dies erkennen können. Der Irrtum war nach dieser Auffassung somit vermeidbar. Zu demselben Ergebnis gelangt auch die engere Meinung, die an die Vermeidbarkeit noch strengere Maßstäbe anlegt als an die vorwerfbare Sorgfaltspflichtverletzung bei der Fahrlässigkeit. T hätte bei Einsatz aller seiner Erkenntniskräfte und sittlichen Wertvorstellungen die Einsicht gewinnen können, dass F das Festnahmerecht ausüben wollte. T hätte somit schuldhaft eine vorsätzliche Körperverletzung begangen.

Die ganz h.M. lehnt dagegen bei Vorliegen eines Erlaubnistatbestandsirrtums die Strafbarkeit wegen vorsätzlicher Tatbegehung ab. Dieses Ergebnis wird entweder durch eine analoge Anwendung des § 16 StGB erzielt oder dadurch, dass auf die Rechtsfolgen des Tatumstandsirrtums, nämlich Ausschluss der Vorsatzstrafbarkeit, verwiesen wird. Die Strafbarkeit aus § 223 StGB scheidet im Ergebnis nach dieser Auffassung jedenfalls aus. **336**

Für die strenge Schuldtheorie spricht, dass § 16 StGB nach seinem Wortlaut nur für den Tatumstandsirrtum gilt und mit § 17 StGB eine Regelung vorhanden ist, die auch auf den Erlaubnistatbestandsirrtum angewendet werden könnte, weil der in einem solchen Irrtum befangene Täter sein Verhalten nicht als Unrecht erkennt. Sie übersieht jedoch den besonderen Charakter des Erlaubnistatbestandsirrtums. Er gleicht dem Tatumstandsirrtum darin, dass der Täter sich an sich rechtstreu verhalten will und er dies nur deshalb nicht tut, weil er eine unzutreffende Sicht der tatsächlichen Umstände hat. Das Fehlen der Unrechtseinsicht beruht gerade nicht – wie § 17 StGB es voraussetzt – auf der Unkenntnis des Verbots oder einer falschen rechtlichen Bewertung seines Verhaltens. **337**

T ist somit nicht wegen vorsätzlicher Körperverletzung strafbar.

2. § 229 StGB

§ 16 I 2 StGB lässt die Strafbarkeit wegen fahrlässiger Tatbegehung unberührt, sodass T eine fahrlässige Körperverletzung gem. § 229 StGB begangen haben könnte. **338**

a) Tatbestandsmäßigkeit

T misshandelte F körperlich. Er handelte zwar mit Körperverletzungsvorsatz, wegen des Erlaubnistatbestandsirrtums kann ihm der Vorsatz aber – wie festgestellt – nicht angelastet werden. Die Fahrlässigkeit ist deshalb auf den Irrtum zu beziehen. T hätte objektiv sorgfaltswidrig gehandelt, wenn ein besonnener Mensch in seiner Situation aus den tatsächlichen Umständen den zutreffenden Schluss gezogen hätte, dass F tätig wurde, um T wegen des Einbruchsdiebstahls festzunehmen. Oben wurde bereits dargestellt, dass sich dieser Schluss auf Grund der den T belastenden Umstände aufdrängte. T handelte also objektiv sorgfaltswidrig. **339**

b) Rechtswidrigkeit

Rechtfertigungsgründe sind nicht ersichtlich. **340**

c) Schuld

341 Fraglich ist, ob T subjektiv sorgfaltswidrig handelte. Anhaltspunkte dafür, dass T die intellektuellen Fähigkeiten gefehlt hätten, die objektiv erforderliche Sorgfalt aufzubringen, enthält der Sachverhalt nicht. Zu berücksichtigen ist aber auch das persönliche Erfahrungswissen. T war wenige Wochen zuvor Opfer eines nächtlichen körperlichen Angriffs geworden. Wegen der nachhaltigen psychischen Folgen eines solchen Geschehens ist bei lebensnaher Betrachtung davon auszugehen, dass T nicht in der Lage war, die Sachlage besonnen einzuschätzen, als F auf ihn zugelaufen kam. T ist deshalb eine subjektive Sorgfaltswidrigkeit nicht vorzuwerfen.

3. Ergebnis

342 T hat sich nicht strafbar gemacht.

Frage 2: Zulässigkeit der Durchsuchung des T

343 Die Durchsuchung des T durch die Polizeibeamten war zulässig, wenn sie zur Anordnung bzw. Durchführung dieser Maßnahme befugt waren und deren materielle Voraussetzungen vorlagen.

I. Anordnungsbefugnis

344 Bei der Durchsuchung der Kleidung des T und der Plastiktüte handelte es sich um eine körperliche Durchsuchung des Verdächtigen nach § 102 StPO. Gem. § 105 I 1 StPO durften die Polizeibeamten, die durch Landesrecht zu Ermittlungspersonen der Staatsanwaltschaft i.S.d. § 152 I GVG bestimmt worden sind, diese Maßnahme anordnen, wenn Gefahr im Verzug war. Das wäre der Fall gewesen, wenn die Einholung der richterlichen Anordnung den Erfolg der Durchsuchung hätte gefährden können. Es war zu befürchten, dass sich T – hätte er Diebesgut bei sich geführt – der Beute während der zur Einschaltung des Richters notwendigen Zeit entledigt hätte. Es war somit Gefahr im Verzug.

II. Voraussetzungen der Durchsuchung

345 T müsste als Täter des Einbruchsdiebstahls verdächtig gewesen sein. Oben wurde bereits festgestellt, dass ein Tatverdacht gegen T bestand.

346 Die körperliche Durchsuchung ist zulässig zum Auffinden von Beweismitteln. Auf Grund der Aussage des F lag die Annahme nahe, dass T Diebesgut in der Plastiktüte und möglicherweise auch in seiner Kleidung verborgen hatte.

347 Die Durchsuchung war geeignet und erforderlich, um die vermuteten Beweismittel aufzufinden. Die mit der Maßnahme verbundenen Beeinträchtigungen des T waren angesichts des gravierenden Tatvorwurfs und der belastenden Umstände zudem verhältnismäßig im engeren Sinne.

III. Ergebnis

348 Die Durchsuchung des T war zulässig.

Frage 3: Maßnahmen zur Durchführung einer DNA-Analyse

Um Feststellungen zur Täterschaft des P im Wege einer DNA-Analyse treffen zu können, müssen die Gewinnung der Speichelprobe und deren molekulargenetische Untersuchung zulässig sein.

I. Zulässigkeit der Gewinnung des Zellmaterials

Die DNA-Analyse ist gem. § 81e I 1 StPO zulässig an Material, das durch eine körperliche Untersuchung nach § 81a I StPO erlangt wurde.

1. Anordnungsbefugnis

Die Befugnis zur Anordnung einer körperlichen Untersuchung, durch die – z.B. mittels eines Abstrichs – eine Speichelprobe des P gewonnen werden könnte, liegt gem. § 81a II StPO bei dem Richter. Gemeint ist damit der Ermittlungsrichter i.S.d. § 162 StPO. Ein Beweismittelverlust durch die Einschaltung des Richters ist nicht zu befürchten, sodass eine Notkompetenz des S ausscheidet. Er muss die Anordnung der Untersuchung somit bei dem Ermittlungsrichter beantragen.

2. Voraussetzungen der körperlichen Untersuchung

P müsste Beschuldigter sein. Gegen ihn liegen zwar nur geringfügige Verdachtsmomente vor, nämlich Halter eines Pkw des Typs zu sein, mit dem der Täter den Tatort verlassen hatte. Das ändert aber nichts daran, dass bei ihm – wie im Übrigen bei allen anderen männlichen Haltern eines Porsche mit Potsdamer Kennzeichen – die Möglichkeit besteht, den Einbruchsdiebstahl begangen zu haben. P ist also Beschuldigter. Durch die molekulargenetische Untersuchung seines Zellmaterials kann ein Indiz für seine Täterschaft ermittelt oder seine Täterschaft ausgeschlossen werden, sodass die Speichelprobe, die im Wege der körperlichen Untersuchung erlangt werden soll, für das Verfahren von Bedeutung ist.

Die Anordnung der körperlichen Untersuchung wäre somit zulässig. Im Falle der Weigerung könnte P die Speichelprobe unter Anwendung unmittelbaren Zwanges abgenommen werden.

II. Zulässigkeit der DNA-Analyse

1. Anordnungsbefugnis

Die Befugnis zur Anordnung der DNA-Analyse sowie zur Bestimmung des Sachverständigen liegt – wenn der Betroffene nicht schriftlich eingewilligt hat – gem. § 81f I 1 StPO grundsätzlich beim Ermittlungsrichter. Eine Gefährdung des Erfolges der Maßnahme im Falle der Einschaltung des Richters war nicht zu erwarten, sodass die Anordnung durch die Staatsanwaltschaft oder deren Ermittlungspersonen hier ausscheidet.

2. Voraussetzungen der Maßnahme

355 Die molekulargenetische Untersuchung darf gem. § 81e I 1 StPO angeordnet werden, um festzustellen, ob die am Tatort aufgefundene Blutspur von dem Beschuldigten P stammt.

III. Ergebnis

356 S muss somit Anordnungen des Ermittlungsrichters zur körperlichen Untersuchung des P und zur Durchführung der DNA-Analyse erwirken. Der Ermittlungsrichter wird den Anträgen entsprechen.

Hinweise zur Lösung:

357 Für die Beantwortung der **Frage 1** ist der Streit über die Voraussetzungen des § 127 I 1 StPO relevant. Es handelt sich um ein Standardproblem, sodass die Standpunkte und die wesentlichen Argumente der „materiell-rechtlichen Theorie" (z.B. KG, VRS 45, 35, 37; OLG Hamm, NJW 1972, 1826; NJW 1977, 590; *Beulke*[9], Rn. 235; *Kindhäuser*, § 8 Rn. 28; *Meyer-Goßner*[50], § 127 Rn. 4; *Lenckner*, in: Schönke/Schröder[27], Vor § 32 Rn. 81 f.) und der „strafprozessrechtlichen Auffassung" (z.B. BGH[Z], NJW 1981, 745; BayObLG, MDR 1986, 956; OLG Zweibrücken, NJW 1981, 2016; *Boujong*, in: KKStPO[5], § 127 Rn. 9; *Borchert*, JA 1982, 338, 341 ff.; *Hellmann*[2], Rn. 266; *Roxin*[25], § 31 Rn. 4) bekannt sein müssen. Die Lösung folgt der strafprozessualen Auffassung. Es ist selbstverständlich gut vertretbar, mit der Gegenmeinung das Festnahmerecht eines Privaten nur bei Vorliegen einer tatsächlich begangenen Straftat zu bejahen. Auf die Ergebnisse wirkt sich dieser abweichende Ausgangspunkt in unserem Fall nicht einmal aus, der Lösungsweg unterscheidet sich jedoch erheblich von dem hier beschrittenen. F wäre zwar nicht gerechtfertigt. Da er aber glaubte, T habe den Einbruchsdiebstahl begangen, wäre bei ihm ein Erlaubnistatbestandsirrtum anzunehmen, weil auf der Grundlage seiner Vorstellung die Voraussetzungen des Festnahmerechts gegeben waren. Bei Anwendung der h.M. schiede die Vorsatzstrafbarkeit (§§ 239, 223 StGB) aus. Der Irrtum war nicht sorgfaltswidrig, sodass F zudem nicht wegen fahrlässiger Körperverletzung strafbar wäre. Die Prüfung der Strafbarkeit des T gestaltet sich dann recht kompliziert. T wäre keineswegs durch Notwehr gerechtfertigt – wie es auf den ersten Blick erscheinen mag –, obwohl F kein Festnahmerecht hatte. § 32 StGB kann mit der Begründung abgelehnt werden, der Angriff des F sei schon nicht rechtswidrig gewesen, weil F sich in einem objektiv nicht pflichtwidrigen Erlaubnistatbestandsirrtum befand (vgl. *Lenckner/Perron*, in: Schönke/Schröder[27], § 32 Rn. 21). Zumindest wäre das Notwehrrecht gegenüber dem auf Grund des Irrtums schuldlos handelnden F aber eingeschränkt (zur Notwehreinschränkung bei fehlender Schuld des Angreifers z.B. BayObLG, NJW 1991, 2031 f.; *Rönnau/Hohn*, in: LK[12], § 32 Rn. 242 ff.; *Roxin*, AT-I[4], § 15 Rn. 61 ff.; nur vereinzelt [*Spendel*, in: LK[11], § 32 Rn. 309] wird jede Notwehreinschränkung abgelehnt). Da T diese Umstände nicht erkannte, auf der Grundlage seiner

Vorstellung also die Voraussetzungen des § 32 StGB vorlagen, scheitert seine Strafbarkeit – wie in der Lösung oben – wegen des Erlaubnistatbestandsirrtums.

Die Antworten auf die **Fragen 2 und 3** lassen sich unmittelbar aus dem Gesetz **358**
herleiten, vorausgesetzt das Verhalten der Polizeibeamten wird zutreffend als körperliche Durchsuchung gem. § 102 StPO qualifiziert, die Beschaffung der Speichelprobe als körperliche Untersuchung i.S.d. § 81a StPO. Der Streit um die maßgeblichen Kriterien für die Unterscheidung dieser Maßnahmen ist in casu nicht relevant. Die Durchsuchung der Kleidung und der Plastiktüte des T ist sowohl nach h.M. (*Beulke*[9], Rn. 241; *Ranft*[3], Rn. 719; *Roxin*[25], § 33 Rn. 6), die auf den Zweck der Maßnahme abstellt (Durchsuchung bei Suche nach Beweismitteln am Körper bzw. in den natürlichen Körperöffnungen; Untersuchung, wenn die Beschaffenheit des Körpers festgestellt wird), als auch nach der Gegenmeinung (*Hellmann*[2], Rn. 284; *Rüping*[3], Rn. 261; *Wassermann*, in: AKStPO, § 81a Rn. 2), die nach dem Mittel unterscheidet (Durchsuchung bei Suche in oder unter der Kleidung; Untersuchung bei Inaugenscheinnahme des unbekleideten Körpers oder der Körperöffnungen), nach § 102 StPO zu beurteilen. Die Erlangung einer Speichelprobe erfolgt im Wege einer körperlichen Untersuchung nach § 81a StPO. Es geht hier gerade nicht um die Zulässigkeit von DNA-Massentest, bei denen eine Vielzahl von Personen, die bestimmte Merkmale aufweisen, z.B. Halter eines bestimmten Fahrzeugtyps zu sein, untersucht werden, weil P wegen der – wenn auch noch vagen Anhaltspunkte für die Täterschaft – Beschuldigter ist.

Klausur Nr. 5*

"My home is my castle"?

Außerdienstliche Kenntniserlangung – "großer und kleiner Lauschangriff" – Einsatz sonstiger technischer Mittel zur Observation

Michael Anders (A) ist Mitglied der „Para-o-Deus-Gruppe", die einen streng religiösen Staat propagiert und auch bereit ist, dieses Ziel mit terroristischen Mitteln zu erreichen. Bei dem letzten Anschlag der Gruppe waren mehr als zwölf Menschen gestorben. A gab trotz sehr guter Leistungen sein Physik-Studium auf, um sich dem „System" zu entziehen. Er eröffnete ein kleines Reisebüro in Potsdam, das als Kontaktstelle der Gruppe diente.

Am 13.07.2007 wollte die Kriminalkommissarin Katja Krüger (K) eine private Reise im Reisebüro des A buchen. Dort unterhielten sich gerade der A und eine andere männliche Person, die abrupt das Gespräch abbrachen als sie den Raum betrat. K vernahm noch die Worte „Sprengstoffbombe" und „Para-o-Deus-Gruppe". Sie wunderte sich auch über die schlechte Beratung, sodass sie vermutete, es „stimme etwas nicht". Jedoch ging K ihrem Verdacht nicht weiter nach, da sie frei hatte und sich nicht den Tag verderben wollte.

1. War K zur Einleitung eines Ermittlungsverfahrens verpflichtet?

Nachdem auf Grund der Anzeige eines Nachbarn des A, der verdächtige Zusammenkünfte in der Wohnung des A beobachtet hatte, von dem zuständigen Staatsanwalt Stefan Sommerfeld (S) ein Ermittlungsverfahren eingeleitet worden war, erinnerte sich K wieder an den Vorfall und teilte S ihre Wahrnehmungen in dem Reisebüro mit. Die weiteren Ermittlungen erwiesen sich jedoch als schwierig und erbrachten keinen Erfolg. Die Beobachtungen ergaben lediglich, dass sich die Gruppe nicht nur im Reisebüro, sondern auch in der Wohnung des A versammelte. Deshalb wollte S jeweils eine Wanze in der Küche des A und im Reisebüro installieren lassen. Er erhoffte sich Informationen über die vergangenen und zukünftigen Taten durch das Abhören.

2. Bei wem muss S den Antrag auf Einsatz der technischen Mittel zur akustischen Überwachung stellen?

3. Sind die Maßnahmen zulässig?

Nachdem S die Anordnungen der akustischen Überwachung erwirkt hatte, beauftragte er KOK Willems (W) mit dem Anbringen der „Wanzen". W drang heimlich in die Wohnung des A ein und brachte das Gerät an einer unauffälligen Stelle in der Küche an. Die „Wanze" im Reisebüro platzierte er heimlich während eines Besuchs des Geschäftsraums, bei dem er sich als Kunde ausgab.

4. War das Vorgehen des W rechtmäßig?

Bei der Überwachung der Küche des A vernahm der Dienst habende Polizeibeamte Peter Pauli (P) am Abend ein Gespräch zwischen A und seinem Bekannten Ben Berkowsky (B). Dabei ging es um einen zukünftigen Sprengstoffanschlag. Als A und B auf die Einzelheiten des Anschlages zu sprechen kamen, verließen sie jedoch die Küche und begaben sich auf den Balkon. P teilte seinem Kollegen W, der die Wohnung des A beobachtete, diese Entwicklung telefonisch mit. W verfolgte daraufhin das Gespräch auf dem Balkon mit einem Richtmikrofon, das er in seinem Fahrzeug mitführte, und zeichnete das Gespräch auf. Dabei erfuhr W, dass A am nächsten Morgen zu den angelegten Erddepots fahren wollte, um die vorhandene Menge des Schwarzpulvers in den Depots zu überprüfen und gegebenenfalls größere Mengen Chinaböller zu erwerben, um diesen das Schwarzpulver zu entnehmen. Da A und B sich nicht über die Lage der Erddepots austauschten, sah W nur die Möglichkeit, noch am Abend einen Empfänger mit einem Global Positioning System (GPS) in dem Fahrzeug des A zu installieren. Dafür wurde der PKW heimlich geöffnet und kurzzeitig in eine Werkstatt verbracht. A fuhr am nächsten Morgen zu den Erddepots. Der eingebaute Empfänger zeichnete die damit verbundenen Bewegungen und Standzeiten des Fahrzeuges auf. Die gespeicherten Daten wurden sodann an W übermittelt. Am Nachmittag trafen sich A und B im Reisebüro des A, um weitere Einzelheiten zu besprechen. Dabei äußerte A den Verdacht, bei der Fahrt zu den Erddepots überwacht worden zu sein. Am Abend müsse er einmal sein Auto untersuchen. Als W dies erfuhr, ließ er den GPS-Empfänger sofort ausbauen, damit A die Abhöraktion am Abend bei der Untersuchung nicht entdecken und dann die Flucht ergreifen würde.

5. Waren die Maßnahmen des W zulässig?

Hinweis für die Bearbeitung: Das Global Positioning System (GPS) ist ein satellitengestütztes funkgesteuertes Ortungssystem. Die Position eines Objektes, das über einen GPS-Empfänger verfügt, kann mit einer Abweichung von 10 bis 50 Metern genau bestimmt werden.

Lehrbuch: Rn. 51 ff., 349 ff.

Lösung

Frage 1: Pflicht zur Einleitung des Ermittlungsverfahrens bei außerdienstlicher Kenntniserlangung

Staatsanwälte sind gemäß §§ 152 II, 160 I StPO und Polizeibeamte gemäß § 163 I 1 StPO jedenfalls dann uneingeschränkt zur Einleitung des Ermittlungsverfahrens verpflichtet, wenn sie dienstlich von einer Straftat erfahren. K erhielt aber außerhalb ihres Dienstes von verdachtsbegründenden Umständen Kenntnis. Strittig ist, ob und in welchem Umfang das Legalitätsprinzip zur Einleitung eines Strafverfahrens bei privater Kenntniserlangung verpflichtet.

Nach einer Ansicht besteht keine generelle Erforschungspflicht bei außerdienstlich erlangter Kenntnis von Straftaten, weil Staatsanwälte und Polizisten sonst in unzumutbarer Weise in ihrem Recht auf eine freie Privatsphäre beeinträchtigt würden. Danach hätte K kein Ermittlungsverfahren einleiten müssen.

Diese Ansicht führt jedoch zu Lücken bei der Strafverfolgung, die mit dem Legalitätsprinzip schwer zu vereinbaren sind. Deshalb wird vorgeschlagen, eine Ermittlungspflicht bei solchen Taten zu bejahen, bei denen die Abwägung der konkreten Umstände ergibt, dass sie nach Art und Umfang die Belange der Öffentlichkeit und der Volksgesamtheit in besonderem Maße berühren.

Die Beschränkung der Ermittlungspflicht bei privater Kenntniserlangung auf schwere Straftaten verdient grundsätzlich Zustimmung. Sie bedarf allerdings der Präzisierung. Zum Teil wird vorgeschlagen, den Katalog des § 138 StGB heranzuziehen. Es fehlt jedoch eine Begründung dafür, weshalb gerade diese Tatbestände, nicht dagegen andere von vergleichbarem Schweregrad, den Staatsanwalt bzw. Polizeibeamten zur Aufnahme der Ermittlungen verpflichten sollen. Zutreffend erscheint daher, eine Verfolgungspflicht bei Vorliegen des Verdachts eines Verbrechens im technischen Sinne (§ 12 I StGB) anzunehmen. Damit wird die Wertung des Gesetzgebers beachtet, dass es sich bei dem von ihm als Verbrechen eingestuften Tatbestand um ein Delikt von besonderem Gewicht handelt. Die Beteiligung an einer terroristischen Vereinigung gem. § 129a I Nr. 1, 1. Var., II Nr. 2 StGB, Mord gem. § 211 I StGB und Herbeiführen einer Sprengstoffexplosion mit Todesfolge nach § 308 I, III StGB sind Verbrechen i.S.d. § 12 I StGB.

K war deshalb zur Einleitung des Ermittlungsverfahrens verpflichtet.

Frage 2: Befugnis zur Anordnung der akustischen Überwachung

I. Überwachung der Küche des A

Die Küche gehört zur Wohnung des A. Die Anordnungsbefugnis zur akustischen Wohnraumüberwachung liegt gem. § 100d I 1 StPO bei der nach § 74a IV GVG zuständigen Kammer des Landgerichts. Da keine Gefahr im Verzug vorliegt, scheidet eine Notkompetenz des Vorsitzenden der Kammer nach § 100d I 2 StPO aus. S muss die Anordnung der akustischen Wohnraumüberwachung somit bei der zuständigen Kammer des Landgerichts Potsdam beantragen.

II. Überwachung des Reisebüros

366 Das Reisebüro ist ein Geschäftsraum. Dem Wohnungsbegriff unterfällt es nicht, weil es für den Kundenverkehr offen und damit allgemein zugänglich ist. Für diese Sicht spricht auch § 100c IV 2 StPO, wonach Gespräche in Betriebs- und Geschäftsräumen in der Regel nicht dem Kernbereich privater Lebensgestaltung zuzurechnen sind.

367 Die Anordnung der akustischen Überwachung außerhalb der Wohnung ist grundsätzlich dem (Ermittlungs-)Richter (§ 162 StPO) vorbehalten; nur bei Gefahr im Verzug dürfen die Staatsanwaltschaft und ihre Ermittlungspersonen die Überwachung anordnen (§ 100f II 2 StPO).

368 Mangels Gefahr im Verzug muss S die Anordnung der akustischen Überwachung demnach beim Ermittlungsrichter des Amtsgerichts Potsdam beantragen.

Frage 3: Zulässigkeit der akustischen Überwachung

I. Wohnung des A

369 § 100c I StPO erlaubt das Abhören und Aufzeichnen des nichtöffentlich gesprochenen Wortes mit technischen Mitteln in einer Wohnung, ohne dass der Betroffene Kenntnis hiervon hat.

370 Nach § 100c I Nr. 1 StPO müssen bestimmte Tatsachen den Verdacht begründen, dass jemand eine in § 100c II StPO genannte Katalogtat begangen oder zu begehen versucht hat. Zu den Katalogtaten gehören auch die Beteiligung an einer terroristischen Vereinigung nach § 129a I Nr. 1, 1. Var., II Nr. 2 StGB (§ 100c II Nr. 1b StPO) und der Mord nach § 211 StGB (§ 100c II Nr. 1f StPO). Hier besteht auf Grund der Wahrnehmungen der K der Verdacht, dass A an solchen Delikten beteiligt war.

371 Die Tat muss gemäß § 100c I Nr. 2 StPO auch im Einzelfall besonders schwer wiegen, z.B. weil sie den Rechtsfrieden in erheblichem Maße gefährdet. Bei einem Sprengstoffanschlag mit zahlreichen Opfern ist dies der Fall.

372 § 100c I Nr. 3 StPO verlangt tatsächliche Anhaltspunkte dafür, dass durch die Überwachung Äußerungen des Beschuldigten erfasst werden, die für die Erforschung des Sachverhalts oder die Ermittlung des Aufenthaltsortes eines Mitbeschuldigten von Bedeutung sind. Auf Grund der Anzeige eines Nachbarn des A ist anzunehmen, dass sich Mitglieder der Gruppe in der Wohnung des A versammeln. Deshalb liegt es nahe, dass sich A zu Umständen äußern wird, die zur Aufklärung des Sachverhalts beitragen können.

373 Die Erforschung des Sachverhalts muss außerdem auf andere Weise unverhältnismäßig erschwert oder aussichtslos sein (§ 100c I Nr. 4 StPO). Andere Ermittlungsmaßnahmen haben hier versagt, sodass der Tatverdacht mit anderen Mitteln nicht erhärtet werden konnte.

374 Somit sind die Voraussetzungen des § 100 c I StPO gegeben. Das Abhören und Aufzeichnen von Gesprächen in der Küche des A ist folglich zulässig.

II. Reisebüro

Die Voraussetzungen für die akustische Überwachung außerhalb der Wohnung regelt § 100f II 1 StPO. Danach darf das nichtöffentlich gesprochene Wort ohne Wissen des Betroffenen mit technischen Mitteln abgehört und aufgezeichnet werden, wenn bestimmte Tatsachen den Verdacht begründen, dass jemand eine Katalogtat nach § 100a StPO begangen hat. Sowohl die Beteiligung an einer terroristischen Vereinigung nach § 129a I Nr. 1, 1. Var., II Nr. 2 StGB als auch Mord gem. § 211 I StGB und Herbeiführen einer Sprengstoffexplosion mit Todesfolge nach § 308 I, III StGB sind Katalogtaten (§ 100a I 1 Nrn. 1c, 2 StPO). 375

Außerdem muss die Erforschung des Sachverhalts oder die Ermittlung des Aufenthaltsortes eines Beschuldigten auf andere Weise aussichtslos oder wesentlich erschwert sein. Dies ist hier der Fall, weil die Ermittlungen erfolglos geblieben waren und andere Erfolg versprechende Ermittlungsmaßnahmen nicht ersichtlich sind. 376

Das Abhören und Aufzeichnen von Gesprächen im Büro ist nach § 100 f II 1 StPO folglich zulässig. 377

Frage 4: Anbringen der „Wanzen"

Fraglich ist, welche Maßnahmen zur Vorbereitung der akustischen Überwachung zulässig sind. Ausdrücklich äußern sich §§ 100c, d, f StPO dazu nicht. 378

Das Betreten der Wohnung zur Installierung der „Wanze" ist aber eine vorbereitende und notwendige Voraussetzung für das Abhören. Demnach setzt § 100c I StPO die Zulässigkeit solcher Maßnahmen stillschweigend voraus. 379

W durfte also die Wohnung des A heimlich öffnen und betreten, um das Gerät anzubringen. 380

Gegen die Zulässigkeit des Anbringens der „Wanze" im Reisebüro des A bestehen ebenfalls keine Bedenken, weil das Reisebüro ein allgemein zugänglicher Geschäftsraum ist. Da das Büro zudem während der Öffnungszeiten betreten wurde, ist das Anbringen der Wanze rechtmäßig. 381

Frage 5: Zulässigkeit des Einsatzes der technischen Mittel

I. Richtmikrofon

Das Abhören und Aufzeichnen des Gespräches zwischen A und B auf dem Balkon des A mit Hilfe des Richtmikrofons wäre zulässig, wenn W zur Anordnung bzw. Durchführung der Maßnahme befugt war und die materiellen Voraussetzungen des § 100f II StPO vorlagen. 382

1. Anordnungsbefugnis

Der Balkon könnte aber zur Wohnung des A gehören. Dann läge – wie dargelegt – die Anordnungsbefugnis bei der nach § 74a IV GVG zuständigen Strafkammer des LG Potsdam bzw. die Notkompetenz bei dem Kammervorsitzenden. 383

384 Der Balkon einer Wohnung wird von den Bewohnern als Teil der Wohnung empfunden und auch so genutzt. Durch die unmittelbare räumliche Nähe zum Wohnbereich stellt er quasi eine Verlängerung der Wohnung dar. Er könnte somit als eine Stätte des privaten Lebens und Wirkens und damit als Wohnung i.S. des § 100c I 1 StPO verstanden werden.

385 Es trifft zwar zu, dass der Balkon zum Wohnbereich gehört. Er ist aber nicht Teil des Innen-, sondern des Außenwohnbereiches. Im Gegensatz zum Innenwohnbereich ist er nach außen nicht akustisch abgeschirmt. Die Privatsphäre wird somit auf einem Balkon nur unzureichend geschützt. Dessen ist sich der Bewohner auch bewusst und wird deshalb Gespräche, deren Inhalt nicht nach außen dringen soll, nicht ohne weiteres auf dem Balkon führen.

386 Folglich liegt der Balkon außerhalb der Wohnung, sodass § 100f StPO einschlägig ist.

387 Nach § 100f II 2 StPO darf das Abhören und Aufzeichnen des außerhalb von Wohnungen nichtöffentlich gesprochenen Wortes nur durch den Richter, bei Gefahr im Verzug auch durch die Staatsanwaltschaft und ihre Ermittlungspersonen (§ 152 GVG) angeordnet werden. Gefahr im Verzug besteht, wenn die richterliche Anordnung nicht eingeholt werden kann, ohne dass der Zweck der Maßnahme gefährdet wird.

388 Für die Ermittlungen waren die Einzelheiten des geplanten Anschlages von entscheidender Bedeutung. Das Gespräch musste sofort mitgehört werden, sodass sogar die telefonische Einschaltung des zuständigen Ermittlungsrichters zum Verlust des Beweismittels geführt hätte.

389 Damit lag Gefahr im Verzug vor. W war folglich als Ermittlungsperson der Staatsanwaltschaft zum Einsatz des Richtmikrofons befugt.

2. Zulässigkeit der Maßnahme

390 § 100f II 1 StPO regelt die Voraussetzungen des Abhörens und Aufzeichnens des außerhalb von Wohnungen nichtöffentlich gesprochenen Wortes mit technischen Mitteln ohne Wissen des Betroffenen.

391 Ein Tatverdacht wegen einer Katalogtat des § 100a StPO auf Grund bestimmter Tatsachen lag vor. Die Erforschung des Sachverhalts war zudem auf andere Weise aussichtslos, weil der entscheidende Inhalt des Gespräches ohne Richtmikrofon nicht zu erfahren gewesen wäre. Dass B von der Maßnahme unvermeidbar betroffen wurde, steht gemäß § 100f IV StPO der Anordnung nicht entgegen.

3. Ergebnis

392 Der Einsatz des Richtmikrofons war rechtmäßig.

II. GPS-Einsatz

393 Das Verfolgen und Aufzeichnen der Bewegungen und Standzeiten des Kraftfahrzeuges des A sowie der Ein- und Ausbau des GPS-Empfängers waren zulässig, wenn S zur Anordnung befugt, die materiellen Voraussetzungen des GPS-Ein-

satzes gem § 100f I Nr. 2 StPO vorlagen und die Maßnahmen zum Ein- und Ausbauen des Gerätes zulässig waren.

1. Anordnungsbefugnis

Eine ausdrückliche Regelung der Kompetenz zur Anordnung sonstiger technischer Mittel zur Observation existiert nicht. § 100d I StPO gilt nur für das Abhören und Aufzeichnen des nichtöffentlich gesprochenen Wortes in Wohnungen, auch die Anordnungsbefugnis des § 100f II 2 StPO bezieht sich nicht auf sonstige Maßnahmen. Deshalb ist die Staatsanwaltschaft auf Grund ihrer allgemeinen Verfahrensherrschaft gem. § 161 I 1 StPO zur Anordnung befugt. S durfte den GPS-Einsatz vornehmen lassen. 394

2. Voraussetzungen des GPS-Einsatzes

Die Zulässigkeit des Einsatzes des GPS richtet sich nach § 100f I Nr. 2 StPO, wenn dieses ein sonstiges besonderes für Observationszwecke bestimmtes technisches Mittel zu der Erforschung des Sachverhalts oder der Ermittlung des Aufenthaltsortes des Beschuldigten ist. 395

Das wird zum Teil mit dem Argument bestritten, dass das GPS kein für Observationszwecke, sondern zur Navigation bestimmtes Mittel sei. Allerdings ist das Merkmal „für Observationszwecke bestimmte technische Mittel" weit auszulegen. Ausreichend ist, dass dieses System die Ortung von Objekten auf technischer Grundlage ermöglicht. Demnach wird auch das GPS vom Wortlaut dieser Vorschrift erfasst. 396

Der Einsatz des GPS erfolgte auch außerhalb der Wohnung. 397

§ 100f I Nr. 2 StPO setzt – anders als § 100c I 1 StPO bzw. § 100f II 1 StPO – keine Katalogtat, sondern eine Straftat von erheblicher Bedeutung voraus. Gegenstand der Untersuchung war die Beteiligung des A an einer terroristischen Vereinigung gem. § 129a I Nr. 1, 1. Var., II Nr. 2 StGB, Mord gem. § 211 I StGB und Herbeiführen einer Sprengstoffexplosion mit Todesfolge nach § 308 I, III StGB, die Straftaten von erheblicher Bedeutung sind. 398

Es ist davon auszugehen, dass A die Erddepots in einem Gelände angelegt hatte, in dem eine unauffällige Verfolgung und Beobachtung nicht möglich gewesen wäre. Der GPS-Einsatz war das einzige Mittel, um die Lage der Erddepots festzustellen. Somit war die Erforschung des Sachverhalts auf andere Weise auch weniger Erfolg versprechend. 399

Zudem wurde das GPS zur Erforschung des Sachverhalts, der Lage der Erddepots mit dem Schwarzpulver, verwendet. 400

Der Einsatz des GPS war daher gemäß § 100f I Nr. 2 StPO zulässig. 401

3. Einbau des GPS-Empfängers

§ 100f I Nr. 2 StPO ist nicht zu entnehmen, ob und welche Maßnahmen zum Einbau des Empfängers in das Fahrzeug zulässig sind. 402

a) Öffnen des Kraftfahrzeuges

403 Der Vorschrift ist allerdings eine Annexkompetenz zur Vornahme geringfügiger Eingriffe in den Rechtskreis des Betroffenen zu entnehmen. Das Öffnen des PKW war unerlässlich, um den Empfänger mit GPS im Auto installieren zu können. Es war deshalb zur Durchführung der Maßnahme notwendig und typisch. Zudem beeinträchtigt das Öffnen des Fahrzeuges das Eigentumsrecht des A nur geringfügig. Das Öffnen des Kraftfahrzeuges war folglich zulässig.

b) Verbringen des Kraftfahrzeuges in die Werkstatt

404 Fraglich ist jedoch, ob das kurzzeitige Verbringen des Autos in die Werkstatt von der Annexkompetenz aus § 100f I Nr. 2 StPO gedeckt ist.

405 Das wäre zu verneinen, wenn auch nur das kurzzeitige Entziehen des PKW durch Verbringen in die Werkstatt einen massiven Grundrechtseingriff in Art. 14 GG darstellen würde, der mit dem Vollzug der geschriebenen Norm nicht zwangsläufig verbunden ist.

406 Dagegen spricht aber, dass zum Einbau des GPS-Empfängers handwerkliche Maßnahmen erforderlich sind, die in der Regel nicht sachgerecht am Abstellplatz des Fahrzeuges, sondern nur in einer Werkstatt durchgeführt werden können. Damit ist das kurzzeitige Verbringen in die Werkstatt sowohl notwendig als auch typisch, also zwangsläufig mit der Maßnahme verbunden.

407 Dennoch ist fraglich, ob ein solch massiver Grundrechtseingriff vorliegt, dass er mit Blick auf die GPS-Überwachung nicht hingenommen werden kann. Das Verbringen des PKW in die Werkstatt war zur Durchführung der GPS-Überwachung geeignet und erforderlich, da S keine anderen Mittel zur Verfügung standen. Die Eigentumsentziehung zum Einbau des GPS- Empfängers nahm darüber hinaus allenfalls einige Stunden in Anspruch. Überdies erfolgte sie zu einem Zeitpunkt, in dem mit hoher Wahrscheinlichkeit nicht damit zu rechnen war, dass A das Fahrzeug nutzen wollte. Durch das Verbringen des Autos in die Werkstatt wird in der Regel allein die abstrakte Nutzungsmöglichkeit beeinträchtigt. Folglich liegt in dem kurzzeitigen Verbringen des PKW in die Werkstatt kein massiver Grundrechtseingriff.

408 § 100f I Nr. 2 StPO gestattete somit im Wege der Annexkompetenz das Verbringen des Autos des A in die Werkstatt.

4. Ausbau des GPS-Empfängers

409 § 100f I Nr. 2 StPO enthält auch keine ausdrückliche Regelung darüber, ob der heimliche Ausbau des GPS-Empfängers zulässig ist.

410 Da aber sowohl das Öffnen des PKW als auch der Einbau des GPS-Empfängers mit den damit verbundenen Begleitmaßnahmen im Wege der Annexkompetenz zu § 100f Nr. 2 StPO gestattet sind, dürfen die für den sachgerechten Ausbau erforderlichen Maßnahmen gleichsam als actus contrarius zum Einbau vorgenommen werden, zumal die Strafverfolgungsbehörden in Fällen drohender Aufdeckung der Observationsmaßnahme mit dem Ausbau des GPS- Empfängers nicht bis zur Bekanntgabe der Maßnahme an den Betroffenen warten müssen, sondern

sofort handeln dürfen, und zwar heimlich. Diese Befugnis ergibt sich aus dem systematischen Zusammenspiel von § 100f I Nr. 2 StPO und § 101 StPO sowie aus deren Teleologie. Folglich war der heimliche Ausbau des GPS-Empfängers zulässig.

5. Ergebnis

Das Verfolgen und Aufzeichnen der Bewegungen und Standzeiten des Kraftfahrzeuges des A sowie der Ein- und Ausbau des GPS-Empfängers waren zulässig. 411

Hinweise zur Lösung:

Die **Frage 1** betrifft ein Standardproblem der StPO, nämlich ob und in welchen Fällen die dem Legalitätsprinzip verpflichteten Beamten bei außerdienstlich erlangter Kenntnis das Strafverfahren einleiten müssen. Ein Teil der Literatur lehnt die Ermittlungspflicht bei jeder privaten Kenntniserlangung generell ab (*Hoyer*, in: SKStGB, § 258a Rn. 6; *Laubenthal*, JuS 1993, 907, 911 f.; *Mitsch*, NStZ 1993, 384, 385). Nach Auffassung des BGH (St 5, 225, 229; 12, 277, 281) und eines anderen Teils der Literatur (*Beulke*[9], Rn. 91; *Kindhäuser*, LPK-StGB[3], § 258a Rn. 4; *Lackner/Kühl*[26], § 258a Rn. 4) besteht eine Ermittlungspflicht nur bei solchen Taten, bei denen die Abwägung der konkreten Umstände ergibt, dass sie „nach Art und Umfang die Belange der Öffentlichkeit und der Volksgesamtheit in besonderem Maße berühren". Zur Präzisierung dieser Ansicht wird in der Literatur vorgeschlagen, entweder den Katalog des § 138 StGB heranzuziehen (*Cramer*, in: MüKoStGB, § 258a Rn. 7; *Geppert*, Jura 1982, 139, 148; *Roxin*[25], § 37 Rn. 3; *Tröndle/Fischer*[54], § 258a Rn. 4a) oder generell bei Verbrechen im Sinne des § 12 I StGB eine Verfolgungspflicht anzunehmen (*Hellmann*[2], Rn. 52; *Krey*, Strafverfahrensrecht Bd. II, Rn. 209 f.). Jede dieser Ansichten ist selbstverständlich mit entsprechender Argumentation vertretbar. Die Entscheidung für oder gegen eine Ansicht hat im Übrigen keine Auswirkungen auf die weitere Lösung. 412

Die Antworten auf die **Fragen 2 und 3** lassen sich unmittelbar aus dem Gesetzestext herleiten. Es war dabei eine Unterscheidung zwischen großem (Küche) und kleinem (Reisebüro) Lauschangriff vorzunehmen. 413

Zur Beantwortung der **Frage 4** ist auf den allgemeinen Grundsatz zurückzugreifen, dass sich die zulässigen Handlungen zur Durchführung strafprozessualer Zwangsmaßnahmen aus der Ermächtigungsnorm ergeben. Nach fast einhelliger Meinung ist deshalb das heimliche Betreten der Wohnung zur Anbringung der Wanze gestattet (vgl. *Meyer-Goßner*[50], § 100f Rn. 7). Die Kenntnis der nur vereinzelt vertretenen Gegenmeinung (*Heger*, JR 1998, 162, 165) kann in einer Klausur nicht erwartet werden. 414

Bei der Beantwortung der **Frage 5** war zwischen dem Einsatz des Richtmikrofons zum Abhören des Gespräches auf dem Balkon und dem GPS-Einsatz zu differenzieren. Im ersten Teil war eine Entscheidung zwischen großem und kleinem Lauschangriff erforderlich. Hierfür ist entscheidend, ob der Balkon eine Wohnung i.S. des § 100c I StPO ist (siehe BGH [ER], NJW 1997, 2189 f. und *Meyer-Goßner*[50], § 100f Rn. 5 bei Vorgärten von Wohnungen) oder außerhalb der Woh- 415 nung i.S. des § 100f II 1 StPO liegt (so *Berkemann*, in: AK-GG, 3. Aufl. 2001, Art. 13 Rn. 130, 159; *Hermes*, in: Dreier, GG, 2. Aufl. 2004, Art. 13 Rn. 62). Vertretbar wäre es, der erst genannten Auffassung zu folgen. Die Prüfung hätte dann aber auf Grund der fehlenden Anordnungsbefugnis der Staatsanwaltschaft (vgl. § 100d I StPO) schon an dieser Stelle beendet werden müssen.

416 Im zweiten Teil war zunächst zu prüfen, ob die GPS-Technik ein technisches Mittel i.S. des § 100f I Nr. 2 StPO ist. Entgegen der h.M. (BVerfGE 112, 304, 316 f.; BGHSt 46, 266, 271 f.; *Meyer-Goßner*[50], § 100f Rn. 2) bestreitet ein Teil der Literatur (*Bernsmann*, StV 2001, 382, 385; *Comes*, StV 1998, 569 ff.) dies u.a. mit dem Argument, das GPS sei kein für Observationszwecke, sondern zur Navigation bestimmtes Mittel. Umstritten ist außerdem, ob das kurzzeitige Verbringen des Autos zum Einbau des GPS-Empfängers von § 100f I Nr. 2 StPO gedeckt ist (dafür BGHSt 46, 266, 273 f.; *Nack*, in: KKStPO[5], § 100c Rn. 14; *Schneider*, NStZ 1999, 388, 389 ff., der es ebenfalls für den Ausbau der Einrichtung bejaht; ablehnend BGH [ER] JR 1998, 162, 163; *Meyer-Goßner*[50], § 100f Rn. 7; *Ranft*[3], Rn. 878 Fn. 392). Mit entsprechender Argumentation kann jede dieser Ansichten vertreten werden.

Klausur Nr. 6**

Das geschichtskundige Gericht

Sitzungspolizeiliche Maßnahmen – Offenkundigkeitsgrundsatz – Zeugnisverweigerungsrecht bei nichtehelicher Lebensgemeinschaft und nach dem Tod des Angehörigen

Der Veranstalter Kurt Aberbach (A), der Mitglied einer rechten Partei ist, plante und organisierte seit einiger Zeit eine Reihe von Vortragsveranstaltungen, welche sich mit der Geschichte Deutschlands befassen. Im Herbst 2006 fand eine Vortragsveranstaltung mit dem Historiker Alfred Braun (B) statt. In dem Vortrag erörterte B die Ergebnisse seiner Nachforschungen, die er über die Existenz von Gaskammern und die Größe von Krematorien in den ehemaligen Konzentrationslagern von Auschwitz, Birkenau und Majdanek angestellt hatte. B hatte zunächst dargelegt, welche Untersuchungen er in den ehemaligen Konzentrationslagern durchgeführt habe. Dabei sei er zu dem Ergebnis gelangt, dass dort lediglich Desinfektionsanlagen, jedoch keine Gaskammern vorhanden gewesen seien und dass es demzufolge auch keine Massenvernichtungen habe geben können. Die vorhandenen Krematorien seien nicht annähernd in der Lage gewesen, eine große Anzahl von Leichen in kurzer Zeit zu verbrennen.

A vertrieb die in dieser Veranstaltung aufgenommenen Videoaufnahmen im Internet und hieß den Inhalt des Vortrages in einem Nachwort ausdrücklich gut.

A und B wurden vor dem Schöffengericht in Potsdam wegen tateinheitlich begangener Volksverhetzung, übler Nachrede, Verunglimpfung des Andenkens Verstorbener und Aufstachelung zum Rassenhass angeklagt. B fühlte sich durch die vorgebrachten Vorwürfe zutiefst verletzt und verkannt. Da er sein Lebenswerk als gescheitert erachtete, beging er nach dem ersten Hauptverhandlungstag Selbstmord. Die Verhandlung sorgte deshalb in der Öffentlichkeit für massives Aufsehen. Am zweiten Verhandlungstag war der Medienandrang besonders groß, sodass es zu erheblichen Ausschreitungen und Störungen in der Sitzung kam, wobei die Prozessbeteiligten, darunter auch A, angesichts der Anzahl von Fernsehkameras und Reporter völlig eingeschüchtert und verwirrt waren. Daraufhin ordnete der Vorsitzende Richter Dr. Wolfgang Renner (R) an, dass Fernsehaufnahmen mit sofortiger Wirkung erheblichen Einschränkungen unterlagen. Er ließ an jedem weiteren Verhandlungstag ein Kamerateam seiner Wahl (abwechselnd das einer öffentlich-rechtlichen und einer privaten Fernsehanstalt) zu Aufnahmen im Sitzungssaal und im Gerichtsgebäude für ca. 5 Minuten vor Verhandlungsbeginn zu; im Übrigen waren Fernsehaufnahmen während der ganzen Sitzungsdauer untersagt.

Das Interesse der Öffentlichkeit war auch deshalb so groß, weil der Verteidiger des A Werner Vogel (V) vor Verhandlungsbeginn bereits angekündigt hatte, er werde Beweis dafür erbringen, dass es eine Massenvernichtung in den von B untersuchten Lagern tatsächlich nicht gegeben habe. V stellte in der Hauptverhandlung den Antrag auf Einholung eines Sachverständigengutachtens über die Kapazität der Krematorien und die Existenz von Gaskammern in den genannten Lagern. Das Gericht lehnte diesen Beweisantrag wegen Offenkundigkeit ab.

Wenig erfolgreich für die Verteidigung war auch die Vernehmung der Lebensgefährtin des B Gertrude Ernst (E), mit der B seit 10 Jahren in einer nichtehelichen Lebensgemeinschaft zusammengelebt hatte. E teilte zwar die Ansichten des B nicht, als treue Lebensgefährtin begleitete sie ihn jedoch stets bei seiner Tätigkeit. So war sie auch bei der Vortragsveranstaltung im Herbst 2006 anwesend. E wurde als Zeugin geladen, verweigerte jedoch die Aussage.

1. War die Beschränkung der Fernsehaufnahmen zulässig?

2. Nehmen Sie zur Ablehnung des Antrages auf Vernehmung eines Sachverständigen Stellung.

3. Durfte E in der Hauptverhandlung die Aussage verweigern?

<u>Hinweis:</u> Sollten Sie bei der Beantwortung der **Frage 3** zur grundsätzlichen Ablehnung des Zeugnisverweigerungsrechts der E gelangen, ist es in einem Hilfsgutachten dazu Stellung zu nehmen, ob E ein solches zugestanden hätte, wenn sie Ehefrau des B gewesen wäre.

Lehrbuch: Rn. 440; 645 ff.; 648 ff; 718 ff.; 726 f.; 741 ff.; 776.

Lösung

Frage 1: Zulässigkeit der Beschränkung von Fernsehaufnahmen

Die Anordnung wäre zulässig gewesen, wenn R dazu gem. § 176 GVG rechtlich befugt war und sie das Grundrecht aus Art. 5 I 2, 2. Fall GG nicht in unzulässiger Weise einschränkte. 418

I. Anordnungsbefugnis

Eine rechtliche Befugnis des R zur Anordnung der Beschränkung von Fernsehaufnahmen ergäbe sich aus § 176 GVG, wenn es sich um eine Maßnahme zur Aufrechterhaltung der Ordnung in der Sitzung handelte. 419

§ 169 S. 2 GVG untersagt lediglich Ton-, Film- und Fernsehaufnahmen während der eigentlichen Hauptverhandlung. Grundsätzlich erlaubt sind solche Aufnahmen dagegen vor und nach der Verhandlung sowie in den Sitzungspausen. Die zeitliche und organisatorische Beschränkung von Fernsehaufnahmen vor dem Verhandlungsbeginn könnte jedoch als sitzungspolizeiliche Maßnahme i.S.d. § 176 GVG anzusehen sein. Zur Sitzung gehören im Unterschied zur Verhandlung, auf die sich § 169 S. 2 GVG bezieht, auch die Zeiten unmittelbar vor Beginn und nach Schluss der Verhandlung sowie die Verhandlungspausen. Fernsehaufnahmen in diesen Zeitspannen unterfallen demnach der sog. sitzungspolizeilichen Gewalt des Vorsitzenden des erkennenden Gerichts, sodass R zur Aufrechterhaltung der Ordnung im äußeren Ablauf der Verhandlung – vorbehaltlich der Kompatibilität der Anordnung mit dem Grundgesetz – die Beschränkungen der Berichterstattung anordnen durfte. 420

II. Grundrechtskompatibilität

Die Anordnung der zeitlichen und organisatorischen Beschränkung von Fernsehaufnahmen würde jedoch Art. 5 I 2, 2. Fall GG verletzen, wenn sie einen Eingriff in den Schutzbereich dieses Grundrechts darstellt, der verfassungsrechtlich nicht gerechtfertigt ist. 421

1. Eingriff in den Schutzbereich des Art. 5 I 2, 2. Fall GG

Der Schutzbereich dieses Grundrechts umfasst die Freiheit der Berichterstattung durch Rundfunk. Rundfunk ist jede an die Allgemeinheit gerichtete Übermittlung von Gedankeninhalten durch physikalische, insbesondere elektromagnetische Wellen. Dazu gehört die Berichterstattung durch Hör- und Fernsehrundfunk. Wie die ebenfalls durch Art. 5 I 2 GG geschützte Pressefreiheit gewährleistet die Rundfunkfreiheit den Zugang zu Informationen und deren publizistische Verwertung. Indem R ein grundsätzliches Verbot von Fernsehaufnahmen anordnete und lediglich eine fünfminütige Fernsehaufzeichnung durch ein bestimmtes Fernsehteam vor dem Verhandlungsbeginn zuließ, könnte er insoweit in den Schutzbereich des Art. 5 I 2, 2. Fall GG eingegriffen haben. 422

423 Fraglich ist, ob der Schutzbereich der Rundfunkfreiheit enger zu ziehen ist, weil sich die Fernsehberichterstattung durch die Verwendung der dazu erforderlichen technischen Vorkehrungen von der Presseberichterstattung unterscheidet. Die Presse ist in ihrer Berichterstattung darauf beschränkt, ein bestimmtes Ereignis in Wort und Bild zu schildern, während der Rundfunk auch die Möglichkeit hat, das entsprechende Ereignis seinen Zuhörern und Zuschauern akustisch und optisch in voller Länge oder in Ausschnitten zeitgleich oder zeitversetzt zu übertragen. Die Fernsehberichterstattung bringt deshalb größere Gefahren für eine geordnete und ordnungsgemäße Rechtspflege sowie das allgemeine Persönlichkeitsrecht der Prozessbeteiligten mit sich. Darüber hinaus verursachen die für Fernsehaufnahmen erforderlichen technischen Vorkehrungen Störungen, welche sich besonders empfindlich bei Gerichtsverhandlungen auswirken. Deshalb unterliegen die Rundfunkberichterstattungen über gerichtliche Verfahren weitergehenden Beschränkungen, als sie für die Pressefreiheit gelten. Dadurch wird jedoch nicht bereits der allgemeine Schutzumfang der Rundfunkfreiheit als solcher eingeschränkt, denn dieser ist grundsätzlich in gleicher Weise wie bei der Pressefreiheit zu bemessen. Daher können die geschilderten Gefahren lediglich Beschränkungen des Grundrechts, nicht aber eine Verengung seines Schutzumfangs rechtfertigen. Somit stellt die sitzungspolizeiliche Maßnahme des R einen Eingriff in den Schutzbereich des Art. 5 I 2, 2. Fall GG dar.

2. Verfassungsrechtliche Rechtfertigung

424 Dieser Eingriff wäre jedoch verfassungsrechtlich gerechtfertigt, wenn er den Anforderungen genügt, welche das Grundgesetz an Eingriffe dieser Art stellt.

a) Möglichkeit der Grundrechtseinschränkung

425 Die Rundfunkfreiheit wird nicht vorbehaltlos gewährleistet, sondern sie findet gem. Art. 5 II GG ihre Schranken in den Vorschriften der allgemeinen Gesetze (qualifizierter Gesetzesvorbehalt). Darunter sind alle Gesetze zu verstehen, die sich nicht speziell gegen die Medien oder gegen eine bestimmte Meinung richten, sondern ohne Rücksicht auf bestimmte Informationen oder Meinungen der Wahrung eines Rechtsguts dienen, welches dem Grundrechtsschutz der Medien nicht nachsteht.

426 Auf § 176 GVG gestützte sitzungspolizeiliche Maßnahmen betreffen jedermann und richten sich nicht speziell gegen die Presse und den Rundfunk, sondern dienen dem Schutz einer geordneten Rechtspflege, die nach dem Willen des Gesetzgebers den Prozess der Rechts- und Wahrheitsfindung sowie das allgemeine Persönlichkeitsrecht der Prozessbeteiligten umfasst. Dabei handelt es sich um vorrangige Gemeinschaftsgüter, die das publizistische Informations- und Verbreitungsinteresse begrenzen. Somit ist § 176 GVG ein allgemeines Gesetz i.S.d. Art. 5 II GG.

b) Grundrechtskonformität des Eingriffsaktes

Die grundsätzlich zulässige Beschränkung der Fernsehberichterstattung müsste aber auch im konkreten Fall grundrechtskonform gewesen sein. **427**

Problematisch ist hier allein, ob der Grundsatz der Verhältnismäßigkeit eingehalten wurde. Dies ist dann der Fall, wenn die Anordnung des R geeignet und erforderlich zur Erreichung des angestrebten Zwecks war. Darüber hinaus durfte diese Maßnahme das betreffende Grundrecht nicht unangemessen beeinträchtigen.

aa) Geeignetheit

Geeignet war die Maßnahme des R, wenn diese ein taugliches Mittel darstellte, um den Zweck zu erreichen (Grundsatz der Zwecktauglichkeit). Zweck des § 176 GVG ist die Aufrechterhaltung der Ordnung im gerichtlichen Verfahren. **428**

Zur Aufrechterhaltung der Ordnung im gerichtlichen Verfahren i.S.d. § 176 GVG gehören außer dem störungsfreien äußeren Ablauf der Sitzung auch die ungehinderte Entscheidungsfindung samt allen dazu erforderlichen Beiträgen und Interaktionen der Prozessbeteiligten sowie der Schutz des allgemeinen Persönlichkeitsrechts der Beteiligten. Zwar waren von den Fernsehaufnahmen außerhalb der Verhandlung keine Beeinträchtigungen der richterlichen Entscheidungsfindung und der dazu erforderlichen Beiträge der übrigen Prozessbeteiligten zu befürchten. Doch kam es durch die uneingeschränkten Fernsehaufnahmen einerseits zu erheblichen Störungen des äußeren Ablaufs der Sitzung und andererseits zu Beeinträchtigungen des Persönlichkeitsrechts der Beteiligten, namentlich des A. Die Anordnung des R war ein taugliches Mittel zur Verhinderung dieser Maßnahmen und somit geeignet, den Normzweck des § 176 GVG zu erreichen. **429**

bb) Erforderlichkeit

Erforderlich war die Maßnahme, wenn R kein milderes Mittel zur Verfügung stand, das in gleicher Weise den bezweckten Erfolg zu erreichen vermochte (Grundsatz des Interventionsminimums). **430**

(1) Zeitliche Beschränkung

Der Schutz des Persönlichkeitsrechts des A erforderte kein völliges Aufzeichnungsverbot, da er sich wegen der Bedeutung seiner Taten und des damit unmittelbar verbundenen außerordentlichen Öffentlichkeits- und Informationsinteresses in höherem Maße als andere der öffentlichen Berichterstattung und Kommentierung stellen musste. Eine über das gebotene Maß hinaus gehende Beeinträchtigung der Persönlichkeitsrechte des A und der übrigen Prozessbeteiligten musste aber nicht geduldet werden. Deshalb erscheint die von R verfügte zeitliche Beschränkung der Fernsehaufnahmen als mildestes Mittel zur Erreichung des insoweit bestimmten Zwecks des § 176 GVG. **431**

(2) Organisatorische Beschränkung

432 Fraglich ist allerdings, ob auch die organisatorische Beschränkung zur Aufrechterhaltung der äußeren Ordnung des Verfahrens erforderlich war. R könnte ein milderes, aber genauso wirksames Mittel zur Verfügung gestanden haben. In Betracht kam nämlich die Vereinbarung einer sog. Pool-Lösung, d.h. die Zulassung eines von den interessierten Fernsehanstalten eingesetzten Kamerateams, das sich verpflichtet, den anderen Interessenten die Aufnahmen zugänglich zu machen. Mit der Anordnung dieses Mittels hätte R der Gefahr einer Störung des äußeren Ablaufs des Verfahrens durch mehrere gleichzeitig anwesende Fernsehvertreter sowie der Gefahr der Missachtung des Ernstes des Strafverfahrens und der Würde des Angeklagten ebenso wirksam begegnen können. Dadurch wäre zwar der Eindruck einer willkürlichen Entscheidung des R für eine bestimmte Fernsehanstalt vermieden worden, es wäre aber ebenfalls nur ein Team zugelassen worden, sodass es sich nicht um eine Frage des milderen Mittels handelt, sondern allenfalls um eine solche der Verhältnismäßigkeit im engeren Sinne. Somit war die Anordnung des R zur Aufrechterhaltung der Ordnung auch erforderlich.

cc) Angemessenheit

433 Die Anordnung hätte jedoch das Grundrecht aus Art. 5 I 2, 2. Fall GG unangemessen eingeschränkt, wenn das Ergebnis der Interessenabwägung ein nachteiliges Missverhältnis aufweist (Grundsatz der Proportionalität).

434 Dem Informationsinteresse der Öffentlichkeit an dem gegen den Veranstalter und einen Historiker gerichteten Strafverfahren wegen der Behandlung eines geschichtlichen Ereignisses, dessen Auswirkungen auch gegenwärtig eine überragende historische und politische Bedeutung haben, kommt dabei erhebliches Gewicht zu. Es bestand somit ein anerkennenswertes Interesse, mit den Mitteln der modernen Kommunikationstechnik der Öffentlichkeit einen optischen Eindruck von diesem Verfahren zu vermitteln. Die durch § 176 GVG geschützten Interessen – Gewährleistung des ordnungsgemäßen äußeren Ablaufs der Sitzung und der Persönlichkeitsrechte der Verfahrensbeteiligten – treten dahinter jedoch nicht generell zurück. Die zeitliche Beschränkung auf Aufnahmen von fünfminütiger Dauer vor Verhandlungsbeginn an jedem Verhandlungstag gewährleistet einerseits die Ordnung der Sitzung, sie befriedigt andererseits aber auch das öffentliche Interesse an der Berichterstattung, sodass die Maßnahme insofern angemessen erscheint. Die Zulassung nur eines Fernsehteams nach Wahl des R, ohne dass eine Vereinbarung getroffen wurde, die allen Interessenten einen kostenlosen Zugang zu den aufgezeichneten Materialien eröffnet hätte, führt jedoch zu einer willkürlichen Bevorzugung einzelner Fernsehanstalten. Eine Vereinbarung, die sichergestellt hätte, dass allen Fernsehanstalten das aufgenommene Material zugänglich war, hätte keine zusätzlichen Gefahren für die von § 176 GVG geschützten Rechtsgüter begründet. Die Anordnung des R schränkte somit die Rundfunkfreiheit aus Art. 5 I 2, 2. Fall GG unangemessen ein.

III. Ergebnis

Die Beschränkung der Fernsehaufnahmen war in dieser Gestalt nicht zulässig. **435**

Frage 2: Ablehnung des Antrages auf Vernehmung eines Sachverständigen

Das Gericht durfte gem. § 244 III 2, 1. Fall StPO den Antrag des V auf Vernehmung eines Sachverständigen ablehnen, wenn die unter Beweis gestellte Tatsache offenkundig war. **436**

I. Beweisantrag

Der von V gestellte Antrag war darauf gerichtet, im Strafverfahren gegen A durch einen nach §§ 72 ff. StPO grundsätzlich zulässigen Sachverständigenbeweis die Ausrüstung und Geschehnisse in den von B untersuchten Konzentrationslagern aufzuklären. Es handelte sich somit um einen Beweisantrag i.S.d. § 244 III 2 StPO. **437**

II. Offenkundigkeit

Das Gericht durfte die Beweiserhebung ablehnen, wenn sie wegen Offenkundigkeit überflüssig war. Offenkundig i.S.d. § 244 III 2, 1. Fall StPO sind allgemein- oder gerichtskundige Tatsachen. Allgemeinkundig sind entscheidungserhebliche Tatsachen und Erfahrungssätze, wenn sie allgemein bekannt sind oder wenn sich jedermann ohne Fachkenntnisse zuverlässig darüber informieren kann. Solche Tatsachen bedürfen keines Beweises und müssen in der Hauptverhandlung nur erörtert werden, wenn die Kenntnis nicht selbstverständlich ist. Die Massenvernichtung in den Konzentrationslagern des Dritten Reiches ist eine solche allgemeinkundige Tatsache, deren Kenntnis für jedermann auch ohne besondere Fachkenntnisse selbstverständlich ist. **438**

Dem Beweisantrag des V, der darauf gerichtet war, die Richtigkeit der als allgemeinkundig behandelten Tatsache in Frage zu stellen, hätte das Gericht nur nachgehen müssen, wenn die Begründung des Antrags Anlass zu vernünftigen Zweifeln gegeben hätte. Die historische Tatsache der Massenvernichtung im Dritten Reich kann jedoch vernünftigerweise nicht bezweifelt werden. Das Gericht durfte seine Entscheidung deshalb darauf stützen, ohne darüber Beweis zu erheben. Dem steht auch nicht entgegen, dass Gegenstand der Beweiserhebung die Untersuchung der technischen Ausrüstung in den Konzentrationslagern war, denn der Antrag des V zielte letztlich auf die Widerlegung der allgemein- und somit offenkundigen Tatsache der Massenvernichtung ab. **439**

III. Ergebnis

Das Gericht hat den Antrag des V auf Vernehmung eines Sachverständigen gem. § 244 III 2, 1. Fall StPO zu Recht wegen Offenkundigkeit abgelehnt. **440**

Frage 3: Aussageverweigerung der E

441 E durfte das Zeugnis verweigern, wenn sie als Lebenspartnerin des B gem. § 52 I StPO überhaupt ein Zeugnisverweigerungsrecht hatte und dieses auch nach dem Tod des B noch fortbestand.

I. Zeugeneigenschaft der E

442 E sollte über ihre Wahrnehmungen, die sie während der Vortragsveranstaltung im Herbst 2006 gemacht hatte, also als Zeugin, aussagen.

II. Zeugnisverweigerungsrecht bei nichtehelicher Lebensgemeinschaft

443 Eine direkte Anwendung des § 52 I StPO scheidet aus, da die Vorschrift den Partnern einer nichtehelichen Lebensgemeinschaft ein Zeugnisverweigerungsrecht nicht ausdrücklich zugesteht. Das Zeugnisverweigerungsrecht des „Lebenspartners" nach § 52 I Nr. 2a StPO ist hier nicht einschlägig, weil die Vorschrift nur eingetragene gleichgeschlechtliche Lebenspartnerschaften erfasst. Ob eine analoge Anwendung des § 52 I StPO auf nichteheliche Lebensgemeinschaften in Betracht kommt, ist umstritten.

444 Die überwiegende Meinung versagt den Partnern nichtehelicher Lebensgemeinschaften unter Berufung auf den Wortlaut des Gesetzes das Zeugnisverweigerungsrecht. E hätte danach sogar zu Lebzeiten des B kein Zeugnisverweigerungsrecht i.S.d. § 52 I StPO gehabt. Die Gegenauffassung wendet § 52 I StPO jedoch in diesen Fällen analog an, sodass E jedenfalls bis zum Tod des B ein Zeugnisverweigerungsrecht gem. § 52 I StPO analog zustand.

445 Da die Auffassungen zu unterschiedlichen Ergebnissen führen, ist eine Streitentscheidung erforderlich. Für das Vorhandensein einer nachträglichen, durch Analogie auszufüllenden Regelungslücke spricht, dass durch die erhebliche Zunahme und die soziale und teilweise rechtliche Anerkennung der nichtehelichen Lebensgemeinschaften ein Regelungssachverhalt entstanden ist, den der Gesetzgeber so bei der Schaffung der Zeugnisverweigerungsrechte nicht hat berücksichtigen können. Somit war die Nichtregelung dieser Materie zum Zeitpunkt der Schaffung der Zeugnisverweigerungsrechte vom Gesetzgeber nicht gewollt. Diese Regelungslücke könnte durch Analogie geschlossen werden, wenn die Konfliktlage des Partners einer nichtehelichen Lebensgemeinschaft bei der Zeugenvernehmung der eines Angehörigen entspricht. § 52 I StPO will zum einem den Zeugen vor der Versuchung der Falschaussage schützen und zum anderen das familiäre Verhältnis und den Familienfrieden wahren. Diese Ausrichtung des § 52 StPO, nämlich die innere Zwangslage zwischen Wahrheitspflicht und Angehörigenschonung durch eine Weigerungsmöglichkeit zu lösen, um die Beziehung der Angehörigen nicht durch Aussagezwang zu belasten und die Wahrheitssuche nicht zu gefährden, trifft auf die Situation einer nichtehelichen Lebensgemeinschaft nicht weniger als auf die Ehe oder das Verlöbnis zu, denn die Konfliktlage des Partners einer nichtehelichen Lebensgemeinschaft bei der Zeugenvernehmung unterscheidet sich nicht von der, in welcher sich der Ehegatte oder der Verlobte befindet, sodass die Vergleich-

barkeit der Sachverhalte gegeben ist. Dem kann das Argument, der Begriff der nichtehelichen Lebensgemeinschaft sei unbestimmt, nicht überzeugend entgegengehalten werden, da dieser inzwischen durch die Rechtsprechung klar definiert und dem Beweis zugänglich ist. Darunter ist eine Lebensgemeinschaft zu verstehen, welche auf Dauer angelegt ist, daneben keine weitere Lebensgemeinschaft gleicher Art zulässt und sich durch innere Bindungen auszeichnet, die ein gegenseitiges Einstehen der Partner füreinander begründen, also über Beziehungen in einer reinen Haushalts- und Wirtschaftsgemeinschaft hinausgeht. Besondere Missbrauchsmöglichkeiten eröffnet die Anerkennung der nichtehelichen Lebensgemeinschaft im Rahmen des § 52 I StPO nicht. Die Situation unterscheidet sich nicht wesentlich von der Ehe oder dem Verlöbnis. Es ist jedenfalls leichter, eine Verlobung zu behaupten, als glaubhaft eine langjährige Lebensgemeinschaft vorzuspiegeln. Da das Zeugnisverweigerungsrecht eines Ehegatten unbestritten auch nach der Scheidung, Nichtigkeitserklärung oder Auflösung der Ehe und sogar bei Scheinehen besteht, wäre es unbillig, es Partnern einer intakten nichtehelichen Lebensgemeinschaft zu versagen.

Die besseren Argumente sprechen somit für die analoge Anwendung des § 52 I StPO auf die Partner einer nichtehelichen Lebensgemeinschaft, sodass E jedenfalls zu Lebzeiten des B zeugnisverweigerungsberechtigt war. **446**

III. Fortbestehen des Zeugnisverweigerungsrechts nach dem Ableben des B

Das Zeugnisverweigerungsrecht könnte jedoch mit dem Tod des B entfallen sein. Nach einer Auffassung besteht das Zeugnisverweigerungsrecht nach dem Tod des Angehörigen in vollem Umfang fort. E hätte danach in dem Verfahren gegen den Mitangeklagten A das Zeugnis verweigern dürfen. **447**

Es trifft zwar zu, dass der Angehörige das Zeugnis grundsätzlich in vollem Umfang verweigern darf, wenn sich das Verfahren gegen mehrere Angeklagte richtet und der Sachverhalt, zu dem der Zeuge aussagen soll, auch seinen Angehörigen betrifft. Die Anerkennung eines umfassenden Zeugnisverweigerungsrechts ist erforderlich, weil der Zeuge in derselben Hauptverhandlung gegen mehrere Angeklagte nur einheitlich aussagen kann, sodass sich seine Zeugnisverweigerung notwendigerweise einheitlich für und gegen alle Angeklagten auswirkt. Die reflexartigen Wirkungen, die sich daraus ergeben können, dass aus Zweckmäßigkeitsgründen gegen mehrere Angeklagte gleichzeitig verhandelt wird, dürfen aber nicht über das gebotene Maß ausgedehnt werden. Dies ist insbesondere dann zu berücksichtigen, wenn das Verfahren gegen den Angehörigen des Zeugen rechtskräftig abgeschlossen ist oder wenn dieser aus dem gemeinsamen Verfahren ausscheidet. Die Beziehung zwischen dem Zeugen und dem früheren Mitbeschuldigten bzw. Mitangeklagten ist dann so schwach geworden, dass sie den Eingriff, den die Zeugnisverweigerung in das gegen den Mitangeklagten gerichtete Verfahren bewirkt, nicht mehr rechtfertigt, zumal im Falle der Wiederaufnahme des Verfahrens gegen den Angehörigen regelmäßig ein Verwertungsverbot besteht. Diese Gründe treffen erst recht zu, wenn der Angehörige verstorben ist. Zum einen besteht keine Verbindung mehr zwischen dem Mitangeklagten und dem Zeugen, und zum ande- **448** ren scheidet eine Wiederaufnahme des Verfahrens zu Lasten des Angehörigen aus. Deshalb verdient die Auffassung Zustimmung, die das Erlöschen des Zeugnisverweigerungsrechts gem. § 52 I StPO im Fall des Todes des Angehörigen annimmt. Das zunächst gem. § 52 I StPO analog gegebene Zeugnisverweigerungsrecht der E endete folglich mit dem Tod des B.

IV. Ergebnis

449 E durfte in der Hauptverhandlung gegen A das Zeugnis nicht verweigern.

Hinweise zur Lösung:

450 Die der **Frage 1** zugrunde liegende Konstellation entspricht dem der Entscheidung BVerfGE 91, 125 ff. zugrunde liegenden Sachverhalt. Zur Beurteilung der Beschränkung der Medienöffentlichkeit bei Gerichtsverhandlungen ist es erforderlich, den richtigen „Einstieg" zu finden, also die Verfügung des Vorsitzenden zutreffend zu qualifizieren. Dabei stand nicht etwa die Frage zur Diskussion, ob Fernsehaufnahmen aus der Hauptverhandlung selbst zulässig sind. § 169 S. 2 GVG steht dem – selbst bei einem entsprechenden Öffentlichkeitsinteresse und unter Berufung auf die Rundfunkfreiheit – entgegen. Es musste erkannt werden, dass es sich um eine sitzungspolizeiliche Maßnahme des Vorsitzenden zur Aufrechterhaltung der Ordnung, nämlich des äußeren Ablaufs der Sitzung, i.S.d. § 176 GVG handelt. Im Rahmen der erforderlichen Grundrechtsprüfung liegt der Schwerpunkt bei der Erörterung des Verhältnismäßigkeitsgrundsatzes. Obwohl die vom BVerfG (BVerfGE 91, 125, 134 ff.; BVerfG NJW 2000, 2890, 2891; NJW 2001, 1633, 1637; NJW 2002, 2021; NJW 2003, 2523; MMR 2007, 306, 307) als verhältnismäßig anerkannte „Pool-Lösung" nicht auf einhellige Zustimmung gestoßen ist (ablehnend *Ranft*, Jura 1995, 573, 580; zustimmend *Beulke*[9], Rn. 379; *Gündisch/ Dany*, NJW 1999, 256, 260; *Huff*, NJW 2001, 1622, 1623; *Scholz*, NStZ 1995, 42 f.), bildet sie den anzulegenden Verhältnismäßigkeitsmaßstab. Die Frage, wie zu entscheiden wäre, wenn die Fernsehanstalten – vorausgesetzt der Vorsitzende hätte die „Pool-Lösung" gewählt – sich nicht über die Zurverfügungstellung des Materials hätten einigen können, bedurfte keiner Erörterung, da die bloße Möglichkeit des Scheiterns einer Vereinbarung nicht die Annahme begründet, es handele sich um ein unangemessenes Mittel.

451 Die Beantwortung der **Frage 2** erfordert lediglich die zutreffende Feststellung der für die Ablehnung des Beweisantrages einschlägigen Norm. Bei Kenntnis der Definition des Begriffes der Offenkundigkeit (vgl. etwa *Meyer-Goßner*[50], § 244 Rn. 50 ff.) bereitet es keine besonderen Schwierigkeiten, die Massenvernichtung in Konzentrationslagern des Dritten Reichs als allgemeinkundige Tatsache zu qualifizieren (st. Rspr.; vgl. nur BVerfGE 90, 241, 249; BGHSt. 40, 97, 99; BGH NStZ 2001, 305, 307; BGH NJW 2002, 2115 mit Anm. *Stegbauer*, JR 2003, 72).

452 Die **Frage 3** erfordert zunächst die Auseinandersetzung mit dem heftig umstrittenen Problem des Zeugnisverweigerungsrechts der Partner nichtehelicher Lebensgemeinschaften. Die noch immer h.M. (*Meyer-Goßner*[50], § 52, Rn. 5 m.w.N.;

Dahs in Löwe-Rosenberg[25], § 52 Rn. 17; *Pfeiffer*[5], § 52 Rn 2; *Pelchen*, Pfeiffer-FS, 1988, S. 293 ff.; *Rogall,* in SKStPO, § 52, Rn. 20 m.w.N.) lehnt die entsprechende Anwendung des § 52 I StPO auf diese Art der Partnerschaft grundsätzlich ab. Es ist deshalb keineswegs zwingend, der Gegenauffassung (*Beulke*[9], Rn. 191; *Hillenkamp*, JuS 1997, 821, 830; ausführlich begründet bei *Skwirblies*, Nichteheliche Lebensgemeinschaft und Angehörigenbegriff, 1990, 182 ff.; zum Begriff der nichtehelichen Lebensgemeinschaft vgl. BVerfG, NJW 1993, 643, 645) zu folgen.

Wurde ein Zeugnisverweigerungsrecht der E mit der h.M. schon grundsätzlich abgelehnt, so war der Bearbeitungshinweis zu beachten, sodass auch die weitere Frage beantwortet werden musste, ob das Zeugnisverweigerungsrecht nach dem Tod des B fortbestand. Es handelt sich dabei um ein „Standardproblem", das die Gerichte des Öfteren beschäftigt. Der BGH hat inzwischen seine frühere Rechtsprechung aufgegeben (vgl. BGHSt 38, 96 ff.; BGH, NJW 1992, 1118 f.; BGH, NJW 1993, 2326; zur Entwicklung siehe auch *Widmaier*, NStZ 1992, 196 ff.). Nach der früherer Rechtsprechung (seit RGSt 1, 207; ebenso noch BGHSt 34, 215, 216 m.w.N.) blieb das Zeugnisverweigerungsrechtsrecht bestehen, wenn der Angehörige zur Zeit der Zeugenvernehmung verstorben oder das gegen ihn gerichtete Verfahren rechtskräftig abgeschlossen war. Nunmehr steht der BGH auf dem Standpunkt, dass das Zeugnisverweigerungsrecht erlischt, wenn der Angehörige rechtskräftig verurteilt oder freigesprochen worden oder verstorben ist (zustimmend *Spelthahn*, Das Zeugnisverweigerungsrecht von Angehörigen eines Mitbeschuldigten, 1997, S. 104; ablehnend *Beulke*[9], Rn. 192; *Eisenberg*[5], Rn. 1221; *Rogall*, in SKStPO, Vor § 133 Rn. 189).

453

Klausur Nr. 7*

Vernehmung per TV

Aussage trotz Aussageverweigerungsrechts – Beweisverwertungsverbot – Ausschluss des Angeklagten von der Hauptverhandlung – Videovernehmung eines Opfers

Vom 15.01. bis zum 19.01.2007 fand vor der Schwurgerichtskammer des Landgerichts Potsdam der Prozess gegen den Angeklagten Jürgen Bartel (B) statt. Ihm wurde vorgeworfen, am 15.10.2006 seine Freundin Christine Müller (M) vergewaltigt zu haben. Darüber hinaus lautete der Vorwurf auf versuchten Mord, begangen an der 14-jährigen Tochter der M, Andrea (A), die B bei der Vergewaltigung überraschte.

Im Rahmen der Beweisaufnahme vernahm der Vorsitzende Richter Harald Rohner (R), zunächst den Arzt der Unfallrettungsstelle eines Potsdamer Krankenhauses Dr. Gregor Kamphaus (K), der M nach ihrer Einlieferung in das Krankenhaus behandelt und die Verletzungen festgestellt hatte. K beschrieb im Einzelnen die Verletzungen der M, obwohl ihm bewusst war, dass diese ihn nicht von der Schweigepflicht entbunden hatte.

Anschließend war die Vernehmung der M zu den Geschehnissen vorgesehen. R erkannte, dass M unter dem Eindruck des Geschehen in Anwesenheit von B nicht wahrheitsgemäß aussagen werde. Daraufhin wurde B durch einen Beschluss des Gerichts von der Hauptverhandlung für die Zeit der Vernehmung der M ausgeschlossen. Als M mit ihrer Aussage begann, wurde deutlich, dass brauchbare Ausführungen zu den Details der Tat und dem persönlichen Bereich nicht zu erwarten waren. Das Gericht beschloss daher mit Rücksicht auf das Schamgefühl der M den Ausschluss der Öffentlichkeit während der Vernehmung. Nach der Vernehmung der M wurde der Angeklagte in den Sitzungssaal zurückgebracht und die Öffentlichkeit wieder zugelassen. R informierte B über die wesentlichen Punkte der Vernehmung, wobei er aber den Beschluss des Gerichts über den Ausschluss der Öffentlichkeit nicht erwähnte. Der Ausschluss der Öffentlichkeit wurde B auch nicht von seinem Verteidiger mitgeteilt.

Im weiteren Verlauf der Verhandlung sollte A vernommen werden. Das Gericht war der Auffassung, dass die Gegenwart der Verfahrensbeteiligten zu schwerwiegenden Belastungen des 14-jährigen Mädchens führen würde. Deshalb erging der Beschluss, die Vernehmung der A nicht im Gerichtssaal vorzunehmen, sondern sie in dem Büro des R zu befragen und die Vernehmung mittels Videoprojektion in den Gerichtssaal zu übertragen. R befand sich bei A in seinem Büro und befragte sie dort. Während der Vernehmung nahm der beisitzende Richter Bernfried Hummel (H) die Sitzungsleitung wahr und übermittelte dem R telefonisch Anträge und

Beanstandungen der Verfahrensbeteiligten. Die Videoaufnahmen wurden nicht mitgeschnitten, sondern lediglich auf eine Leinwand im Gerichtssaal übertragen. Allen Verfahrensbeteiligten war dadurch eine akustische und visuelle Wahrnehmung der Vernehmung durch den Vorsitzenden möglich.

In einer Verhandlungspause vor dem Plädoyer der Verteidigung und der Gewährung des letzten Wortes für B fiel R auf, dass er die Unterrichtung über den Ausschluss der Öffentlichkeit unterlassen hatte. Er teilte dem Angeklagten nunmehr den Beschluss über den Ausschluss der Öffentlichkeit während seiner Abwesenheit mit.

Die Aussage des K trug dazu bei, dass B wegen versuchten Mordes in Tatmehrheit mit Vergewaltigung zu einer Gesamtfreiheitsstrafe von 7 Jahren verurteilt wurde.

1. Durfte die Aussage des K verwertet werden?

2. Durfte B von der Hauptverhandlung ausgeschlossen werden und wenn ja, ist ein Verfahrensfehler im Hinblick auf die Mitteilung über den Ausschluss der Öffentlichkeit festzustellen?

3. War die Form der Vernehmung der A zulässig?

Lehrbuch: Rn. 729; 737 ff.

Lösung

Frage 1: Verwertung der Aussage des K

Die Aussage des K dürfte verwertet werden, wenn es sich um ein taugliches Beweismittel handelt und kein Beweisverwertungsverbot entgegensteht.

455

I. Zeugeneigenschaft des K

K ist gem. § 85 StPO wegen der fehlenden Beauftragung als sachverständiger Zeuge anzusehen.

456

II. Beweisverwertungsverbot

K ist durch M nicht von seiner ärztlichen Schweigepflicht entbunden worden. Deshalb hat er sich mit seiner Aussage in der Hauptverhandlung wegen Verletzung von Privatgeheimnissen gem. § 203 I Nr. 1 StGB strafbar gemacht.

457

Fraglich ist deshalb, ob die Aussage des K bei der Entscheidungsfindung verwertet werden durfte. Bei Berufsgeheimnisträgern, die ohne Entbindung von ihrer Schweigepflicht aussagen und von ihrem Aussageverweigerungsrecht gem. § 53 I StPO keinen Gebrauch machen, wird die Frage nach der Verwertbarkeit ihrer Aussage nicht einheitlich beantwortet.

458

Eine Auffassung geht von einer Unverwertbarkeit der Aussage aus. Die materielle Strafrechtswidrigkeit der Aussage müsse deren Unverwertbarkeit zur Folge haben, denn nur so sei das von § 53 I StPO geschützte Vertrauensverhältnis herstellbar. Schließlich könne sich der Betroffene darauf verlassen, dass ein „wortbrüchiger" Gesprächspartner kein Gehör vor staatlichen Gerichten finde. Demzufolge hätte die Aussage des K nicht verwertet werden dürfen.

459

Nach der Gegenmeinung hindert die strafrechtliche Verantwortlichkeit des Aussagenden für die Aussage deren strafprozessuale Verwertung nicht. Danach wäre die Aussage des K zulässigerweise verwertet worden.

460

Nach einer vermittelnden Auffassung ist die Aussage zwar grundsätzlich verwertbar, im Einzelfall könne sich aber ein Verwertungsverbot wegen eines schwerwiegenden Grundrechtseingriffes ergeben. Dies sei insbesondere dann der Fall, wenn das offenbarte Geheimnis der Privatsphäre zuzuordnen ist, in die nur eingegriffen werden darf, wenn unabweisbare Bedürfnisse einer wirksamen Straf- und Verbrechensverfolgung dies rechtfertigen. Die Verwertung eines an sich durch § 53 I StPO geschützten Geheimnisses könne nämlich in ähnlicher Weise in die Privatsphäre wie die Verwertung von Tagebuchaufzeichnungen eingreifen, weshalb sich eine Heranziehung der dortigen Maßstäbe anbiete. K offenbarte hier nicht solche Geheimnisse, die denen in Tagebuchaufzeichnungen vergleichbar wären. Daher wäre nach dieser Sichtweise die Verwertung der Aussage des K nicht zu beanstanden.

461

Die dargestellten Ansichten kommen in casu nicht zum selben Ergebnis, sodass eine Streitentscheidung unentbehrlich erscheint.

462

Für die erste Auffassung spricht zwar, dass infolge der Aussage des Berufsgeheimnisträgers ohne Schweigepflichtentbindung das Vertrauensverhältnis zwi-

463

schen ihm und dem Anvertrauenden gestört ist. Allerdings fällt die Störung des Vertrauensverhältnisses in den Verantwortungsbereich des Berufsgeheimnisträgers. Ihm obliegt es, die anvertrauten Informationen für sich zu behalten. Deshalb ergibt sich aus § 53 I StPO auch keine Pflicht zur Aussageverweigerung, sondern lediglich ein Recht dazu. Die mit der Aussage verbundene Strafbarkeit nach § 203 I Nr. 1 StGB berührt einzig und allein die Risikosphäre des Aussagenden. Auf Grund dessen ist die erste Auffassung abzulehnen und zutreffend von einer Verwertbarkeit der Aussage des K auszugehen. Wegen der gleichen Ergebnisse der anderen beiden Auffassungen, ist eine Entscheidung zwischen ihnen nicht erforderlich.

Frage 2: Zulässigkeit des Ausschlusses des B und Ordnungsmäßigkeit des Verfahrens

464 Der Ausschluss der Öffentlichkeit und das Unterbleiben der Mitteilung nach Rückkehr des B könnten gegen § 247 StPO verstoßen.

I. Beschluss über den Öffentlichkeitsausschluss in Abwesenheit des B

465 Es war zu befürchten, dass eine wahrheitsgemäße Aussage der M in Gegenwart des B nicht zu erlangen sein würde. Deshalb durfte B gem. § 247 Satz 1 StPO aus dem Sitzungssaal für die Dauer der Vernehmung der M entfernt werden.

466 Fraglich ist aber, ob B auch während der Verhandlung über den Ausschluss der Öffentlichkeit gem. § 171b GVG, der für sich genommen zulässig war, von der Verhandlung ausgeschlossen werden durfte. Dies hängt davon ab, welche Bedeutung dem Begriff „Vernehmung" in § 247 Satz 1 StPO zukommt. Ob die Verhandlung über den Ausschluss der Öffentlichkeit zur Vernehmung i.S.d. § 247 Satz 1 StPO gehört, wird unterschiedlich beurteilt.

467 Eine Auffassung betrachtet die Verhandlung über den Ausschluss der Öffentlichkeit nicht als Vernehmung. Die Anwesenheit des Angeklagten in der Hauptverhandlung diene der effektiven Wahrnehmung seiner Verteidigungsrechte. Deshalb verlange der Begriff der Vernehmung eine restriktive Auslegung. Dies gelte insbesondere für die Verhandlung über den Ausschluss der Öffentlichkeit, die wegen der rechtsstaatlichen Garantiefunktion des Öffentlichkeitsprinzips eine Anwesenheit des Angeklagten erfordere. Deshalb werde die Verhandlung über den Ausschluss der Öffentlichkeit nicht vom Begriff der Vernehmung i.S.d. § 247 StPO erfasst. Nach dieser Auffassung hätte B – unabhängig von der Anwesenheit des Verteidigers – an der Verhandlung über den Ausschluss der Öffentlichkeit teilnehmen müssen.

468 Die Gegenauffassung sieht von der Anordnung, nach der sich der Angeklagte aus dem Sitzungssaal zu entfernen hat, auch solche Verfahrensvorgänge umfasst, die mit der Vernehmung des Zeugen in enger Verbindung stehen. Dazu gehöre auch die Verhandlung über den Ausschluss der Öffentlichkeit. Danach war die Entfernung des B aus dem Sitzungszimmer während der Verhandlung über den Ausschluss der Öffentlichkeit zulässig.

Die unterschiedlichen Ergebnisse der Ansichten im vorliegenden Fall erfordern eine Streitentscheidung. **469**

Zwar ist nicht zu verkennen, dass der Öffentlichkeitsgrundsatz eine rechtsstaatliche Garantiefunktion besitzt und der Angeklagte ein Interesse daran hat, bei den Verhandlungen über den Ausschluss der Öffentlichkeit anwesend zu sein. Allerdings ist es gerade in Verfahren, deren Gegenstand Sexualdelikte sind, naheliegend, die Öffentlichkeit während der Vernehmung des Opfers auszuschließen. Zwischen der Vernehmung des Opfers, der Entfernung des Angeklagten und dem Ausschluss der Öffentlichkeit besteht ein enger und unmittelbarer Zusammenhang. Letzterer rechtfertigt es, die Verhandlungen über den Ausschluss der Öffentlichkeit als „Vernehmung" i.S.d. § 247 StPO anzusehen. Folglich war es zulässig, B auch während der Verhandlung über den Ausschluss der Öffentlichkeit nicht im Sitzungssaal zu belassen. **470**

II. Nichtmitteilung des Ausschlusses der Öffentlichkeit nach Rückkehr des B

Es könnte jedoch ein Verstoß gegen die Unterrichtungspflicht des § 247 S. 4 StPO vorliegen. Danach muss der Angeklagte nach seiner Rückkehr in den Sitzungssaal über den wesentlichen Inhalt der Aussage des Zeugen und der sonstigen Verhandlung unterrichtet werden. Fraglich ist, ob die verspätete Mitteilung über den Ausschluss der Öffentlichkeit noch der Unterrichtungspflicht gem. § 247 S. 4 StPO genügen konnte. Dies setzt zunächst voraus, dass der Ausschluss der Öffentlichkeit überhaupt dem Angeklagten mitzuteilen ist. Ob im Hinblick darauf eine Unterrichtungspflicht besteht, ist wiederum umstritten. **471**

Zum einen wird angenommen, dass sich die Unterrichtungspflicht des § 247 S. 4 StPO nicht auf die Mitteilung der Verhandlung und Entscheidung über den Ausschluss der Öffentlichkeit erstrecke. Diese Mitteilung gehöre nicht zum wesentlichen Inhalt der sonstigen Verhandlung in Abwesenheit des Angeklagten. Dementsprechend käme es auf die Rechtzeitigkeit der nachgeholten Mitteilung über die Verhandlung und Entscheidung im Hinblick auf den Ausschluss der Öffentlichkeit nicht an, weil es ihrer nicht bedurft hätte. **472**

Zum anderen wird die Ansicht vertreten, dass die Unterrichtungspflicht gem. § 247 S. 4 StPO auch die Mitteilung der Verhandlung und Entscheidung über den Ausschluss der Öffentlichkeit umfasse. Danach käme es hier darauf an, ob die zunächst unterlassene Unterrichtung des Ausschlusses der Öffentlichkeit noch durch die spätere Mitteilung geheilt werden konnte. **473**

Gegen eine Pflicht zur Information des Angeklagten über den Ausschluss der Öffentlichkeit spricht, dass dieser Verhandlungsteil nicht Gegenstand der Aussage des Zeugen ist. Eine sachgerechte Verteidigung des Angeklagten erfordert jedoch, dass er Kenntnis vom Ausschluss der Öffentlichkeit erlangt. Zu den Verteidigungsrechten des Angeklagten gehört es, auf die Beweiswürdigung des Gerichts selbst Einfluss zu nehmen. Dazu müssen ihm alle Umstände bekannt sein, die das Gericht bei der Beweiswürdigung berücksichtigt. Ob eine Zeugenaussage öffentlich oder nicht öffentlich erfolgte, kann für ihre Glaubhaftigkeit von Bedeutung sein und damit die Beweiswürdigung des Gerichts beeinflussen. Deshalb erscheint es **474** denkbar, dass der Angeklagte die Zeugenaussage anders würdigen und somit das Gericht entsprechend beeinflussen würde.

475 Daher war B vom Ausschluss der Öffentlichkeit gem. § 247 S. 4 StPO zu unterrichten. Eine solche Mitteilung ist unmittelbar nach seiner Rückkehr in den Sitzungssaal weder durch das Gericht noch durch seinen Verteidiger erfolgt. Fraglich ist, ob die spätere Unterrichtung des B diesen Verfahrensverstoß heilen konnte. Der Angeklagte konnte diesen Umstand mit seinem Verteidiger vor dessen Plädoyer besprechen und bei seinem eigenen letzten Wort berücksichtigen. Ihm blieb daher die Gelegenheit, die Beweiswürdigung des Gerichts selbst zu beeinflussen. Durch die Mitteilung vor dem Plädoyer der Verteidigung waren Sinn und Zweck des § 247 S. 4 StPO somit noch gewahrt. Eine Heilung durch die spätere Bekanntgabe des Ausschlusses der Öffentlichkeit ist deshalb anzunehmen.

476 Demzufolge liegt insgesamt kein Verfahrensverstoß vor.

Frage 3: Zulässigkeit der Videovernehmung

477 Die vorgenommene sachlich gerechtfertigte Videovernehmung könnte gegen strafprozessuale Grundsätze und Vorschriften verstoßen. Sie kann nicht auf § 247a StPO gestützt werden, obwohl der Wortlaut dieser Vorschrift die hier gewählte Variante der Videovernehmung als möglich erscheinen lässt. Jedoch ist diese Art der Vernehmung nach Auffassung des Gesetzgebers nicht mit § 247a StPO vereinbar, weil nach dieser Vorschrift nur solche Videovernehmungen zulässig sind, bei denen der Vorsitzende im Sitzungssaal verbleibt und von dort aus die Vernehmung des sich in einem anderen Zimmer befindlichen Zeugen führt (sog. Englisches Modell).

478 Fraglich ist daher, ob der Vorsitzende sich aus dem Sitzungssaal entfernen durfte, um die Vernehmung des Kindes vorzunehmen (sog. Mainzer Modell), oder ob damit gegen strafprozessuale Grundsätze verstoßen wurde. Dies ist strittig.

479 Nach einer Ansicht ist diese Art der Videovernehmung mit dem Unmittelbarkeitsprinzip, dem Mündlichkeitsprinzip und dem durch § 238 Abs. 1 StPO bestimmten Grundsatz der Verhandlungsleitung durch den Vorsitzenden vereinbar. Demzufolge hätte das Gericht mit der hier vorgenommenen Videovernehmung nicht gegen strafprozessuale Grundsätze verstoßen.

480 Die Gegenauffassung sieht diese Grundsätze und die Anwesenheitspflicht der Verfahrensbeteiligten bei einer Videovernehmung nach dem sog. Mainzer Modell nicht als gewahrt an, sodass die hier gewählte Methode der Videovernehmung nicht zulässig gewesen wäre.

481 Da die Meinungen zu unterschiedlichen Ergebnissen gelangen, ist eine Streitentscheidung erforderlich.

482 Der vom Schwurgericht gewählten Methode der Videovernehmung begegnen Bedenken, die aus dem in § 261 StPO niedergelegten Unmittelbarkeitsprinzip resultieren. Es trifft zwar zu, dass die Videovernehmung nach dem Mainzer Modell mit der materiellen Seite des Unmittelbarkeitsprinzips vereinbar ist, weil damit das sachnächste unmittelbare Beweismittel verwertet wird. Das Unmittelbarkeitsprinzip besitzt aber auch eine formelle Seite. Danach soll sich der Gesamt-

eindruck des erkennenden Gerichts aus dem Inbegriff der Hauptverhandlung ergeben. Dabei mag es richtig sein, dass die anderen Mitglieder des Richterkollegiums, die sich im Sitzungssaal befinden, auf Grund der mittlerweile gegebenen technischen Möglichkeiten eine gute Wahrnehmung des Geschehens im Vernehmungszimmer haben. Doch muss berücksichtigt werden, dass ein Mitglied des Spruchkörpers – nämlich der Vorsitzende selbst – von den Geschehnissen im Sitzungssaal völlig abgeschnitten ist. Ihm ist es verwehrt, sich von den Reaktionen der anderen Verfahrensbeteiligten auf die Aussagen des Zeugen ein Bild zu machen. Die Wahrnehmung dieser Reaktionen gehört aber auch zum Inbegriff der Hauptverhandlung. Eine gespaltene Hauptverhandlung, wie sie diese Art der Vernehmung bewirkt, kann unter Berücksichtigung des formellen Aspekts des Unmittelbarkeitsprinzips nicht hingenommen werden.

Ferner verstößt die hier gewählte Vernehmungsmethode gegen das Mündlichkeitsprinzip. Sicherlich ist das im Vernehmungszimmer gesprochene Wort im Sitzungssaal hörbar und unter diesem Aspekt das Mündlichkeitsprinzip nicht verletzt. Das Mündlichkeitsprinzip hat jedoch eine dialektische Komponente, die es erforderlich erscheinen lässt, durch schnelles Intervenieren all das, was auf Grund unzulässiger Befragung die ordnungsgemäße Wahrheitsfindung beeinträchtigen kann, zu monieren. Es bestand zwar eine Telefonleitung in das Vernehmungszimmer, allerdings sind infolge der Zwischenschaltung von Beisitzer und Vorsitzendem die vorgenannten Gefahren insbesondere bei „streitigen" Beweisaufnahmen nicht von vornherein auszuschließen. **483**

Darüber hinaus ist § 238 I StPO verletzt. Danach muss der Vorsitzende im Sitzungssaal die Verhandlungsleitung sowie die Sitzungsgewalt wahrnehmen. Der Einwand, der Vorsitzende übe auch im Vernehmungszimmer die Verhandlungsleitung via Telefon aus, greift nicht durch. Die Verhandlungsleitung und die Ausübung der Sitzungsgewalt verlangen eine körperliche Anwesenheit im Sitzungssaal, die bei der gewählten Vernehmungsmethode nicht gewährleistet ist. Dass die Strafprozessordnung eine körperliche Anwesenheit zur Verhandlungsleitung fordert, belegt § 226 StPO. Diese Vorschrift beinhaltet den Grundsatz der Verhandlungseinheit und verlangt „die ununterbrochene Anwesenheit der zur Urteilsfindung berufenen Personen" sowie notwendiger Verfahrensbeteiligter. Damit muss der Vorsitzende ununterbrochen in der Hauptverhandlung anwesend sein. Dies ist bei der hier gewählten Vernehmungsmethode nicht gewährleistet, sodass neben § 238 I StPO auch § 226 StPO nicht beachtet wurde. **484**

Mithin war die Methode der Vernehmung des 14-jährigen Mädchens nicht mit den Regelungen und Grundsätzen der Strafprozessordnung vereinbar und daher unzulässig. **485**

Hinweise zur Lösung:

486 Bei **Frage 1** musste das Verhältnis von materiellem Strafrecht zum Strafprozessrecht betrachtet werden. Die herrschende Auffassung geht davon aus, dass die materielle Strafrechtswidrigkeit einer Aussage nicht zwangsläufig zu deren Unverwertbarkeit im Strafprozess führt (z.B. BGHSt 9, 59, 61; BGHSt 15, 200, 202; BGHSt 18, 146, 147; a.A. *Beulke*[9], Rn. 462; *Ranft*[3], Rn. 551). Nur in Ausnahmesituationen lässt sich eine Unverwertbarkeit annehmen (*Hellmann*[2], Rn. 729).

487 Unabhängig davon ist eine Unverwertbarkeit der Aussage eines Aussageverweigerungsberechtigten wegen Verletzung des § 53 I StPO jedoch dann gegeben, wenn das Gericht den Hinweis unterlässt, dass die Entbindung von der Schweigepflicht zwischenzeitlich durch das untersuchte Opfer widerrufen worden ist (zu dieser Konstellation BGH, NStZ 1996, 348)

488 Die zur Beantwortung der **Frage 2** erforderlichen Kenntnisse gehören nicht zum Standardwissen. Mit etwas Auslegungsgeschick ist jedoch eine Antwort möglich.

489 Die praktische Bedeutung des Ausschlusses des Angeklagten sowie der Öffentlichkeit ist besonders bei Zeugen, die Sexualdelikten zum Opfer gefallen sind, erheblich. Der Streit, ob die Verhandlung über den Ausschluss der Öffentlichkeit als Vernehmung im Sinne des § 247 StPO anzusehen ist, kann mit guten Gründen auch anders entschieden werden (siehe dazu *Stein*, StV 1995, 251 ff., gegen BGH, StV 1995, 250). Aus klausurtaktischer Sicht lag es allerdings näher, dem BGH zu folgen, um sich der Frage nach dem Gegenstand der Unterrichtungspflicht und der Möglichkeit der Heilung der zunächst unterlassenen Mitteilung widmen zu können.

490 **Frage 3** beschäftigt sich mit der Problematik der Videovernehmung und deren Vereinbarkeit mit den strafprozessualen Grundsätzen. Für die Beantwortung der Frage war die Kenntnis erforderlich, dass der Gesetzgeber sich in § 247a StPO für das sog. Englische Modell entschieden hat, bei dem der Vorsitzende während der Vernehmung im Sitzungssaal verbleibt. Bis zur Einfügung des § 247a in die StPO durch das Zeugenschutzgesetz vom 30.04.1998 (BGBl. I, S. 820) wurde bisweilen nach dem sogenannten Mainzer Modell (LG Mainz, NJW 1996, 208) verfahren, das von der h.M. (*Geppert*, Jura 1996, 550, 552 ff., *Laubenthal*, JZ 1996, 335, 343) jedoch abgelehnt wurde (für die Zulässigkeit *Wegner*, ZRP 1995, 406 ff.). Der Gesetzgeber hat sich deshalb zu Recht für das sog. Englische Modell entschieden. Soweit die Problematik der Videovernehmung dem Bearbeiter nicht näher bekannt war, bedurfte es zur Beantwortung der Frage 3 vertiefter Kenntnisse der strafprozessualen Grundsätze.

Klausur Nr. 8***

Der zweite Mann beim Überfall

Strafklageverbrauch – prozessualer Tatbegriff – verbotene Methode bei Zeugenvernehmung – Mitbeschuldigtenbegriff – Beweisantrag – Beweisermittlungsantrag

Die 2. Strafkammer des Landgerichts Neuruppin verurteilte Walter Boll (B) am 13. April 2006 wegen einer mittäterschaftlich begangenen räuberischen Erpressung unter Verwendung einer Waffe (§§ 255, 250 Abs. 2 Nr. 1 StGB) zu einer Freiheitsstrafe von fünf Jahren und neun Monaten. Der bis dahin unbekannte Mittäter, der – wie B – mit einem Strumpf maskiert gewesen war, hatte am 7. Oktober 2005 in einer Filiale der Kreissparkasse eine Kundin mit einer Pistole bedroht und die Angestellte Carla Krumme (K) zur Übergabe von 20 000 Euro an B veranlasst. Das Urteil gegen B, der den Namen seines Mittäters nicht preisgegeben hatte, wurde rechtskräftig.

Im Mai 2006 behauptete ein anonymer Anrufer bei der Kriminalpolizei, der – einschlägig vorbestrafte – Gerhardt Arndt (A) sei der „zweite Mann" bei dem Überfall auf die Sparkassenfiliale gewesen. Bei einem Stimmenvergleich meinte K, die Stimme des A als die des Täters zu erkennen. Die Anfrage beim Bundeszentralregister ergab, dass A durch rechtskräftigen Strafbefehl vom 14. Dezember 2005 wegen unerlaubten Besitzes einer Schusswaffe (§ 52 III Nr. 2a WaffG) zu einer Freiheitsstrafe von neun Monaten, die zur Bewährung ausgesetzt wurde, verurteilt worden war. A bestritt jedoch seine Beteiligung an dem Überfall.

Die Staatsanwaltschaft klagte A wegen schwerer räuberischer Erpressung vor dem Landgericht Neuruppin an. Zu Beginn der Hauptverhandlung am 23. November 2006 beantragte sein Verteidiger Dr. Veith (V) die Einstellung des Verfahrens wegen Strafklageverbrauchs. Zwar habe sein Mandant den Überfall nicht begangen. Aber selbst wenn die Strafkammer zu der gegenteiligen Annahme kommen sollte, dürfe A wegen der Tat nicht verfolgt werden, da dann davon auszugehen sei, dass es sich bei der Tatwaffe um die bei A gefundene Pistole handele, deren Besitz A in dem Strafbefehl vorgeworfen worden war. Die Strafkammer wies diesen Antrag jedoch zurück.

In der Beweisaufnahme verweigerte der als Zeuge geladene B die Aussage. Die Kammer ordnete daraufhin an, ihn für einen Tag in Erzwingungshaft zu nehmen.

Sodann sollte K vernommen werden. Sie wollte jedoch nicht aussagen, da sie um das Leben ihres Kindes fürchten müsse. Zum Beweis legte sie einen anonymen Brief vor, in dem ihr angekündigt wurde, ihrem Sohn werde „etwas zustoßen", falls sie A vor Gericht belasten sollte. Nach der Aufforderung durch den

Vorsitzenden, dennoch auszusagen, anderenfalls werde die Kammer ihr die durch ihre Weigerung entstehenden Kosten auferlegen und eventuell auch noch Beugehaft anordnen, bekundete K, dass sie die Stimme des A „mit einer Wahrscheinlichkeit von 95%" als die des Mittäters erkenne.

Im Folgenden beantragte V die Vernehmung der Kellnerin Beate Rost (R). R werde bekunden, dass A nicht – wie in der Anklageschrift behauptet – nach der Tat mit B in der Gaststätte „Waldeslust" gewesen sei und dort „mit Geld um sich geworfen" habe. Die Strafkammer lehnte diesen Antrag ab.

Sie verurteilte A zu einer Freiheitsstrafe von sechs Jahren und vier Monaten.

1. Hätte die Strafkammer das Verfahren gegen A wegen Strafklageverbrauchs einstellen müssen?

2. Durfte das Gericht die Aussage der K bei der Urteilsfindung verwerten?

3. Ist die Anordnung der Erzwingungshaft gegen B zu beanstanden?

4. Nehmen Sie zur Ablehnung des Antrags des V auf Vernehmung der R Stellung.

Lehrbuch: Rn. 832 ff.; 814 ff.; 457-484; 710-734; 762-768.

Lösung

Frage 1: Einstellung des Verfahrens wegen Strafklageverbrauchs

Die Strafkammer hätte das Verfahren gem. § 260 III StPO einstellen müssen, wenn die Strafklage durch den rechtskräftigen Strafbefehl wegen des unerlaubten Waffenbesitzes verbraucht war.

I. Einstellungsurteil nach § 260 III StPO

§ 260 III StPO schreibt die Einstellung des Verfahrens im Urteil vor, wenn das Verfahrenshindernis in der Hauptverhandlung festgestellt wird. V stellte seinen Antrag „zu Beginn der Hauptverhandlung", also offensichtlich nach dem Aufruf der Sache, mit dem gem. § 243 I 1 StPO die Hauptverhandlung anfängt. Gründe, die es geboten erscheinen lassen, statt eines Einstellungs- ein freisprechendes Urteil zu erlassen, z.B. weil bereits feststeht, dass B keine Straftat nachzuweisen ist, sind nicht ersichtlich. Es hätte deshalb ein Einstellungsurteil ergehen müssen, falls die Strafklage durch den Strafbefehl verbraucht war.

II. Strafklageverbrauch

Der Grundsatz „ne bis in idem", der gem. Art. 103 III GG in der Sache den Rang eines verfahrensrechtlichen Grundrechts besitzt, stünde einer Fortsetzung des Verfahrens und einer Verurteilung wegen schwerer räuberischer Erpressung entgegen, wenn der rechtskräftige Strafbefehl wegen des Waffendelikts „dieselbe Tat" betreffen würde.

Ob A die ihm vorgeworfene Tat am 7. 10. 2005 tatsächlich begangen hat, steht allerdings ebensowenig fest wie der Umstand, dass es sich bei der von A – mutmaßlich – verwendeten Pistole um die Waffe handelte, wegen deren Besitzes er zu einer Freiheitsstrafe von neun Monaten verurteilt wurde. Die Frage, ob A diese Waffe bei dem Überfall benutzt hatte, bedürfte jedoch dann nicht der Klärung, wenn der Strafbefehl die Strafklage ohnehin nicht verbraucht hätte. Zu klären ist daher, ob das Dauerdelikt des unerlaubten Besitzes einer Schusswaffe" gem. § 52 III Nr. 2a WaffG und die Verwendung dieser Waffe zu einer Straftat, z. B. einer räuberischen Erpressung, als dieselbe Tat i.S.d. Art. 103 III GG anzusehen sind.

Nach h.M. handelt es sich bei der Tat im prozessualen Sinne um einen vorrechtlichen Begriff, der den geschichtlichen Vorgang umfasst, innerhalb dessen der Täter eine Straftat begangen haben soll. Zu dieser Tat gehört das gesamte Verhalten des Angeklagten, das mit diesem geschichtlichen Vorkommnis nach der Lebensauffassung einen einheitlichen Vorgang darstellt, sodass eine getrennte Aburteilung als unnatürliche Aufspaltung erscheinen würde. Das tateinheitliche oder tatmehrheitliche Zusammentreffen i.S.d. §§ 52, 53 StGB stellt dabei nur ein Indiz für das Vorliegen einer oder mehrerer prozessualer Taten dar. Das materiellrechtliche Konkurrenzverhältnis des unerlaubten Waffenbesitzes zu der Straftat, die unter Verwendung der Waffe begangen wurde, ist streitig. Überwiegend wird Tatmehrheit angenommen. Das würde als Indiz für mehrere strafprozessuale Taten sprechen. Aber auch die von der Gegenmeinung propagierte Annahme von Tateinheit schließt das Vorliegen mehrerer Taten im prozessualen Sinn nicht zwingend aus. Entscheidend ist letztlich, ob sich die Verwendung der Waffe zur Begehung einer bestimmten Tat von dem bloßen Waffenbesitz so deutlich abgrenzen lässt, dass dadurch verschiedene geschichtliche Vorgänge bezeichnet werden.

497 Der unerlaubte Waffenbesitz umfasst als Dauerdelikt den gesamten Zeitraum, in dem der Täter die tatsächliche Gewalt über die Waffe ausübt. Dafür ist das Beisichführen oder die Benutzung nicht erforderlich. Wird der unerlaubte Waffenbesitz durch ein Ereignis beschrieben, das nicht in Kontinuität zu einem anderen Verhalten steht, bei dem der Angeklagte die Waffe zur Begehung einer Straftat, z.B. eines Tötungs- oder Nötigungsdelikts, benutzt hat, so unterscheidet sich der Vorfall der Verwendung von der bloßen Ausübung der tatsächlichen Gewalt über die Waffe so deutlich, dass die Aburteilung in mehreren Verfahren nicht als unnatürliche Aufspaltung eines einheitlichen Lebenssachverhaltes erscheint. Zwar ist nicht bekannt, an welches Vorkommnis der Strafbefehl den Vorwurf des unerlaubten Waffenbesitzes knüpfte. Es muss sich aber notwendigerweise um einen anderen Vorgang als die Verwendung bei dem Überfall handeln, denn im Zeitpunkt seines Ergehens war die Beteiligung des A daran noch gar nicht bekannt. Die Verwendung der Waffe in der Bankfiliale steht somit in keinem Zusammenhang mit dem Vorfall, der die Grundlage des Strafbefehls bildet. Die Anwendung der h.M. führt somit zu dem Ergebnis, dass die rechtskräftige Aburteilung des Waffendelikts einer Verfolgung wegen der räuberischen Erpressung nicht entgegensteht.

498 Die Gegenmeinung berücksichtigt bei der Bestimmung der prozessualen Tat auch normative Merkmale, insbesondere die Angriffsrichtung des Täterverhaltens. Gibt der neu bekanntgewordene Umstand dem Geschehen ein völlig anderes rechtliches Gepräge, so soll es sich um eine andere prozessuale Tat handeln.

499 Die Verwendung der Waffe zur Begehung eines Tötungs-, Raub- oder Erpressungsdelikts stellt eine Art der Benutzung der Waffe dar, die über das Unrecht des nach dem Waffengesetz verbotenen Handelns, nämlich der bloßen Ausübung der tatsächlichen Gewalt, erheblich hinausgeht. Sie gibt deshalb der Tat ein völlig anderes rechtliches Gepräge, sodass auch nach dieser Auffassung verschiedene prozessuale Taten gegeben sind.

500 Da beide Auffassungen in casu zu demselben Ergebnis gelangen, ist eine Streitentscheidung nicht erforderlich.

III. Ergebnis

501 Die Strafkammer durfte das Verfahren somit nicht einstellen.

Frage 2: Verwertbarkeit der Zeugenaussage der K

502 Das Gericht durfte die Aussage der K verwerten, wenn es sich dabei um ein taugliches Beweismittel handelt und kein Beweisverwertungsverbot entgegensteht.

I. Zeugeneigenschaft der K

K sollte über ihre Wahrnehmungen, die sie bei dem Überfall auf die Sparkassenfiliale gemacht hatte, also als Zeugin, aussagen. Der Zeuge ist ein taugliches Beweismittel im Strengbeweisverfahren zur Ermittlung der Umstände, die für die Schuld des Angeklagten und die Strafzumessung von Bedeutung sind. K war somit grundsätzlich ein taugliches Beweismittel.

II. Beweisverwertungsverbot

Der Verwertung ihrer Aussage könnte aber das Verbot des § 136a III StPO entgegenstehen, dessen entsprechende Geltung § 69 III StPO für Zeugenaussagen, die unter Anwendung einer verbotenen Vernehmungsmethode gewonnen wurden, anordnet. Die Ankündigung des Vorsitzenden, K die durch ihre Weigerung entstehenden Kosten aufzuerlegen und eventuell Beugehaft anzuordnen, könnte nämlich als Drohung mit einer nach den Vorschriften des Strafverfahrensrechts unzulässigen Maßnahme anzusehen sein.

a) Die Auferlegung der Kosten und die Anordnung von Ordnungsmitteln lässt § 70 I StPO nur zu, wenn der Zeuge die Aussage rechtsgrundlos verweigert. K könnte die Aussage jedoch zulässigerweise verweigert haben, weil Leib und Leben ihres Sohnes in Gefahr waren, falls sie A in der Hauptverhandlung belasten sollte. Es ist anerkannt, dass ein Zeuge die Aussage verweigern darf, wenn ernsthaft zu befürchten ist, dass er durch eine wahrheitsgemäße Aussage in eine Notlage i.S.d. § 34 StGB gerät, und das Gericht keine ausreichenden Schutzmöglichkeiten sieht. Das muss auch gelten, wenn einem nahen Angehörigen des Zeugen erhebliche Gefahren für den Fall einer Aussage drohen. In dem Brief kündigt eine unbekannte Person an, dem Sohn der K werde für den Fall ihrer Aussage „etwas zustoßen". Zwar wird nicht mitgeteilt, welche konkreten Folgen der Sohn der K zu erwarten habe. Die Mitteilung ist aber so zu verstehen, dass dem Kind ein körperlicher Übergriff droht. Obwohl dem staatlichen Interesse an einer effektiven Strafverfolgung erhebliches Gewicht zukommt, überwiegen die Individualinteressen des Kindes wesentlich, zumal nicht auszuschließen ist, dass sogar ein Angriff auf sein Leben stattfinden könnte. Ausreichende Maßnahmen zum Schutz des Sohnes der K stehen nicht zur Verfügung, sodass sie die Aussage verweigern durfte. Die angekündigten Ungehorsamsfolgen wären deshalb unzulässig gewesen.

b) Fraglich ist, ob daraus ein Verwertungsverbot folgt. Der Wortlaut der §§ 136a III 2, 69 III StPO scheint insofern eindeutig zu sein, und auch die h.M. nimmt ein Verbot der Verwertung einer mit unzulässigen Mitteln erzwungenen Aussage eines Zeugen oder Mitbeschuldigten im Verfahren gegen den Angeklagten an. Es ist jedoch zweifelhaft, ob sich diese Sicht mit dem Zweck des § 136a StPO im Einklang befindet, der darin besteht, den Vernommenen davor zu schützen, dass die Strafverfolgungsorgane ihn zum bloßen Objekt der Verbrechensbekämpfung machen, indem sie seinen freien Willen, zu entscheiden, ob er an der Aufklärung des gegen ihn gerichteten Strafverfahrens mitwirken oder schweigen will, mit unzulässigen Mitteln beugen. Bei der durch § 69 III StPO angeordneten entsprechenden Anwendung des § 136a III 2 StPO auf den Zeugen darf dieser

Zweck nicht unberücksichtigt bleiben. Er gebietet die Annahme eines generellen Verwertungsverbots jedenfalls für Aussagen, durch die sich der Zeuge in einem gegen ihn gerichteten Strafverfahren selbst belastet. Die entsprechende Anwendung des § 136a III 2 StPO liegt zudem nahe, wenn eine nach §§ 52, 53 StPO zur Verweigerung des Zeugnisses berechtigte Person mit unzulässigen Mitteln zur Aussage veranlasst wird, da der Zeuge auch in diesen Fällen die freie Entscheidung besitzt, ob er aussagen oder – zugunsten des Beschuldigten – schweigen will. In unserem Fall liegt es aber anders. K war grundsätzlich zur Aussage verpflichtet, und das Aussageverweigerungsrecht wird ihr nur deshalb zugebilligt, weil ein Dritter – auf Veranlassung des A oder jedenfalls in dessen Interesse – ihren Sohn mit Gefahren für Leib und Leben bedroht. Die Annahme eines generellen Verwertungsverbots im Verfahren gegen A würde die Funktion der §§ 136a, 69 III StPO deshalb geradezu in ihr Gegenteil verkehren.

507 c) Immerhin hat das Gericht aber durch die Ankündigung unzulässiger Beugemittel einen Verfahrensverstoß begangen, sodass ein Beweisverwertungsverbot aus den allgemeinen Regeln folgen könnte. Nach überwiegender Meinung ist eine Abwägung zwischen den geschützten Interessen des Beschuldigten und dem Strafverfolgungsinteresse des Staates im Einzelfall vorzunehmen. Bei dieser Abwägung finden die Kriterien Berücksichtigung, die nach anderen Auffassungen bereits für sich genommen zur Beurteilung eines Verwertungsverbotes herangezogen werden. Für ein Verwertungsverbot spricht die Schwere des Verfahrensverstoßes, dagegen aber die Schwere des gegen A bestehenden Tatvorwurfs, die Bedeutung des Beweismittels für die Entscheidungsfindung und der Schutzzweck des Beweiserhebungsverbots. Ein schutzwürdiges Interesse des A an der Unverwertbarkeit der Aussage der K ist nicht zu erkennen. Entweder wurde K auf seine Veranlassung hin unter Druck gesetzt, oder ein Dritter wurde von sich aus tätig, um das Strafverfahren gegen A zu behindern. Die Abwägung dieser Umstände ergibt ein deutliches Übergewicht des Strafverfolgungsinteresses, zumal die Annahme eines Beweisverwertungsverbots dazu führen würde, dass die Bedrohung der K bzw. ihres Sohnes letztlich doch ihr Ziel erreicht.

III. Ergebnis

508 Die Strafkammer durfte die Aussage der K verwerten.

Frage 3: Rechtmäßigkeit der Anordnung der Erzwingungshaft

509 Die Anordnung der Erzwingungshaft gegen B wäre rechtmäßig, wenn die Voraussetzungen des § 70 StPO vorlagen.

I. Zulässigkeit der Anordnung

510 Über freiheitsentziehende Maßnahmen hat gem. Art. 104 II 1 GG grundsätzlich der Richter zu entscheiden. Da die Strafkammer die Beugehaft festgesetzt hat, ist diese Voraussetzung erfüllt. § 70 StPO bestimmt zwar nicht ausdrücklich, welcher Richter die Entscheidung trifft, aus § 70 III StPO folgt aber, dass der Richter, vor dem der Zeuge auszusagen hat, zuständig ist. Es ist davon auszugehen, dass die

übrigen Anordnungsvoraussetzungen, Hinweis des Zeugen auf die Rechtsgrundlosigkeit der Zeugnisverweigerung und deren Folgen sowie Anhörung der Beteiligten, eingehalten wurden.

II. Rechtsgrundlosigkeit der Aussageverweigerung

1. Zeugeneigenschaft des B

Die Erzwingung der Aussage wäre nur zulässig, wenn B als Zeuge hätte aussagen müssen. Er sollte zwar über Tatsachen, die er persönlich wahrgenommen hatte, vernommen werden. Insofern erfüllt er die Voraussetzungen eines Zeugen. Möglicherweise handelte es sich aber um eine Beschuldigtenvernehmung, da B wegen des Vorfalls, der A zur Last gelegt wurde, selbst verfolgt und verurteilt worden war. Mit der Beschuldigteneigenschaft wäre die Zeugenstellung unvereinbar. **511**

Die h.M. vertritt einen formellen Beschuldigtenbegriff. Beschuldigter ist danach, wer in demselben förmlichen Verfahren verfolgt wird. Nur wenn das Verfahren gegen einen Mitbeschuldigten willkürlich abgetrennt wurde, z.B. um ihn als Zeugen zu gewinnen und dadurch sein Aussageverweigerungsrecht zu unterlaufen, soll die Vernehmung als Zeuge in dem Verfahren gegen frühere Mitbeschuldigte unzulässig sein. Da die Hauptverhandlung nur gegen A gerichtet und die Aburteilung des B in einem gesonderten Strafverfahren nicht willkürlich war, sondern darauf beruhte, dass der Mittäter damals noch nicht ermittelt worden war, wäre B nach dieser Auffassung Zeuge. **512**

Die Gegenmeinung propagiert einen materiellen Beschuldigtenbegriff. Danach sind alle Personen, denen ein strafrechtlicher Vorwurf wegen derselben Tat im prozessualen Sinn zu machen ist, als Beschuldigte anzusehen, und zwar unabhängig davon, ob die Vorwürfe in demselben oder in verschiedenen förmlichen Verfahren verfolgt werden bzw. wurden. B wäre danach Mitbeschuldigter, sodass eine Zeugenvernehmung und die Verhängung von Beugemitteln unzulässig wären. **513**

Eine vermittelnde Auffassung stellt darauf ab, ob die zu vernehmende Person irgendwann in demselben Verfahren wie der Beschuldigte verfolgt wurde. Die auf diese Weise begründete Beschuldigtenstellung bleibe grundsätzlich erhalten. Sie ende allerdings, wenn das Verfahren gegen den früheren Mitbeschuldigten abgeschlossen ist, z.B. durch Aburteilung. B wäre danach ebenfalls Zeuge in der gegen A gerichteten Hauptverhandlung, weil er bereits rechtskräftig verurteilt worden war. **514**

Da die Meinungen zu unterschiedlichen Ergebnissen gelangen, ist eine Entscheidung erforderlich. Für die Annahme eines materiellen Beschuldigtenbegriffs spricht, dass diese Sicht die Mitbeschuldigten vor jeglichen Manipulationen ihrer Rechtsstellung durch Verfahrenstrennungen oder -verbindungen bewahrt. Ein genereller Ausschluss der Zeugenstellung ist jedoch nur erforderlich, wenn der Beschuldigte, gegen den das förmliche Strafverfahren geführt wird, geschützt werden soll. Der Mitbeschuldigte, der als Zeuge vernommen wird, kann sich nämlich auf das Auskunftsverweigerungsrecht des § 55 StPO berufen, wenn er sich selbst durch seine Aussage belasten würde. Den förmlich Beschuldigten bewahrt aber auch die h.M. – wie dargelegt – vor einer willkürlichen Manipulation der **515**

Stellung des – materiell – Mitbeschuldigten, um ihn als Zeugen zu „gewinnen". Eines darüber hinausgehenden Schutzes bedarf der Beschuldigte des aktuellen Verfahrens nicht. Gab oder gibt es sachliche Gründe dafür, dass der frühere Mitbeschuldigte gesondert verfolgt wird, so spricht nichts dagegen, ihn als Zeugen zu vernehmen. Das Aussageverweigerungsrecht des Beschuldigten schützt nur seine eigene prozessuale Rechtsstellung, nicht dagegen die anderer Tatbeteiligter. Zwar darf bei einer gemeinsamen Strafverfolgung mehrerer Mitbeschuldigter jeder die Aussage vollständig verweigern, also auch hinsichtlich solcher Umstände, die ihn – möglicherweise – nicht belasten. Die Zubilligung eines umfassenden Aussageverweigerungsrechts bezweckt aber nicht den Schutz Dritter, sondern des Beschuldigten selbst, da eine Selbstbelastung im Fall der Aussage nie völlig auszuschließen ist. B war somit Zeuge in der gegen A gerichteten Hauptverhandlung.

2. Zeugnisverweigerungsrecht

516 B könnte aber das Zeugnisverweigerungsrecht des § 55 StPO zustehen. Das setzt allerdings voraus, dass ihm die Gefahr einer Verfolgung wegen einer Straftat oder Ordnungswidrigkeit drohte. Das Strafverfahren gegen B war jedoch bereits rechtskräftig abgeschlossen. Selbst wenn er neue selbstbelastende Umstände offenbaren würde, scheidet eine Wiederaufnahme zu seinen Ungunsten gem. § 362 StPO aus, sodass keine Selbstbelastungsgefahr besteht.

517 Die Zeugnisverweigerung erfolgte deshalb ohne Rechtsgrund.

III. Verhältnismäßigkeit

518 Die Anordnung der Beugehaft war geeignet und erforderlich zur Herbeiführung der Aussage und in Anbetracht der Bedeutung der Aussage zudem verhältnismäßig im engeren Sinn.

IV. Ergebnis

519 Die Anordnung der Erzwingungshaft gegen B ist somit nicht zu beanstanden.

Frage 4: Ablehnung der Vernehmung der R

520 Die Strafkammer musste dem Antrag des V nachkommen, wenn es sich um einen Beweisantrag handelte, den das Gericht nicht ablehnen durfte, oder die Aufklärungspflicht die Vernehmung der R geboten hätte.

I. Beweisantrag

521 Das Begehren des V wäre ein Beweisantrag, wenn es sowohl hinsichtlich des Beweismittels als auch hinsichtlich der Beweistatsache individualisiert war.

522 V benennt R als Zeugin, der Antrag bezeichnet also ein konkretes Beweismittel.

523 Fraglich ist, ob V auch eine bestimmte Beweistatsache anführt. Auf den ersten Blick scheint dies der Fall zu sein, weil V in dem Antrag Umstände benennt, nämlich die Anwesenheit des A in der Gaststätte und sein Verhalten dort. V behauptet aber nicht das Vorliegen dieser Tatsachen, sondern gerade deren Fehlen. Dazu

hätte R aber keine Stellung nehmen können. Sie war allenfalls in der Lage darzulegen, welche Wahrnehmungen sie zu der entsprechenden Zeit hätte machen können. Die Abwesenheit des A konnte sie nicht wahrnehmen, sondern allenfalls Umstände, aus denen das Gericht diese Folgerung ziehen sollte. R hätte z.B. möglicherweise bekunden können, dass sie sich zu der genannten Zeit ununterbrochen in der Gaststätte aufgehalten hatte, dass sie die einzige Bedienung war, A also Bestellungen bei ihr hätte aufgeben müssen, dass die Gaststätte übersichtlich ist und ihr die Anwesenheit des A deshalb nicht entgangen wäre. Die erforderliche Bestimmtheit hinsichtlich der Beweistatsache wäre deshalb nur gegeben, wenn V solche oder ähnliche Umstände, deren Wahrnehmung R bekunden sollte, behauptet hätte.

Mangels Individualisierung der Beweistatsache handelte es sich somit nicht um einen Beweisantrag. Auf das Vorliegen eines Ablehnungsgrundes kommt es infolgedessen nicht an. 524

II. Beweisermittlungsantrag

V stellte somit einen Beweisermittlungsantrag, er regte also nur eine weitere Sachverhaltsaufklärung durch das Gericht an. Dieser Beweisanregung musste die Strafkammer nur im Rahmen ihrer Amtsermittlungspflicht gem. § 244 II StPO nachkommen, d.h. dann, wenn die Vernehmung der R für das Urteil gegen A von Bedeutung war. Diese Entscheidung hat das Gericht nach pflichtgemäßem Ermessen zu treffen. 525

Aus dem Sachverhalt ergibt sich nicht, dass die Anwesenheit des A in der Gaststätte und sein Verhalten dort überhaupt Gegenstand der Hauptverhandlung war. Dieser Umstand hätte nur durch entsprechende Zeugenaussagen in die Verhandlung eingeführt werden können. Das war aber offensichtlich nicht geschehen, denn sonst hätte V seinen Antrag anders formuliert, nämlich indem er die Vernehmung der R als Gegenbeweis benutzt hätte, um eine anders lautende Bekundung eines Zeugen zu erschüttern. Ohne Bedeutung ist es, dass eine solche Behauptung in der Anklageschrift enthalten war. Aus dem Unmittelbarkeitsgrundsatz (§§ 261, 264 I StPO) folgt, dass der Inhalt der Anklageschrift – wie auch der übrige Akteninhalt – nur zur Grundlage des Urteils gemacht werden darf, wenn die Tatsachen im Strengbeweisverfahren in die Hauptverhandlung eingeführt wurden. 526

Das Gericht hat der Anwesenheit des A in der Gaststätte also keine Beachtung geschenkt, es hat insbesondere darin keine den A belastende Tatsache gesehen. Deshalb wäre es für die Entscheidung auch ohne Belang, wenn R Umstände hätte bekunden können, aus denen zu schließen wäre, dass A zu der angegebenen Zeit nicht in der Gaststätte war und folglich dort auch nicht „mit Geld um sich geworfen hatte". Es hätte in keiner Weise gegen die Tatbegehung durch A gesprochen, wenn er nicht in der Gaststätte gewesen wäre. Die Strafkammer musste diesen Umstand somit nicht aufklären. 527

III. Ergebnis

Das Gericht musste dem Antrag des V nicht nachkommen, sodass die Ablehnung zu Recht erfolgte. 528

Hinweise zur Lösung:

529 Die der **Frage 1** zugrunde liegende Konstellation ist dem Fall BGHSt 36, 151 ff. (Lektüre dringend empfohlen) nachgebildet; es handelt sich um ein „Standardproblem", das die Gerichte des Öfteren beschäftigt hat (s. auch BGH, wistra 1997, 228 f.; OLG Hamm, NStZ 1986, 278 f.). Obwohl sich der materiell-rechtliche und der strafprozessuale Tatbegriff unterscheiden, bereitet die Feststellung des Strafklageverbrauchs wegen einer rechtskräftigen Aburteilung der Tat im prozessualen Sinn (§ 264 I StPO) zumeist keine besonderen Schwierigkeiten, da in der Regel die Bestimmung des materiell-rechtlichen Konkurrenzverhältnisses der Delikte (Tateinheit, § 52 StGB, oder Tatmehrheit, § 53 StGB) mit der verfahrensrechtlichen Beurteilung, ob es sich um dieselbe Tat oder mehrere Taten handelt, im Ergebnis übereinstimmt. Abweichungen können sich allerdings insbesondere bei Organisationsdelikten, §§ 129, 129a StGB (dazu BVerfGE 56, 22, 29; BGHSt 29, 288, 293 f.) sowie Dauerstraftaten (vertiefend Erb, GA 1994, 265 ff.) und den Delikten, die der Täter in Erfüllung der Ziele der Vereinigung bzw. während des Dauerdelikts begangen hat, ergeben. Selbst bei Annahme von Tateinheit können verschiedene prozessuale Taten vorliegen, weil der konkrete geschichtliche Vorgang, welcher der Aburteilung des Organisations- oder Dauerdelikts einerseits und des mit diesem rechtlich verbundenen Delikts andererseits zugrunde liegt, nicht notwendig identisch sein muss.

530 Die Beantwortung der **Frage 2** erfordert einige juristische „Phantasie", da diese Konstellation in Rechtsprechung und Literatur – soweit ersichtlich – nicht erörtert wird. Lediglich der Ausgangspunkt der Überlegungen ist gesichert, nämlich dass der Zeuge die Aussage nicht rechtsgrundlos verweigert, wenn er oder eine andere Personen im Falle einer wahrheitsgemäßen Aussage Gefahren für Leib oder Leben, deren Realisierung das Gericht nicht durch Schutzmaßnahmen verhindern kann, ausgesetzt wäre (*Dahs*, in: Löwe-Rosenberg[25], § 70 Rn. 5; *Meyer-Goßner*[50], § 70 Rn. 6; *Krey*, Meyer-Gedächtnisschrift, 1990, S. 239, 258 ff.). Da die Festsetzung von Ungehorsamsfolgen nach § 70 StPO deshalb ausscheidet, und es sich bei der Ankündigung um eine Drohung mit einer nach dem Strafverfahrensrecht unzulässigen Maßnahme i.S.d. § 136a I 2 StPO handelt, wäre die Annahme eines generellen Verwertungsverbots nach §§ 136a III 2, 69 III StPO ohne weitere Begründung nicht zu beanstanden, zumal Rechtsprechung und Literatur die Geltung des § 136a III 2 StPO für Zeugen (*Grünwald*, JZ 1966, 489, 490; *Lemke*, in: HKStPO[3], § 136a Rn. 53, *Meyer-Goßner*[50], § 136a Rn. 33; *Rogall*, JZ 1996, 944, 950) und Mitbeschuldigte (BGH bei Dallinger, MDR 1971, 18) ohne Einschränkungen befürworten. Die besondere Problematik unseres Falles wird allerdings auch nicht diskutiert. Die in der Lösung entwickelte Argumentation entspricht ausschließlich der Auffassung des Verf. und zeigt einen Weg auf, der verhindert, dass der Angeklagte von dem zu seinen Gunsten erfolgten Nötigungsversuch profitiert.

531 Die **Frage 3** betrifft erneut ein „Standardproblem". Der Meinungsstreit über den Mitbeschuldigtenbegriff, also die h.M., die einen formellen Mitbeschuldigtenbegriff vertritt (BGH, NJW 1985, 76; *Geppert*, Jura 1991, 80, 85 f.; *Meurer*, S. 63;

Rogall, in: SKStPO, Vor § 133 Rn. 55), die Gegenauffassung, die eine materielle Betrachtung befürwortet (*Peters*, § 42 II 2; *Prittwitz*, Der Mitbeschuldigte im Strafprozess, 1984, S. 139 ff.; *Roxin*[25], § 26 Rn. 5), sowie die vermittelnde Meinung (*Beulke*[9], Rn. 185; *Kindhäuser*, § 21 Rn. 21; *Lesch,* JA 1995, 157) sollte bekannt sein.

Die **Frage 4** erfordert die verständige Anwendung der Anforderungen an einen Beweisantrag. Es ist nicht ganz leicht zu durchschauen, dass es sich mangels Individualisierung der Beweistatsache nicht um einen Beweisantrag handelt.

532

Klausur Nr. 9*

Aus Mangel an Beweisen

Raumgespräch – Sperrerklärung, Prüfpflicht des Gerichts – Zeuge vom Hörensagen – Grundsatz der freien Beweiswürdigung – Vorhalt des Vernehmungsprotokolls

Gerhard Bauer (B) war vor dem Landgericht Neuruppin wegen gewerbsmäßigen Rauschgifthandels (§ 29 I 1, III BtMG) angeklagt. Die Strafkammer sprach ihn frei, weil sie sich nicht von seiner Schuld überzeugen konnte. Gegen dieses Urteil wendet sich die Staatsanwaltschaft in der Revision mit der Verfahrensrüge, die sie damit begründet, das Gericht habe zu Unrecht verschiedene Beweisanträge der Staatsanwaltschaft abgelehnt.

Die Staatsanwaltschaft hatte im Prozess den Antrag auf Abspielen eines Tonbandes, das eine Unterhaltung des B mit seinem Sohn Sebastian Bauer (S) wiedergibt, gestellt. In diesem Gespräch hatte B den S über den erfolgreichen Verkauf von einem Kilogramm Heroin unterrichtet. Zu der Aufzeichnung war es gekommen, weil B versucht hatte, mit seinem Mobiltelefon Jeanette Kunze (K) anzurufen. Da K den Anruf nicht entgegen nahm, hatte sich ihr Anrufbeantworter eingeschaltet. B wollte ihr keine Nachricht hinterlassen und hatte deshalb die Tastaturklappe seines Mobiltelefons geschlossen in dem Glauben, dass dadurch die Verbindung beendet wird. Zur Unterbrechung der Verbindung wäre es jedoch erforderlich gewesen, die „End"-Taste zu drücken. So blieb das Mobiltelefon des B mit dem Anschluss der K verbunden und das nachfolgende Gespräch mit S wurde aufgenommen, bis sich der Anrufbeantworter nach sieben Minuten automatisch abschaltete. Da der Mobiltelefonanschluss des B auf Grund einer richterlichen Anordnung überwacht wurde, hatte die Polizei dieses Gespräch aufzeichnen können. Das Gericht lehnte den Beweisantrag auf Abspielen des Tonbandes ab, weil es sich seiner Ansicht nach um einen unzulässigen Beweis handele.

Weiter hatte die Staatsanwaltschaft den Antrag auf Vernehmung eines Beamten des LKA, den Verdeckten Ermittler (VE), gestellt. Dem in der Rauschgiftszene tätigen VE war es gelungen, Kontakt zu B aufzunehmen und dessen Vertrauen zu gewinnen. VE hatte mit B den Kauf einer größeren Menge Heroin besprochen. Zu der Abwicklung des Geschäfts kam es aber auf Grund der Verhaftung des B nicht mehr. Da der VE auch weiterhin bei der Aufklärung von Straftaten tätig sein sollte, hatte der Innenminister eine Sperrerklärung (§§ 110b III, 96 StPO) abgegeben. Auf Grund dieser Sperrerklärung hielt das Gericht den VE für unerreichbar und lehnte den Beweisantrag ab.

Das Gericht hat nach Ansicht der Staatsanwaltschaft außerdem die Aussage des Vernehmungsbeamten Richard Plagemann (P) nicht richtig gewürdigt. B, der sich in der Hauptverhandlung auf sein Schweigerecht berief, hatte sich in der polizeilichen Vernehmung geäußert und schwer belastet. P wurde deshalb über die Aussagen des B vernommen. P sagte jedoch aus, sich an den Inhalt der Äußerungen des B nicht mehr erinnern zu können. Der Richter las ihm daraufhin die den B belastenden Passagen aus dem von P angefertigten Vernehmungsprotokoll vor. P erinnerte sich zwar immer noch nicht an die Vernehmung des B, erwiderte aber, wenn er – P – das so protokolliert habe, dann habe B das auch so gesagt. Die Staatsanwaltschaft ist der Meinung, der Inhalt des Protokolls sei in die Hauptverhandlung eingeführt worden und hätte bei der Urteilsfindung berücksichtigt werden müssen.

Außerdem hat das Gericht den Beweisantrag der Staatsanwaltschaft abgelehnt, den Dienstvorgesetzten des V, Andreas Discher (D), als Zeugen zu hören. P hatte D unmittelbar nach der Vernehmung des B über die Ergebnisse berichtet. Die Strafkammer hielt die Vernehmung des D für unzulässig, weil D sein Wissen nur mittelbar begründet habe und deshalb kein geeigneter Zeuge sei.

Wird die Staatsanwaltschaft mit ihrer Revision Erfolg haben?

Lehrbuch: Rn. 331 ff.; 662; 672 ff.; 676 ff.; 799 ff.

Lösung

Die Revision hat Erfolg, wenn sie zulässig und begründet ist. **534**

I. Zulässigkeit

1. Verfahrensvoraussetzungen

Gegen das Urteil der Strafkammer ist nach § 333 StPO die Revision statthaft, über die gem. §§ 130, 135 I GVG ein Strafsenat des BGH entscheidet. **535**

Die Staatsanwaltschaft muss die Revision eine Woche nach Verkündung des Urteils bei dem Landgericht schriftlich einlegen (§ 341 StPO) und innerhalb eines weiteren Monats begründen (§§ 344, 345 StPO). Mangels entgegenstehender Angaben ist davon auszugehen, dass diese Voraussetzungen gegeben sind. **536**

2. Sachvoraussetzungen

Eine statthafte Revision ist nur zulässig, wenn der Rechtsmittelführer legitimiert und beschwert ist, d.h. in seinen rechtlich anerkannten Interessen verletzt sein kann. Die Aktivlegitimation der Staatsanwaltschaft ergibt sich aus § 296 I StPO. Beschwert ist die Staatsanwaltschaft als unparteiische, zur Wahrheit verpflichtete Behörde immer dann, wenn das Urteil unrichtig ist. Im Rahmen der Zulässigkeitsprüfung ist die Unrichtigkeit des Urteils nicht abschließend festzustellen. Es reicht vielmehr, dass die Behauptungen der Staatsanwaltschaft schlüssig sind und eine Rechtsverletzung möglich erscheint. Dabei wird unterstellt, die Angaben des Beschwerdeführers seien zutreffend. Setzt man voraus, die von der Staatsanwaltschaft erhobenen Vorwürfe treffen zu, dann verstößt die Beweisaufnahme gegen den Aufklärungsgrundsatz, weil nicht alle erreichbaren Beweismittel ausgeschöpft worden sind und die Entscheidung auf unvollständiges Beweismaterial gestützt worden ist. Das Urteil wäre demnach unrichtig und die Staatsanwaltschaft beschwert. **537**

3. Ergebnis

Die Revision ist zulässig. **538**

II. Begründetheit

Die Revision ist begründet, wenn das Gericht durch das Unterlassen der beantragten Beweisaufnahme gegen das Aufklärungsgebot (§ 244 II StPO) verstoßen hat und das Urteil auf dieser Verletzung beruht, § 337 StPO. **539**

1. Ablehnung des Antrags auf Verwertung des Gesprächs zwischen B und S

Ein Beweisantrag darf nur unter bestimmten Bedingungen abgelehnt werden, während ein Beweisermittlungsantrag einer förmlichen Ablehnung nicht bedarf. Um einen Beweisantrag handelt es sich, wenn der Antragsteller eine Tatsache behauptet und ein bestimmtes Beweismittel bezeichnet. Hier hat die Staatsanwalt- **540** schaft das Beweismittel konkret benannt und die Tatsachen angegeben, die das Tonband beweisen soll. Damit handelt es sich um einen Beweisantrag, der förmlich abgelehnt werden muss. Die Voraussetzungen, unter denen die Ablehnung zulässig ist, sind in § 244 III StPO genannt. Das Gericht beruft sich hier auf die Unzulässigkeit der Beweisaufnahme, weil seiner Meinung nach die Verwertung des Gesprächs zwischen B und S ausgeschlossen ist. Die Ablehnung des Beweisantrages über die Verwertung verstieße gegen das Aufklärungsgebot, wenn das Gericht zur beantragten Heranziehung des Beweismittels verpflichtet gewesen wäre.

a) Willentliche Telekommunikation als Voraussetzung des § 100a StPO

541   Die Verwertbarkeit könnte sich aus § 100a StPO ergeben, da die Überwachung der Telekommunikation ordnungsgemäß angeordnet wurde. Voraussetzung wäre allerdings, dass es sich bei dem aufgenommenen Gespräch um Telekommunikation handeln würde. Durch die Überwachung der Telekommunikation werden nicht nur die am Telefon geführten Gespräche abgehört, sondern auch andere Daten mitgeteilt, z.B. die Anzahl der geführten Gespräche, die gewählten Verbindungen und dergleichen. Es handelt sich also um eine Überwachung des Telefonanschlusses an sich. Daher könnte auch die Aufzeichnung der Gespräche, die gar nicht mittels des Telefons geführt, aber auf Grund der Überwachung des Anschlusses aufgezeichnet werden, in den Anwendungsbereich des § 100a StPO fallen.

542   Für dieses Ergebnis spricht jedenfalls § 3 Nr. 22 TKG, dessen Telekommunikationsbegriff den gesamten technischen Vorgang des Aussendens, Übermittelns und Empfangens von Signalen mittels Telekommunikationsanlagen umfasst. Unter diese Definition fallen nämlich auch Datenübermittlungen, die der Nutzer nicht wissentlich vornimmt.

543   Dem ist allerdings entgegenzuhalten, dass der Telekommunikationsbegriff des TKG anderen Zwecken dient als der des § 100a StPO. Diese Regelung ermöglicht einen Eingriff in das Allgemeine Persönlichkeitsrecht des Betroffenen. Da Grundrechte nicht weiter eingeschränkt werden dürfen als unbedingt notwendig, ist es unzulässig, den Anwendungsbereich grundrechtseinschränkender Normen durch den Verweis auf Vorschriften, die einen anderen Regelungsgehalt haben, auszuweiten. Deshalb ist unter Telekommunikation in der StPO – anders als im TKG – nur ein Vorgang zu verstehen, der von dem Betroffenen wissentlich in Gang gebracht worden ist.

544   Eine Unterhaltung, die im häuslichen Bereich nur zufällig im Zusammenhang mit einem nicht beendeten Telefongespräch abgehört werden kann, ist von der zulässigen Überwachung der Telekommunikation nicht umfasst, weil der Anschluss hier von dem Betroffenen nicht als Medium zur Kontaktaufnahme verwendet wird, sondern von den Strafverfolgungsbehörden als Mittel zum Eindringen in den häuslichen Bereich. Unter § 100a StPO fallen deshalb nur Gespräche, die wissentliche Telekommunikation darstellen.

b) Rechtfertigung aus dem Grundsatz der Interessensabwägung

Eine Verwertbarkeit lässt sich also nur nach allgemeinen Grundsätzen beurteilen. Die Aufzeichnung und das Abspielen des gesprochenen Wortes stellen einen Eingriff in das allgemeine Persönlichkeitsrecht dar. Dieser Eingriff kann nur dann gerechtfertigt werden, wenn höherrangige Interessen ein Abspielen des heimlich aufgenommenen Gesprächs erfordern. Nach der Rechtsprechung des Bundesverfassungsgerichts ist eine Beeinträchtigung des allgemeinen Persönlichkeitsrechts auf Grund einer Abwägung der widerstreitenden Interessen aber nur gerechtfertigt, wenn der Eingriff die Privatsphäre betrifft. Dagegen ist ein Eingriff in den unantastbaren Bereich der privaten Lebensgestaltung („Intimsphäre") selbst dann nicht zu rechtfertigen, wenn die Interessen der Strafverfolgung gewichtig sind. Eine Unterhaltung zwischen Familienmitgliedern in der gemeinsamen Wohnung ist Teil des unantastbaren Bereichs der privaten Lebensgestaltung. Gefühle, Ängste und Geheimnisse werden vor allem in der eigenen Wohnung, die zu dem vertrautesten Bereich des Menschen gehört, ausgedrückt. Die Unterhaltung des G mit seinem Sohn gehörte also zu dem unantastbaren Bereich der privaten Lebensgestaltung, sodass eine Rechtfertigung wegen der Interessen der Strafverfolgung trotz des gewichtigen Tatvorwurfes nicht möglich ist.

545

c) Rechtsgedanke des § 108 StPO

Die Verwertbarkeit könnte sich aber unter Umständen aus dem Rechtsgedanken des § 108 StPO ergeben. Danach ist die Verwertbarkeit von Zufallsfunden grundsätzlich erlaubt. Es handelt sich bei einem Raumgespräch aber nicht um einen Zufallsfund, der gelegentlich der Überwachung entdeckt wurde. Die Überwachung der Telekommunikation war vielmehr durch das vermeintliche Unterbrechen der Verbindung bereits beendet.

546

d) Ergebnis

Die Verwertung des Gesprächs ist unzulässig. Die Ablehnung des Beweisantrages wegen der Unzulässigkeit des Beweismittels gem. § 244 III 1 StPO war somit rechtmäßig.

547

2. Ablehnung des Antrags auf Befragung des VE

a) Verletzung des Gesetzes

Die Staatsanwaltschaft hat den Antrag auf Erhebung des Beweises in zweifacher Hinsicht individualisiert, nämlich hinsichtlich des Beweismittels – Vernehmung des Verdeckten Ermittlers – und der Beweistatsache – Inhalt der Gespräche des G mit VE. Es handelt sich also um einen Beweisantrag auf Vernehmung eines Zeugen, den das Gericht gem. § 244 II 2 StPO wegen Unerreichbarkeit ablehnen darf. Da ein von der obersten Dienstbehörde gesperrter Verdeckter Ermittler ein aus Rechtsgründen unerreichbarer Zeuge ist, konnte das Gericht die Ablehnung des Beweisantrages scheinbar unproblematisch auf diese Vorschrift stützen, ohne dass die Ablehnung ein Verstoß gegen den Aufklärungsgrundsatz bedeuten würde.

548

549 Fraglich ist aber, welche Anforderungen an die Sperrerklärung zu stellen sind, damit ein Verdeckter Ermittler als unerreichbarer Zeuge gelten muss. Grundsätzlich ist es Aufgabe der Behörde, die materiellen Voraussetzungen für die Sperrerklärung zu prüfen und bei der Entscheidung neben den Interessen der Geheimhaltung auch die Verpflichtung des Gerichts zur Wahrheitserforschung zu berücksichtigen.

550 Da das Gericht in eigener Verantwortung zu entscheiden hat, darf es die Entscheidung der Behörde nicht einfach hinnehmen oder auf die behördlichen Prüfungspflichten verweisen, sondern es muss selbst die von der Behörde für die Sperrerklärung vorgebrachten Gründe überprüfen. Ist die Begründung für die Sperrerklärung nach Ansicht des Gerichts nicht tragfähig, so muss es Gegenvorstellung erheben. Erst wenn die Gegenvorstellung erfolglos bleibt, kann der Zeuge als unerreichbar qualifiziert werden. Von einer solchen Überprüfung der Gründe hat das Gericht hier abgesehen.

551 Die Hinnahme der Sperrerklärung könnte schon für sich alleine eine Verletzung der Aufklärungspflicht bedeuten. Unterstellt man, dass die Begründung der Behörde die Sperrerklärung in tatsächlicher und rechtlicher Hinsicht belegt hat, so entfällt dadurch nicht der Vorwurf der Verletzung der Aufklärungspflicht. Das Gericht muss sich in Erfüllung seiner Aufklärungspflicht weiter darum bemühen, andere Möglichkeiten zur Beweisermittlung zu finden, die sicherstellen, dass die Identität der gesperrten Person gewahrt bleibt. Das Gericht hat hier keinerlei Vorschläge – wie z.B. die Vernehmung unter Ausschluss der Öffentlichkeit, § 172 Nr. 1a GVG – unterbreitet. Es hat auch nicht – als letzte vorhandene Möglichkeit – die Vernehmung durch einen beauftragten oder ersuchten Richter vorgeschlagen. Erst wenn diese Möglichkeiten des Gerichts, die Vernehmung des gesperrten Zeugen zu erreichen, erschöpft sind, ist der Zeuge – unabhängig von der Rechtmäßigkeit der Sperrerklärung – unerreichbar. Indem das Gericht diese Bemühungen unterlassen hat und damit seiner Verpflichtung zur Aufklärung des Sachverhalts nicht nachgekommen ist, hat es den Verdeckten Ermittler nach den oben genannten Grundsätzen vorschnell als unerreichbar bezeichnet. Der Beweisantrag hätte folglich nicht mit der Begründung der Unerreichbarkeit des Zeugen abgelehnt werden dürfen. Das Gericht hat damit gegen den Aufklärungsgrundsatz verstoßen.

b) Beruhen des Urteils auf der Gesetzesverletzung

552 Weiter muss diese Verletzung des Gesetzes für das Urteil kausal sein, wobei ein ursächlicher Zusammenhang bereits anzunehmen ist, wenn das Urteil ohne die Gesetzesverletzung möglicherweise anders ausgefallen wäre. Der erforderliche Zusammenhang entfällt aber dann, wenn aus den Urteilsgründen ersichtlich ist, dass der Tatrichter ohne die Gesetzesverletzung zum gleichen Ergebnis gekommen wäre. B ist vom Gericht freigesprochen worden, weil seine Schuld nicht nachgewiesen werden konnte. Es ist wahrscheinlich, zumindest aber nicht auszuschließen, dass die Aussage des Verdeckten Ermittlers einen Beweis für die Schuld des B geliefert hätte und B nicht freigesprochen worden wäre. Der erforderliche Zusammenhang zwischen dem Urteil und der Gesetzesverletzung ist damit gegeben.

c) Ergebnis

Die fehlerhafte Ablehnung des Beweisantrages gem. § 244 III 2 StPO stellt damit einen Revisionsgrund i.S.d. § 337 StPO dar.

553

3. Ablehnung des Antrags auf Vernehmung des D

Bei dem Antrag, den D zu vernehmen, handelt es sich um einen Beweisantrag, da sowohl Beweismittel als auch Beweistatsache konkret benannt sind. Die Ablehnung des Beweisantrages, den D zu vernehmen, erfolgte gem. § 244 III 2 StPO zu Recht, wenn die Vernehmung unzulässig war

554

a) Verstoß gegen den Unmittelbarkeitsgrundsatz

Die Unzulässigkeit könnte sich aus einem Verstoß gegen den in § 250 StPO niedergelegten Grundsatz der persönlichen Vernehmung ergeben. § 250 StPO bringt das Unmittelbarkeitsprinzip in Bezug auf die persönlichen Beweismittel zum Ausdruck. Diese Maxime („materielle Unmittelbarkeit") besagt jedoch nicht, dass die Vernehmung von sog. Zeugen vom Hörensagen grundsätzlich unzulässig ist. Nach ganz h.M. ergibt sich dies aus dem Wortlaut der Vorschrift selbst. § 250 I 2 StPO kann danach als Erläuterung des Satzes 1 verstanden werden. Der Grundsatz der Unmittelbarkeit wie er in § 250 StPO Ausdruck gefunden hat, verbietet also nur, dass die Vernehmung einer Person durch die Verlesung des Protokolls ersetzt wird. Ein Verstoß gegen den Unmittelbarkeitsgrundsatz liegt im Übrigen schon deshalb nicht vor, weil auch der sog. mittelbare Zeuge über eigene Wahrnehmungen Zeugnis ablegt. Der Zeuge vom Hörensagen gibt nämlich darüber Auskunft, was er von einem Dritten erfahren hat. Der mittelbare Zeuge ist also nur insofern mittelbar, als er nicht bei dem Geschehen dabei war, sondern nur vermitteltes Wissen weitergeben kann. D hätte berichtet, was V ihm gegenüber geäußert hatte, hätte also nichts über die Vernehmung als solche ausgesagt, sondern über das, was V direkt nach der Vernehmung darüber mitgeteilt hatte. Ein Verstoß gegen den Unmittelbarkeitsgrundsatz läge in der Vernehmung des D also nicht, sodass der Beweisantrag nicht mit dieser Begründung abgelehnt werden durfte.

555

b) Verstoß gegen den Aufklärungsgrundsatz

Die Vernehmung eines mittelbaren Zeugen könnte aber gegen § 244 II StPO verstoßen. Ein Verstoß gegen die Aufklärungspflicht kann nur dann angenommen werden, wenn das Gericht statt eines Zeugen, der das Geschehen unmittelbar beobachtet hat, den tatferneren Zeugen vom Hörensagen vernimmt. Ein Verstoß gegen die Aufklärungspflicht könnte in casu dann bejaht werden, wenn das Gericht statt des V allein den D verhört hätte. Das Gericht hat aber auf die Vernehmung des unmittelbaren Zeugen nicht verzichtet. Eine Vernehmung des D wäre also ein zusätzliches Beweismittel, nicht die Ersetzung des unmittelbaren durch den mittelbaren Zeugen. Ein Verstoß gegen den Aufklärungsgrundsatz liegt demnach nicht vor.

556

557 Die Vernehmung des D wäre also nicht unzulässig gewesen, sodass der vom Gericht angeführte Ablehnungsgrund nicht zutreffend ist. Die unzulässige Ablehnung des Beweisantrages verletzt damit das Gesetz.

c) Beruhen des Urteils auf der Gesetzesverletzung

558 Auf der Verletzung des Gesetzes beruht das Urteil des Gerichts. Es ist nicht auszuschließen, dass die Aussage des D die Überzeugung des Gerichts hätte beeinflussen können und es nicht zu einem Freispruch des B gekommen wäre.

d) Ergebnis

559 Die fehlerhafte Ablehnung des Beweisantrages stellt somit einen Revisionsgrund i.S.d. § 337 StPO dar.

4. Nichtverwertung des polizeilichen Vernehmungsprotokolls

a) Grundsatz der freien Beweiswürdigung

560 Die Staatsanwaltschaft macht zudem einen Verstoß gegen den Grundsatz der freien Beweiswürdigung (§ 261 StPO) geltend, weil das Gericht die Aussage des P nicht richtig gewertet habe. Ein Verstoß gegen diesen Grundsatz liegt unter anderem dann vor, wenn der Tatrichter bei der Überzeugungsbildung nicht alles verwertet, was Gegenstand der Verhandlung war. Das Gericht hat unter Umständen seine Entscheidung nicht auf alle relevanten Beweismittel erstreckt, weil der Inhalt des Protokolls bei der Entscheidung keine Rolle gespielt hat. Der Inhalt des Protokolls lässt nämlich die Schuld des B vermuten. Ein freisprechendes Urteil müsste also zumindest die Gründe darlegen, aus denen sich die Unschuld des B ergibt. Das Gericht hätte diese Anforderungen aber nur verfehlt, wenn der Inhalt des Protokolls ordnungsgemäß in die Hauptverhandlung eingeführt wurde und es ihn deshalb bei der Beweiswürdigung hätte berücksichtigen müssen.

b) Vorhalt des Vernehmungsprotokolls

561 Nach ganz h.M. darf die Verhörsperson über die Aussagen vernommen werden, die der Beschuldigte in einer vorangegangenen Befragung abgegeben hat. Die Rechtsprechung und die wohl h.M. in der Literatur halten darüber hinaus auch den Vorhalt aus dem Vernehmungsprotokoll gegenüber der Verhörsperson für zulässig. Dagegen wird in Teilen der Literatur allerdings eingewandt, durch den Vorhalt werde die Grenze zwischen zulässigem Zeugen- und unzulässigem Urkundenbeweis verwischt. Der Vernehmungsbeamte werde in den meisten Fällen die Angaben in dem Protokoll bestätigen, da er ansonsten Fehler eingestehe. Eine Streitentscheidung ist aber nicht notwendig, weil auch nach Ansicht der h.M. Beweisgrundlage nicht das Vernehmungsprotokoll, sondern die Zeugenaussage des Polizeibeamten sein soll. In den Prozess eingeführt ist deshalb nur das, woran sich der Vernehmende auf Grund des Vorhaltes tatsächlich erinnert. V hat sich hier an nichts erinnert, sondern nur Angaben über seine üblicherweise korrekte Art der Protokollierung gemacht. Dadurch ist der Inhalt des Protokolls nicht in die Haupt-

verhandlung eingeführt worden, weil die Zeugenaussage des V nichts davon enthält.

Das Gericht durfte demnach den Inhalt des Protokolls bei der Beweiswürdigung nicht berücksichtigen und ein Verstoß gegen den Grundsatz der freien Beweiswürdigung liegt nicht vor. 562

III. Ergebnis

Die Staatsanwaltschaft wird mit ihrer Revision Erfolg haben, weil das Gericht die Beweisanträge auf Vernehmung des D und VE zu Unrecht abgelehnt hat. 563

Hinweise zur Lösung:

Bei dem vorliegenden Fall handelt es sich um eine eher leichte Klausur, die weniger eigene Argumentation, sondern eher die Kenntnis einiger Standardprobleme erfordert. 564

Das erste unter II 1 behandelte Problem ist der Entscheidung BGH, NJW 2003, 2034 nachgebildet. Der Senat schließt sich darin der Ansicht an, der Begriff der Telekommunikation erfasse auch Gespräche, die ohne den Willen des Nutzers übermittelt werden. Damit widerspricht er einer früheren Entscheidung (BGHSt 31, 296), in der sich der BGH gegen die Verwertbarkeit sog. Raumgespräche ausgesprochen hatte. Der zum Zeitpunkt dieser Entscheidung geltende § 100a StPO enthielt aber nicht den Begriff der Telekommunikation, sondern den des Fernmeldeverkehrs, dem nach Ansicht des BGH Gespräche, die ohne die Inanspruchnahme des Telefonanschlusses geführt werden, nicht zu subsumieren waren. Diese Auffassung ist – soweit ersichtlich – in der Literatur auf ungeteilte Zustimmung gestoßen (*Geerds*, NStZ 1983, 518; *Nack* in KKStPO[5], Vor § 94 Rn. 4; *Pfeiffer*[5], § 100a Rn. 2). Die neue Entscheidung, die dies für den Telekommunikationsbegriff anders sieht, wird mit den in der Falllösung angesprochenen Argumenten zu Recht scharf kritisiert (*Fezer*, NStZ 2003, 625 ff.; *Weßlau*, StV 2003, 483, 484; vgl. aber auch *Kindhäuser*, Strafprozessrecht, § 8 Rdnr. 82). 565

Die zweite angesprochene Fallkonstellation ist von der Rechtsprechung mehrmals entschieden worden (BGHSt 32, 115; 36, 159). Die Verpflichtung des Gerichts, die Begründung der Sperrerklärung zu überprüfen und gegebenenfalls einen Weg zu finden, den gesperrten Zeugen vernehmen zu können, ist dabei bestätigt worden. Da das Gericht in casu dieser Verpflichtung nicht nachgekommen ist, ist es kaum möglich, hier zu einem anderen Ergebnis zu gelangen. 566

Auch die Zulässigkeit der Vernehmung eines Zeugen vom Hörensagen ist in Rechtsprechung (BGHSt 17, 382, BGH, StV 1988, 91) und Literatur (*Beulke*[9], Rn. 422; *Julius* in HKStPO[3], § 244 Rn. 9) anerkannt. Die Aussage eines mittelbaren Zeugen muss aber unter Berücksichtigung der Unsicherheit dieses Beweismittels gewürdigt werden (BGHSt 34, 15, 18). Zum Teil wird allerdings behauptet, der Zeuge vom Hörensagen dürfe dann nicht vernommen werden, wenn es einen unmittelbaren Zeugen gebe (*Seebode*, JZ 1980, 506). 567

568 Die Frage nach der Zulässigkeit des Vorhalts des Vernehmungsprotokolls und der Verwertbarkeit der auf diese Weise erlangten Aussage des Vernehmungsbeamtens ist von großer Praxisrelevanz, da sich Polizeibeamte häufig nicht daran erinnern, was der Vernommene ausgesagt hat. Die Versuchung ist groß, den Inhalt des Vernehmungsprotokolls in die Entscheidungsfindung einfließen zu lassen. Bei einem bloßen Vorhalt aus den Akten wird der Inhalt jedoch nicht in die Verhandlung eingeführt. Die h.M. (*Fezer*, JuS 1977, 520, 523; *Pfeiffer*[5], § 254 Rn. 1; einschr. *Roxin*[25], § 44 Rn. 18) lässt einen Vorhalt aus dem Vernehmungsprotokoll gegenüber der Verhörsperson zwar zu; es reiche aber nicht aus, wenn der Vernehmungsbeamte quasi eine Garantie für den Inhalt des Protokolls ausspricht.

569 Zum Teil wird dagegen bereits die Zulässigkeit des Vorhalts gegenüber Vernehmungspersonen verneint (*Hanack*, Schmidt-Leichner Festschrift, S. 95; *Julius* in HKStPO[3], § 254 Rn. 11; *Riegner*, NJW 1961, 63). Durch den Vorhalt werde die Grenze zwischen zulässigem Zeugenbeweis und unzulässigem Urkundenbeweis verwischt. Der Vernehmungsbeamte werde in den meisten Fällen die Angaben in dem Protokoll bestätigen, da er ansonsten eigene Fehler eingestehe. Der Vorhalt aus dem Vernehmungsprotokoll, der dem Reichsgericht (RGSt 8, 122, 123; 35, 8) noch als „unzulässige Reproduktion des Inhalts des Protokolls" erschien, ist heute entgegen der in Teilen der Literatur geäußerten Kritik allerdings vom BGH anerkannte Praxis (BGHSt 1, 4, 8; 14, 310, 312; 22, 170, 172).

Klausur Nr. 10***

Der gewalttätige (Noch-)Ehemann

Revision – fehlende Pflichtverteidigerladung – fehlende Belehrung über Untersuchungsverweigerungsrecht – Rügepräklusion – fehlende Belehrung über Auskunftsverweigerungsrecht – Sachrüge

Gegen Herbert Schulz (H) fand vor einer großen Strafkammer des Landgerichts Potsdam die Hauptverhandlung wegen schweren räuberischen Diebstahls statt. Die Anklageschrift legte ihm zur Last, in die – ehemals gemeinsame – Ehewohnung, die inzwischen von seiner Frau Erna Schulz (E), die vor einigen Monaten Scheidungsklage erhoben hatte, allein bewohnt wurde, eingedrungen zu sein und eine der E gehörende wertvolle Halskette entwendet zu haben. Als H die Kette bereits eingesteckt hatte, sei E überraschend nach Hause gekommen. Bevor sie den Angeklagten entdeckte, habe H ein Verlängerungskabel ergriffen, es ihr von hinten um den Hals gelegt und sie bis zur Bewusstlosigkeit gewürgt. Er habe dabei nicht daran gedacht, E töten zu können. Als E bewusstlos zusammengebrochen war, habe H jedoch geglaubt, E sei nicht mehr am Leben. Er habe daraufhin die Wohnung unter Mitnahme der Kette verlassen.

Bereits im Ermittlungsverfahren hatte H den 80jährigen Verteidiger Manuel Vogel (V) mit der Wahrnehmung seiner Interessen beauftragt. Da V ein halbes Jahr zuvor einen Schlaganfall erlitten hatte und der Kammervorsitzende Wilfried Remberg (R) deshalb befürchtete, dass V möglicherweise aus Krankheitsgründen in der Hauptverhandlung ausfallen könnte, bestellte er Stefan Thomasius (T) als Pflichtverteidiger. Zur Hauptverhandlung wurde jedoch nur V geladen; die Ladung des T unterblieb versehentlich.

In der Beweisaufnahme wurde zunächst E vernommen. Sie konnte nicht sagen, wer sie angegriffen hatte. Sodann hörte das Gericht die Nachbarin Yvonne Nagold (N). Sie bekundete, merkwürdige Geräusche aus der Wohnung der E bemerkt und einen Mann, der in Größe und Statur dem H ähnelte, aus der Wohnung kommen sehen zu haben. Wegen der Dunkelheit auf dem Flur habe sie H aber nicht zweifelsfrei erkennen können. Anschließend wurde René Wiegand (W), ein anderer Nachbar der E, über das Verhältnis des Angeklagten zu seiner Frau und die Vorkommnisse in der Wohnung am Tattage vernommen. Im Verlaufe der Befragung verlor W die Nerven und gestand spontan ein, von H, dem er noch einen Gefallen schuldete, in dessen Plan eingeweiht worden zu sein und ihn absprachegemäß angerufen zu haben, als E die Wohnung verlassen habe. Über ein Auskunftsverweigerungsrecht war W zuvor nicht belehrt worden, weil die selbstbelastende Aussage für die Strafkammer völlig überraschend kam. H und V nahmen die Vernehmung des W widerspruchslos hin.

Sodann wurde der Gutachter Karel Gehrke (G) gehört. Er bekundete, dass Wollfasern, die unter den Fingernägeln der E gefunden worden waren, mit dem Material eines bei H sichergestellten Pullovers übereinstimmten. Im Weiteren stellte sich heraus, dass der ermittelnde Beamte der Kriminalpolizei Richard Palm (P), der als erster am Tatort erschienen war, die Faserspuren bei der Untersuchung der noch unter Schock stehenden E erlangt hatte. Über ein Untersuchungsverweigerungsrecht hatte er E zuvor nicht belehrt, obwohl N ihm mitgeteilt hatte, dass es sich bei der aus der Wohnung geflohenen Person um den Ehemann der E gehandelt haben könnte. Der Pullover war in dem Wochenendhaus der Mutter des H gefunden worden. H hatte das Versteck offenbart, nachdem ihn die Staatsanwältin Susanne Sorge (S) bereits 27 Stunden vernommen hatte. H gab an, er sei völlig übermüdet und von der hartnäckigen Befragung durch S zermürbt gewesen, sodass er dem Druck nicht mehr habe standhalten können.

H wurde am 15.12.2006 wegen schweren räuberischen Diebstahls gemäß §§ 252, 250 Abs. 2 Nr. 1 StGB zu einer Freiheitsstrafe von sechs Jahren verurteilt.

V legte am 21.12.2006 schriftlich bei der Strafkammer Revision gegen das Urteil ein. Zwei Tage später erfuhr er zufällig von der Beiordnung des T als Pflichtverteidiger. Am 13.01.2007 begründete er die Revision. Er rügt die Verletzung formellen und materiellen Rechts. T habe zur Hauptverhandlung geladen werden müssen. Die Verwertung der Bekundungen des G sei fehlerhaft, da P die E nicht über ihr Untersuchungsverweigerungsrecht belehrt hatte, sodass die Faserspuren auf unzulässige Weise gewonnen worden seien und auch der Pullover nicht als Beweismittel hätte verwendet werden dürfen. Das Gericht habe darüber hinaus das Urteil nicht auf die Aussage des W stützen dürfen, da dieser nicht ordnungsgemäß belehrt worden sei.

Wird die Revision Erfolg haben?

Lehrbuch: Rn. 290 f.; 484; 516; 781 ff., 792; 894 ff.

Lösung

Die Revision des H hat Erfolg, wenn sie zulässig und begründet ist. **571**

A. Zulässigkeit der Revision

I. Statthaftigkeit

Gegen Urteile der Strafkammern ist gem. § 333 StPO die Revision statthaft. **572**

II. Rechtsmittelberechtigung

H hat als Beschuldigter bzw. Angeklagter gem. § 296 StPO das Recht zur Einlegung von Rechtsmitteln. Die Beantragung der Revision durch V, den Verteidiger des H, war gem. § 297 StPO zulässig. **573**

III. Form und Frist der Einlegung, Begründung

Die Revision ist fristgemäß bei dem zuständigen iudex a quo, dem Landgericht Potsdam eingelegt worden (§ 341 I StPO). Darüber hinaus wurde die Revision in der von §§ 344 I, 345 II StPO vorgeschriebenen Form begründet und die Monatsfrist für die Revisionsbegründung gem. § 345 I StPO eingehalten. Die Tatsachen für die Verfahrensrügen sind entsprechend den Anforderungen des § 344 II 2 StPO vorgetragen worden. Die Rüge der Verletzung sachlichen Rechts genügt ebenfalls den Anforderungen, weil § 344 II 2 StPO nur an die Begründung der Verletzung von Verfahrensrecht erhöhte Anforderungen stellt. **574**

IV. Beschwer

H ist durch die Verurteilung zu einer mehrjährigen Freiheitsstrafe beschwert. **575**

V. Ergebnis der Zulässigkeitsprüfung

Die Revision des H ist zulässig. **576**

B. Begründetheit der Revision

Die Revision des H ist gem. §§ 337, 338 StPO begründet, wenn das Urteil der Strafkammer auf einer Gesetzesverletzung beruht. **577**

I. Absolute Revisionsgründe

Die unterbliebene Ladung des T könnte einen absoluten Revisionsgrund gem. § 338 Nr. 8 StPO darstellen. **578**

Das setzt voraus, dass die Verteidigung in einem für die Entscheidung wesentlichen Punkt durch einen Beschluss des Gerichts beschränkt worden ist. Hier ist jedoch lediglich die Ladung des Pflichtverteidigers T unterblieben. Dem lag also kein Gerichtsbeschluss zu Grunde, der in der Hauptverhandlung ergangen ist. Mithin entfällt der Revisionsgrund des § 338 Nr. 8 StPO. **579**

II. Relative Revisionsgründe

1. Unterbliebene Ladung des T

580 V rügt das Unterbleiben der Ladung des T zur Hauptverhandlung. Fraglich ist, ob dies einen Verfahrensverstoß darstellt, auf den die Revision gemäß § 337 StPO gestützt werden kann.

a) Erforderlichkeit der Ladung

581 Gemäß § 218 Satz 1 StPO ist der bestellte Verteidiger zu laden. R hatte T als „Sicherungsverteidiger" beigeordnet. T war nicht entpflichtet worden und hatte auch nicht auf seine Pflichtverteidigerstellung verzichtet, sodass er zur Hauptverhandlung hätte geladen werden müssen.

b) Verzicht auf die Ladung

582 Das Unterbleiben der Ladung des T wäre aber unbeachtlich, wenn er oder H auf eine Ladung verzichtet hätte. Ein Verzicht des T liegt nicht vor, weil er von der Hauptverhandlung keine Kenntnis hatte. Der Angeklagte kann auf die Ladung auch konkludent verzichten. Das setzt aber die Kenntnis voraus, dass der Pflichtverteidiger nicht geladen worden ist, und er die Aussetzung der Hauptverhandlung wegen der unterbliebenen Ladung verlangen kann. Dies ist hier nicht ersichtlich, deshalb liegt kein Verzicht vor.

c) Beruhen des Urteils auf dem Verfahrensfehler

583 Das Urteil beruht auf dem Verfahrensfehler, wenn nicht ausgeschlossen werden kann, dass die Hauptverhandlung in Anwesenheit des T günstiger verlaufen wäre. Das Beruhen kommt auch dann in Betracht, wenn der Angeklagte mehrere Verteidiger hat und sich der Verfahrensverstoß nur auf einen bezieht. Insbesondere Verfahrensanträge werden von jedem einzelnen Verteidiger gestellt. Es kann nicht ausgeschlossen werden, dass T sein Antragsrecht ausgeübt hätte und das Urteil deshalb auf dem Verfahrensverstoß beruht. Der relative Revisionsgrund des § 337 StPO ist daher gegeben.

2. Verwertung der Aussage des W

584 Weiterhin rügt V, dass die Aussage des W bei der Urteilsfindung verwertet wurde, obwohl W nicht über sein Aussageverweigerungsrecht gem. § 55 II StPO belehrt worden ist. Fraglich ist, ob die Aussage des W dennoch hätte verwertet werden dürfen.

a) Rügepräklusion durch widerspruchsloses Hinnehmen der Aussage des W?

585 Die Berufung auf diesen Umstand könnte jedoch ausgeschlossen sein, weil sowohl V als auch H in Kenntnis der fehlenden Belehrung über das Aussageverweigerungsrecht gem. § 55 II StPO die Aussage des W in der Hauptverhandlung ohne

Ausübung ihres Beanstandungsrechts gem. § 238 II StPO hinnahmen. Das Beanstandungsrecht hätte ausgeübt werden können, weil die Vernehmung des W auf eine Anordnung des R zurückging. Ob die fehlende Ausübung des Beanstandungsrechts zu einer Rügepräklusion in der Revisionsinstanz führt, ist strittig.

Nach einer Auffassung soll bei Nichtbeanstandung einer richterlichen Anordnung der betreffende Verfahrensfehler in der Revisionsinstanz nicht mehr geltend gemacht werden können. Danach schiede hier eine Geltendmachung des Verstoßes gegen die Belehrungspflicht aus. **586**

Nach der Gegenauffassung führt die fehlende Ausübung des Beanstandungsrechts nicht zu einer Rügepräklusion in der Revisionsinstanz. Demzufolge konnte auch die fehlende Belehrung über das Auskunftsverweigerungsrecht gem. § 55 II StPO noch gerügt werden. **587**

Angesichts der unterschiedlichen Ergebnisse der Meinungen ist der Streit zu entscheiden. **588**

Der erstgenannten Ansicht ist zuzugestehen, dass es befremdlich wirkt, eine bewusst für die Revisionsinstanz „aufgesparte" Revisionsrüge anzuerkennen. Jedoch würde es zu weit führen, in der Nichtausübung des Beanstandungsrechts quasi einen Rechtsmittelverzicht zu sehen. Darüber hinaus müsste sich der Angeklagte ein eventuelles Verschulden seines Verteidigers, der das Beanstandungsrecht nicht ausübt, zurechnen lassen. Dies ist nicht geboten. Ferner findet sich keine gesetzliche Grundlage in der StPO, auf die eine derartige Rügepräklusion gestützt werden könnte. Entscheidend ist zudem, dass mit Annahme einer Rügepräklusion dem Angeklagten faktisch die Aufsicht über das ordnungsgemäße Verfahren auferlegt würde, obwohl es Aufgabe des Gerichts ist, für den ordnungsgemäßen Ablauf des Verfahrens zu sorgen. Daher ist nicht von einer Rügepräklusion auszugehen. **589**

b) Beweisverwertungsverbot bei fehlender Belehrung über das Aussageverweigerungsrecht?

Fraglich ist allerdings, ob die fehlende Belehrung gem. § 55 II StPO zur Unverwertbarkeit der Aussage des W führt und die Verwertung einen relativen Revisionsgrund darstellt. **590**

Nach der Rechtskreistheorie ist der Rechtskreis des Angeklagten durch die fehlende Belehrung über das Auskunftsverweigerungsrecht nicht berührt, weil nur der Zeuge vor der Selbstbelastung geschützt werden soll. **591**

Die Schutzzwecklehre stellt für das Bestehen eines Beweisverwertungsverbots maßgeblich auf den Schutzzweck der verletzten Verfahrensvorschrift ab. Innerhalb der Schutzzwecklehre wird die Verwertbarkeit der Aussage eines Zeugen bei einem Fehlen der Belehrung über das Aussageverweigerungsrecht gem. § 55 II StPO jedoch unterschiedlich beurteilt. So nimmt ein Teil der Literatur eine Unverwertbarkeit der Aussage des Zeugen wegen der fehlenden Belehrung über das Auskunftsverweigerungsrecht an. Es bestünde die Gefahr einer unwahren Aussage des Zeugen in Anbetracht einer eventuellen Selbstbelastung. Dem müsse entgegengewirkt werden. Die Aussage des W wäre danach nicht verwertbar. Nach anderer Auffassung führt die fehlende Belehrung über das Auskunftsverweigerungs- **592** recht nicht zur Unverwertbarkeit der Aussage des Zeugen, womit auch die Aussage des W nach dieser Ansicht verwertbar gewesen ist.

593 Eine dritte Auffassung wägt bei der Beurteilung des Vorliegens eines Beweisverwertungsverbots zwischen den Interessen des Beschuldigten und dem Strafverfolgungsinteresse des Staates ab. Im Einzelnen werden als Kriterien für diese Abwägung die Schwere des Tatvorwurfs und des Verfahrensverstoßes, die Bedeutung des Beweismittels, der Schutzzweck des Beweiserhebungsverbots und die Möglichkeit einer legalen Gewinnung des Beweismittels genannt. Bei der fehlenden Belehrung über das Auskunftsverweigerungsrecht werden sich die Strafverfolgungsinteressen des Staates durchsetzen, weil § 55 II StPO ausschließlich den Schutz des Zeugen vor der Selbstbelastung bezweckt und daher der Verfahrensverstoß nicht als so schwerwiegend eingestuft werden kann, dass er ein Beweisverwertungsverbot im Verfahren gegen den Angeklagten begründen kann. Die Aussage des W wäre demnach verwertbar.

594 Zutreffend ist es, von der Verwertbarkeit der Aussage des Zeugen auszugehen, obwohl dieser nicht über das Bestehen eines Auskunftsverweigerungsrechts gem. § 55 II StPO belehrt worden ist. Die gegenteilige Annahme überzeugt nicht. Zwar besteht sicherlich die Gefahr einer unwahren Aussage. Jedoch ist die Bewertung der Aussage nach ihrer Glaubwürdigkeit eine Frage der richterlichen Beweiswürdigung und keine Funktion eines Beweisverwertungsverbots. Darüber hinaus bezweckt § 55 II StPO ausschließlich den Schutz des Zeugen vor der Selbstbelastung. Daher unterliegt die Aussage des W keinem Verwertungsverbot im Verfahren gegen H. Die Rüge der unzulässigen Verwertung der Aussage des W greift somit nicht durch.

3. Verwertung des Gutachtens des G

595 Jedoch könnte das Gutachten des G unverwertbar sein.

a) Keine Rügepräklusion

596 Die Nichtausübung des Beanstandungsrechts gem. § 238 II StPO bei den Ausführungen des G bewirkt ebenso wenig wie bei der Aussage des W eine Rügepräklusion für die Revisionsinstanz.

b) Unverwertbarkeit wegen fehlender Belehrung über das Untersuchungsverweigerungsrecht?

597 Die Unverwertbarkeit des Gutachtens könnte sich aus der Verletzung des § 81c III 2, 2. HS i.V.m. § 52 III StPO ergeben. Die bei E durch die Untersuchung aufgefundenen Faserspuren dienten infolge des Vergleichs mit dem aufgefundenen Pullover als Grundlage des Gutachtens des G.

598 Die Vornahme der körperlichen Untersuchung der E durch P war als solche zulässig, weil P als Ermittlungsperson der Staatsanwaltschaft die Untersuchung gem. § 81c V StPO i.V.m. § 152 GVG anordnen durfte; aus den Umständen ging die Eilbedürftigkeit der Maßnahme hervor. Jedoch musste P die E gem. § 81c III 2, 2. HS i.V.m. § 52 III StPO belehren, weil ihr als Angehörige gem. § 52 I Nr. 2

StPO ein Untersuchungsverweigerungsrecht gemäß § 81c III 1 StPO zustand. Dass E und H in Scheidung lebten, hat keinen Einfluss auf das Bestehen des Untersuchungsverweigerungsrechts, wie § 52 I Nr. 2 StPO belegt. P hatte E jedoch nicht belehrt.

Fraglich ist, wie sich der Verstoß gegen diese Verfahrensvorschrift auswirkt. Das Gutachten des G könnte einem Beweisverwertungsverbot unterliegen, weil das Gutachten auch auf den an E gefundenen Faserspuren beruht. **599**

Eine gesetzliche Regelung über die Folgen einer Verletzung der Belehrungspflicht existiert nicht, sodass sich ein Beweisverwertungsverbot nur aus den allgemeinen Grundsätzen ergeben könnte. Unter welchen Voraussetzungen ein Verstoß gegen ein Beweiserhebungsverbot ein Verwertungsverbot zur Folge hat, ist umstritten. **600**

Das Untersuchungsverweigerungsrecht bezweckt – wie das Zeugnisverweigerungsrecht – den Schutz der Familie, indem es die untersuchungs- bzw. zeugnisverweigerungsberechtigte Person davor bewahrt, zur Überführung eines angeklagten Angehörigen beitragen zu müssen. Damit wäre bei Anwendung der Rechtskreistheorie wegen Berührens des Rechtskreises des Angeklagten ein Beweisverwertungsverbot anzunehmen. Die Verwertung der Faserspuren als solche wäre danach unzulässig. **601**

Die Regelungen über das Untersuchungsverweigerungsrecht sollen auch den Angeklagten davor schützen, von den eigenen Angehörigen, zu denen er naturgemäß in einem besonderen Näheverhältnis steht, belastet zu werden. Deshalb hätten die Faserspuren auf der Grundlage der Schutzzwecklehre ebenfalls nicht verwertet werden dürfen. **602**

Entsprechend der Abwägungslehre ist angesichts des Bestehens von Untersuchungs- und Zeugnisverweigerungsrechten den Interessen des Beschuldigten gegenüber dem Strafverfolgungsinteresse des Staates der Vorzug zu geben. Schließlich hat auch der Staat das familiäre Näheverhältnis zu respektieren, weshalb in solchen Bereichen keine Verfahrensverstöße geduldet werden können. Auch nach dieser Auffassung scheidet eine Verwertung der Faserspuren somit aus. **603**

Ein Verwertungsverbot würde nur dann entfallen, wenn E das Bestehen des Untersuchungsverweigerungsrechts kannte. Davon kann indes mangels Hinweisen nicht ausgegangen werden. **604**

Die angeführten Ansichten kommen in casu zu demselben Ergebnis, sodass sich eine Streitentscheidung erübrigt. Mithin ist festzustellen, dass die fehlende Belehrung über das Untersuchungsverweigerungsrecht gem. § 81c III 2 2. HS i.V.m. § 52 III StPO zu einem Verwertungsverbot im Hinblick auf die Faserspuren führt. **605**

Die aufgefundenen Faserspuren erbringen jedoch nicht unmittelbar den Beweis für die Täterschaft des H, sondern erst durch den Vergleich mit dem Material des Pullovers, den G in seinem Gutachten vornahm. Daher ist fraglich, ob das Verbot der Verwertung der Faserspuren auch dazu führt, dass das Gutachten einem Verwertungsverbot unterliegt. Ob Beweisverwertungsverbote derartige Fernwirkungen ausstrahlen, ist strittig. **606**

607 Die h.M. lehnt Fernwirkungen von Beweisverwertungsverboten generell ab. Demzufolge wäre das Gutachten des G verwertbar gewesen.

608 Die Gegenauffassung nimmt unter Berufung auf die "fruit of the poisonous tree-doctrin", eine Rechtsfigur des US-amerikanischen Strafprozessrechts, immer eine Fernwirkung eines Beweisverwertungsverbotes an. Der Staat dürfe nicht von den "Früchten des vergifteten Baumes" profitieren. Danach hätte das Gutachten des G nicht verwertet werden dürfen.

609 Differenzierend äußert sich eine dritte Auffassung. Nach ihr sind Fernwirkungen nur dann zu bejahen, wenn davon ausgegangen werden kann, dass der Staat ohne den Verfahrensfehler die Beweismittel nicht erlangt hätte. Darüber hinaus müsse der Verfahrensverstoß, der zu einem Beweisverwertungsverbot geführt hat, in schwerwiegender Weise in die strafprozessualen Schutzrechte oder Grundrechte des Beschuldigten eingreifen, um Fernwirkungen entstehen zu lassen. Die fehlende Belehrung der Ehefrau über das Untersuchungsverweigerungsrecht stellt keine derart schwerwiegende Beeinträchtigung der strafprozessualen Schutzrechte und Grundrechte des Beschuldigten dar, sodass eine Fernwirkung nach dieser Auffassung ausscheidet und das Gutachten des G verwertbar ist.

610 Wegen der divergierenden Ergebnisse ist eine Streitentscheidung erforderlich. Die Extrempositionen führen zu unbilligen Ergebnissen. Würden Beweisverwertungsverbote generell Fernwirkungen erzeugen, könnte dies u.U. zu einer Blockade des gesamten weiteren Strafverfahrens führen, weil sich oft kaum klären lässt, ob das unzulässig erlangte Beweismittel für die Ermittlung der übrigen Beweismittel ursächlich war. Fernwirkungen generell abzulehnen, hieße, dem Beschuldigten gänzlich den Schutz zu versagen und Umgehungsmöglichkeiten bei Beweisverwertungsverboten zuzulassen.

611 Zutreffend erscheint deshalb eine differenzierende Sicht, die dem Beschuldigten je nach Sachlage einen angemessenen Schutz einräumt. Damit war das Gutachten des G insoweit verwertbar, sodass kein revisibler Verfahrensverstoß vorliegt.

c) Unverwertbarkeit auf Grund von Fernwirkungen des Beweisverwertungsverbots gem. § 136a III StPO

612 Der Verwertung des Gutachtens des G könnte jedoch entgegenstehen, dass der Pullover, der neben den Faserspuren als Vergleichsgrundlage diente, auf unzulässige Weise erlangt wurde. Die Sicherstellung des Pullovers als Beweismittel gem. § 94 StPO wurde ausschließlich durch die Aussage des H ermöglicht, die infolge der Ermüdung zustande kam. Die lange Vernehmung von 27 Stunden, ohne dass dem Beschuldigten eine Ruhephase eingeräumt wurde, ist gem. § 136a StPO untersagt. Mithin war die Aussage des H selbst gem. § 136a III StPO wegen der verbotenen Vernehmungsmethode nicht verwertbar.

613 Fraglich ist allerdings, ob der Pullover, der infolge dieser unzulässigen Vernehmung erlangt wurde, im Gutachten als Vergleichsgrundlage verwertet werden durfte. Es kommt also erneut darauf an, ob dem Beweisverwertungsverbot des § 136a III StPO eine Fernwirkung beigemessen werden kann.

Nach zutreffender differenzierender Sichtweise sind Fernwirkungen des § 136a III StPO zum einen zu bejahen, wenn es sich um krasse Verstöße gegen § 136a StPO (Maßstab ist § 343 StGB) handelt, und zum anderen, wenn bei weniger gravierenden Beeinträchtigungen – wie Ermüdung – ausgeschlossen werden kann, dass die Strafverfolgungsorgane die weiteren Beweismittel ohne die Aussage des Angeklagten ermittelt hätten. Danach ist in casu eine Fernwirkung anzunehmen, da der Pullover kaum ohne die Aussage des H erlangt worden wäre. **614**

Das Urteil beruht auch auf der unzulässigen Verwertung des Gutachtens des G, sodass die Verwertung einen relativen Revisionsgrund gem. § 337 StPO begründet. **615**

4. Sachrüge

Die Verurteilung wegen schweren räuberischen Diebstahls könnte auf der Verletzung des materiellen Rechts beruhen. **616**

a) Anwendung des § 252 StGB

aa) Tatbestand

(1) Objektiver Tatbestand

H hatte mit dem Einstecken den Gewahrsam der E an der Kette in Zueignungsabsicht gebrochen und eigenen begründet, somit einen Diebstahl begangen und Personengewalt angewendet. Fraglich ist, ob er von E auf frischer Tat betroffen wurde. Zum Teil wird behauptet, dass der Täter nur dann auf frischer Tat betroffen wird, wenn das Opfer ihn wahrnimmt, § 252 also nicht eingreife, wenn er der Entdeckung der „Tat" zuvorkommt. Da E den H noch nicht bemerkt hatte, scheidet § 252 nach dieser Auffassung aus. **617**

Die h.M. wendet den Tatbestand dagegen auch an, wenn der Täter – wie hier – durch schnelles Tätigwerden dem Bemerktwerden zuvorkommt. **618**

Die h.M. ist vorzugswürdig. Nach der ratio legis des § 252 StGB soll die Verteidigung der Diebesbeute mit den genannten Nötigungsmitteln pönalisiert werden. Ferner lässt es der Wortlaut des § 252 StGB noch zu, das Zuvorkommen der Entdeckung dem Merkmal „auf frischer Tat betroffen" zu subsumieren, zumal schon die körperliche Anwesenheit des Opfers den Täter zur Anwendung der Nötigungsmittel bewegen kann. **619**

(2) Subjektiver Tatbestand

H hat vorsätzlich und in der Absicht, sich den Besitz an der gestohlenen Sache zu erhalten, gehandelt. **620**

bb) Rechtswidrigkeit und Schuld

Rechtfertigungs- oder Schuldausschließungsgründe sind nicht ersichtlich. **621**

b) Anwendung des § 250 II Nr. 1 StGB

622 Der objektive Tatbestand des § 252 StGB liegt vor. § 250 II Nr. 1 StGB ist auf den räuberischen Diebstahl anwendbar. H hat durch den Einsatz des Kabels ein gefährliches Werkzeug im Sinne des § 250 II Nr. 1 StGB verwendet. Ob auch § 250 II Nr. 3b StGB vorliegt, lässt sich nach den Sachverhaltsangaben nicht entscheiden. Im Übrigen wäre H durch die Nichtanwendung dieses Qualifikationsmerkmals nicht beschwert.

623 H handelte – auch hinsichtlich des Qualifikationsmerkmals – vorsätzlich und mit Besitzerhaltungsabsicht.

624 Rechtswidrigkeit und Schuld liegen vor.

c) Ergebnis

625 H hat sich somit wegen schweren räuberischen Diebstahls gem. §§ 252, 250 II Nr. 1 StGB strafbar gemacht. Die Sachrüge des V ist erfolglos.

C. Gesamtergebnis

626 Die Revision des H ist zulässig und begründet, da das Urteil auf drei Verfahrensfehlern beruht, nämlich auf dem Unterbleiben der Ladung des T, auf der fehlerhaften Gerichtsbesetzung und auf der unzulässigen Verwertung des Gutachtens.

Hinweise zur Lösung:

627 Die **Zulässigkeit** liegt unproblematisch vor, sodass die Ausführungen knapp ausfallen müssen.

628 Die Prüfung des **absoluten Revisionsgrundes** gem. § 338 Nr. StPO konnte kurz gehalten werden, da der erforderliche Gerichtsbeschluss für die Beschränkung der Verteidigung fehlte. Deshalb war die Frage der Einordnung als absoluter Revisionsgrund (*Hanack* in LR[25], § 338 StPO Rn. 125; *Gillmeister*, NStZ 1995, 44) oder relativer Revisionsgrund (BGHSt 30, 131, 135) nicht zu erörtern.

629 Die Prüfungsreihenfolge der sonstigen Verfahrensrügen, die **relative Revisionsgründe** betreffen, ist beliebig. Ein Verzicht auf die Ladung des Pflichtverteidigers setzt entweder eine ausdrückliche Erklärung des Angeklagten (OLG Brandenburg, StV 1996, 368 L) oder dessen Kenntnis von dem Unterbleiben der Ladung und der Möglichkeit, die Aussetzung des Verfahrens zu beantragen (BGHSt 36, 259, 261), voraus. Auf eine mögliche „Rügepräklusion" war hier im Übrigen nicht einzugehen, da V von der Pflichtverteidigerbestellung nichts wusste.

630 Dieses Problem war jedoch im Zusammenhang mit der Verwertung der Aussage des W zu erörtern, weil dessen Aussage widerspruchslos in der Hauptverhandlung hingenommen worden war (dafür z.B. BGHSt 1, 322, 325; dagegen zutreffend z.B. *Beulke*[9], Rn. 375).

631 Die Frage der Verwertbarkeit einer Aussage, die ein Zeuge ohne die gem. § 55 II StPO erforderliche Belehrung gemacht hat, gehört zu den strafprozessualen Standardproblemen (zur Herleitung eines Beweisverwertungsverbotes siehe

BGHSt 11, 213, 215, „Rechtskreistheorie"; *Beulke*[9], Rn. 458, „Schutzzwecklehre"; *Roxin*[25], § 24 Rn. 23, „Abwägungslehre").

Die Beurteilung der Verwertbarkeit des Gutachtens ist recht anspruchsvoll. Es ist nicht leicht zu erkennen, dass es dabei letztlich um die Fernwirkung von Beweisverwertungsverboten geht, weil die Faserspuren und der Pullover nicht unmittelbar in die Hauptverhandlung eingeführt wurden, sondern die Grundlage für das Gutachten des Sachverständigen bilden. Die Verwertbarkeit der Faserspuren lässt sich unterschiedlich beurteilen. Zutreffend ist es zwar, wegen der unterbliebenen Belehrung über das Untersuchungsverweigerungsrecht (dazu vertiefend BGH, NJW 1995, 1501 ff.) ein Beweisverwertungsverbot anzunehmen. Eine Fernwirkung dieses Beweisverwertungsverbots ist aber nach richtiger Auffassung abzulehnen (*Hanack* in LR[25], § 136a StPO Rn. 67). Die Annahme einer Fernwirkung im Hinblick auf die Heranziehung des Pullovers als Vergleichsgrundlage im Gutachten ist zwar ebenfalls nicht zwingend. Aber eine solche ist bei Vorliegen eines Beweisverwertungsverbots gemäß § 136a III StPO richtigerweise anzuerkennen. Bei der Prüfung der Unverwertbarkeit des Gutachtens konnte mit der Untersuchung der Fernwirkung der Verletzung des § 136a III StPO begonnen werden. Dann war jedoch auf die Konsequenzen des Verstoßes gegen die Belehrungspflicht nicht mehr einzugehen. Aus klausurtaktischer Sicht liegt die hier gewählte Prüfungsreihenfolge deshalb näher. **632**

Im Rahmen der **Sachrüge** war die Frage näher zu behandeln, ob ein Zuvorkommen das Tatbestandsmerkmal „auf frischer Tat betroffen" bei § 252 StGB erfüllt. Nach zutreffender Auffassung (BGHSt 26, 95, 96) ist dies anzunehmen. Wer jedoch § 252 StGB mangels Betreffens auf frischer Tat ablehnt (*Mitsch*, BT 2/1[2] § 4 Rn. 32), muss §§ 224 I Nr. 2, 223 I StGB prüfen und darüber hinaus §§ 255, 250 II Nr. 1 StGB ansprechen, der unter Zugrundelegung der Ansicht des BGH (keine Vermögensverfügung erforderlich; BGHSt 25, 224, 228) zu bejahen gewesen wäre. Die Sachrüge wäre aber auch bei dieser Sicht erfolglos, weil die Verurteilung gem. §§ 255, 250 II Nr. 1 StGB nur zu einer Schuldspruchänderung führen würde. Bei Anwendung der h.L., die für die räuberische Erpressung eine Vermögensverfügung fordert, schiede § 255 StGB dagegen aus. **633**

Klausur Nr. 11**

Demonstration mit schlimmen Folgen

Revision – Besorgnis der Befangenheit – Beschränkung der Öffentlichkeit durch Zugangskontrolle – Ablehnung eines Beweisantrags – Sachrüge

Holger Arndt (A) und Dieter Bauer (B) sind Mitglieder einer linksgerichteten politischen Vereinigung, auf deren Veranstaltungen es in der Vergangenheit des Öfteren zu Gewalttätigkeiten gekommen war. Am 23. November 2006 führte die Vereinigung in Potsdam eine Demonstration durch. Bei der Schlusskundgebung eskalierte die Situation, und es entstand eine tätliche Auseinandersetzung zwischen Mitgliedern der Vereinigung und einer Gruppe rechtsgerichteter Gegendemonstranten. Im Verlauf der Auseinandersetzung, an der etwa zehn Personen teilnahmen, wurde Paul Ostermeyer (O) von Mecky Tischler (T) durch einen Messerstich so unglücklich am rechten Auge verletzt, dass er sein Sehvermögen auf diesem Auge verlor. Auch A und B nahmen zeitweilig an der Auseinandersetzung teil. A hatte sich jedoch bereits zurückgezogen, als O verletzt wurde.

A und B mussten sich vor dem Amtsgericht Potsdam wegen Beteiligung an einer Schlägerei verantworten. Strafrichter Horst Riemann (R) verurteilte beide am 23. März 2007 zu einer Freiheitsstrafe von einem Jahr und zwei Monaten. Die Zustellung des Urteils erfolgte am 28. März 2007.

A beauftragte seinen Verteidiger Werner Vogt (V) mit der Wahrnehmung seiner Interessen. V legte am 29. März 2007 unter Vorlage seiner Verteidigervollmacht bei dem Amtsgericht Potsdam „Sprungrevision" ein. Am 19. April 2007 begründete V die Revision. Er rügte die Verletzung formellen und materiellen Rechts.

V machte geltend, dass R nicht vorurteilsfrei gewesen sei. R sei ein bekannter Gegner der politischen Anschauung der Vereinigung, der A und B angehören. Er habe sich bereits des Öfteren in der Öffentlichkeit zu der Vereinigung geäußert und gefordert, sie gehöre aufgelöst. V hatte schon in der Verhandlung gegen R einen Antrag auf Ablehnung wegen Besorgnis der Befangenheit gestellt, der jedoch abgelehnt worden war. In seiner Revisionsbegründungsschrift zitierte V den Wortlaut seines Antrags und des Ablehnungsbeschlusses.

Weiterhin rügte V einen Verstoß gegen den Öffentlichkeitsgrundsatz. R hatte in der Erwartung, dass viele Gesinnungsgenossen der Angeklagten an der Verhandlung teilnehmen und diese massiv stören würden, eine Kontrolle angeordnet. Die Besucher mussten ihren Personalausweis am Eingang zum Sitzungssaal abgeben, und ihre Personalien wurden von einem Justizwachtmeister in eine Liste aufgenommen.

Darüber hinaus beanstandete V die rechtliche Würdigung des Verhaltens des A.

1. Wird die Revision des A Erfolg haben?

Auch B legte gegen das Urteil fristgemäß Revision ein. Diese begründete er am 11. April 2007 zur Niederschrift in der Geschäftsstelle des Amtsgerichts Potsdam mit der Verletzung formellen Rechts. B hatte nämlich in der Hauptverhandlung die zeugenschaftliche Vernehmung des Dieter Zacharias (Z) beantragt, der bekunden sollte, dass B in nicht vorwerfbarer Weise in die Schlägerei hineingezogen worden sei. B war nur deswegen in das Geschehen hineingeraten, weil er sich des Angriffs eines Gegners erwehren musste, der unversehens über ihn hergefallen war, hatte aber sonst keine Schläge ausgeteilt. R hatte den Beweisantrag mit der Begründung abgelehnt, er sei auf Grund der übrigen Beweismittel bereits von der Schuld des B überzeugt und könne deshalb auf die Vernehmung des Z verzichten.

2. Wird die Revision des B erfolgreich sein?

Lehrbuch: Rn. 595-599; 645-651; 763-768; 775-777; 898-904; 914; 918-920.

Lösung

Frage 1: Erfolgsaussichten der Revision des A

Die Revision des A ist erfolgreich, wenn sie zulässig und begründet ist. **635**

I. Zulässigkeit

1. Statthaftigkeit der Revision

Die Statthaftigkeit der Sprungrevision des A ist nach § 335 StPO gegeben, da gem. § 312 StPO die Berufung zulässig ist. **636**

2. Form und Fristen

Da A die Revision durch seinen Verteidiger V bei dem Amtsgericht Potsdam am 29. März 2007, also sechs Tage nach Urteilsverkündung einlegte, sind die Voraussetzungen des § 341 I StPO unproblematisch erfüllt. **637**

Die Revision begründete V am 19. April 2007, sodass er auch die Monatsfrist des § 345 I 1 StPO einhielt. Nach § 345 II StPO muss die Begründung in einer vom Verteidiger unterzeichneten Schrift oder zu Protokoll der Geschäftsstelle erklärt werden. Das ist hier geschehen. **638**

Gem. § 344 II StPO muss aus der Revisionsbegründung hervorgehen, ob das Urteil wegen der Verletzung formellen oder materiellen Rechts angefochten wird. Wird die Verletzung formellen Rechts geltend gemacht, muss in der Begründungsschrift gem. § 344 II 2 StPO weiterhin die Angabe der Tatsachen erfolgen, die den Mangel enthalten. Diesen Erfordernissen genügt die Revisionsbegründung des V. **639**

Die Revision ist damit form- und fristgerecht erfolgt.

3. Beschwer des Rechtsmittelführers

A ist durch seine Verurteilung zu einer Freiheitsstrafe beschwert, sodass ein Rechtsschutzbedürfnis des A unproblematisch zu bejahen ist. **640**

4. Rechtsmittelberechtigung des A

A stand gem. § 296 I StPO das Rechtsmittel der Revision zu. **641**

5. Ergebnis

Die Revision des A ist zulässig. **642**

II. Begründetheit

Die Revision ist gem. § 337 StPO begründet, wenn das Urteil auf einer Gesetzesverletzung beruht. Zu unterscheiden sind Verletzungen formellen Rechts, die mit der Verfahrensrüge geltend gemacht werden, und Verletzungen materiellen Rechts, die mit der Sachrüge angefochten werden. **643**

1. Verfahrensrügen

a) Befangenheit des R

644 A rügt die Befangenheit des erkennenden Richters R. Es wäre der absolute Revisionsgrund des § 338 Nr. 3 StPO gegeben, wenn R in der Hauptverhandlung wegen Besorgnis der Befangenheit abgelehnt und das Ablehnungsgesuch zu Unrecht verworfen worden war. V hatte in der Verhandlung einen Ablehnungsantrag gestellt, sodass die erste Voraussetzung erfüllt ist.

645 Das Ablehnungsgesuch des A müsste zu Unrecht verworfen worden sein. Die Verwerfung wäre zu Unrecht erfolgt, wenn das Ablehnungsgesuch zulässig und begründet war. Das Ablehnungsrecht stand nach § 24 III StPO dem A zu, der es durch seinen Verteidiger V geltend machen konnte. Mangels gegenteiliger Sachverhaltsangaben ist davon auszugehen, dass das Ablehnungsgesuch des A auch im Übrigen die Zulässigkeitsvoraussetzungen erfüllte. Insbesondere ist zu unterstellen, dass der Antrag gem. § 25 I StPO rechtzeitig gestellt wurde, nämlich vor Beginn der Vernehmung des ersten Angeklagten, also des A oder des B, über seine persönlichen Verhältnisse. Begründet war das Ablehnungsgesuch des A nach Maßgabe des § 24 II StPO dann, wenn ein Grund vorlag, der geeignet war, Misstrauen gegen die Unparteilichkeit des R zu rechtfertigen. Hierbei ist ein individuell-objektiver Maßstab anzulegen. Maßgeblich ist der Standpunkt eines vernünftigen Angeklagten, der auf Grund des ihm bekannten Sachverhalts bei verständiger Würdigung der Sache Grund zu der Annahme hat, der Richter sei befangen. Befangenheit ist die innere Haltung eines Richters, die seine erforderliche Neutralität, Distanz und Unparteilichkeit gegenüber den Verfahrensbeteiligten störend beeinflussen kann. Besorgnis der Befangenheit besteht, wenn ein am Verfahren Beteiligter bei vernünftiger Würdigung aller Umstände Anlass besitzt, an der Unvoreingenommenheit des Richters zu zweifeln. Der Ablehnungsgrund ist gem. § 26 II StPO glaubhaft zu machen. Daher genügt es, wenn durch die beigebrachten Beweismittel die Wahrscheinlichkeit ihrer Richtigkeit in einem hinreichenden Maße dargetan wird.

646 Die Besorgnis der Befangenheit könnte sich hier aus der politischen Einstellung und den vorprozessualen Äußerungen des R ergeben. R ist stadtbekannter Gegner der politischen Vereinigung, der A zugehörig ist. Allerdings rechtfertigt die Zugehörigkeit zu einer bestimmten Partei oder Weltanschauung allein nicht die Ablehnung eines Richters wegen Besorgnis der Befangenheit. Von unterschiedlichen politischen Ansichten des Angeklagten und des Richters geht grundsätzlich keine Gefahr für die notwendige Neutralität und Unvoreingenommenheit des Richters aus. Vielmehr kann ein Richter auch in solchen Konstellationen in der Lage sein, ein objektives Urteil zu fällen. R darf also anderer politischer Auffassung als A sein, ohne als befangen zu gelten. Allerdings könnte das Verhalten des R vor der Hauptverhandlung die Ablehnung wegen Befangenheit begründen. R gehört nicht nur einer anderen politischen Anschauung als A an, sondern gilt als Gegner der linken Vereinigung. Des Weiteren hat er sich in der Vergangenheit mehrmals dahingehend geäußert, dass die Vereinigung aufgelöst gehöre. Die Tatsache, dass R sich in diesen politischen Anschauungsfragen initiativ und aktiv zeigte, deutet auf eine fehlende Distanz zu der Beurteilung der linken Vereinigung und ihrer Angehörigen, zu denen auch A zählt, hin. Es kann angenommen werden, dass R den Tätigkeiten der Vereinigung nicht unvoreingenommen gegenübersteht. Daher steht zu befürchten, dass R auch die im Zusammenhang mit einer Demonstration der Vereinigung strafrechtlich zu beurteilenden Vorgänge nicht mehr unvoreingenommen und neutral beurteilen konnte. Es kommt auch gerade nicht darauf an, ob R tatsächlich befangen war. Die vorprozessualen Äußerungen des R über diese Vereinigung waren daher geeignet, in den Augen eines vernünftigen Angeklagten Misstrauen bezüglich der Unparteilichkeit des R zu wecken. Insoweit hat A einen Ablehnungsgrund gem. § 26 II StPO glaubhaft gemacht. Das Ablehnungsgesuch des A war somit gem. § 24 II StPO begründet. Die Verwerfung des Ablehnungsgesuchs wegen Besorgnis der Befangenheit erfolgte zu Unrecht. Der absolute Revisionsgrund des § 338 Nr. 3 StPO ist gegeben und die diesbezügliche Verfahrensrüge des A erfolgreich.

b) Beschränkung der Öffentlichkeit

Ferner rügt A einen Verstoß gegen den Öffentlichkeitsgrundsatz mit der Begründung, dass die Kontrollmaßnahmen gegenüber den Zuschauern die Öffentlichkeit beschränkt hätten. Die Verletzung von Vorschriften über die Öffentlichkeit des Verfahrens stellt nach § 338 Nr. 6 StPO ebenfalls einen absoluten Revisionsgrund dar. Die Hauptverhandlung findet gem. § 169 S. 1 GVG öffentlich statt. Grundsätzlich muss allen am Verfahren nicht beteiligten Personen die Möglichkeit gegeben werden, während der Verhandlung anwesend zu sein. Das war möglicherweise nicht gewährleistet, denn die Tatsache, dass die Personalien der Zuschauer festgehalten wurden, könnte Personen, die der Verhandlung eigentlich beiwohnen wollten, dazu veranlasst haben, der Verhandlung fernzubleiben. Personen, die keinen Personalausweis bei sich führten, war die Möglichkeit, der Verhandlung zuschauen zu können, ebenfalls verwehrt. Deshalb wird zum Teil in einer Ausweiskontrolle eine unzulässige Beschränkung der Öffentlichkeit gesehen, weil darin eine Einschüchterung der Zuschauer liege. Dem ist jedoch entgegenzuhalten, dass Einschränkungen der Teilnahme von Zuschauern zulässig sind, sofern Maßnahmen zur Aufrechterhaltung der Ordnung und Sicherheit der Hauptverhandlung dies erfordern. Grundsätzlich hat der Richter gem. §§ 176 ff. GVG die Sitzungsgewalt und kann auf Störungen reagieren.

647

R hatte etwaige Störungen durch die Zuschauer jedoch nicht abgewartet, sondern bereits im Vorfeld der Verhandlung zur Maßnahme der Personalienkontrolle gegriffen. Zudem hat er nicht zwischen unverdächtigen und verdächtigen Personen differenziert, sondern jeden Zuschauer einer Kontrolle unterworfen. Allerdings war die Sicherheit der Verhandlung auf andere Weise kaum zu gewährleisten, da durchaus zu befürchten war, dass die Verhandlung nicht sicher und ungestört durchgeführt werden konnte. Der ungestörte Ablauf einer Verhandlung erweist sich als ebenso wesentlich wie die durch den Öffentlichkeitsgrundsatz gewährleistete Kontrolle des Verfahrensgangs durch die Allgemeinheit. Besteht also ein begründeter Anlass, an einem ungestörten Verhandlungsablauf zu zweifeln, liegt es im Ermessen des Richters, auch Präventivmaßnahmen zu ergreifen. Dabei

648

darf die Öffentlichkeit nicht völlig ausgeschlossen werden. Die von R veranlassten Beschränkungen könnten sich demnach als verhältnismäßig erweisen. Bei dieser Ausweiskontrolle wurden die Zuschauer nämlich nicht grundsätzlich am Zugang zur Verhandlung gehindert, sondern es wurde jeder unterschiedslos eingelassen, wenn er sich nur ausweisen konnte. Eine gesetzwidrige Einschränkung der Zulassung der Öffentlichkeit ist darin nicht zu erkennen, denn die Möglichkeit der Anwesenheit bleibt dabei bestehen. Es ist nämlich keineswegs erforderlich, dass jedermann immer und unter allen Umständen uneingeschränkten Zutritt zu einer Hauptverhandlung haben muss. Gemessen an der Sicherheit des Ablaufs der Verhandlung stellen die Kontrollmaßnahmen keinen unangemessenen Eingriff dar. Insbesondere greift der Einwand der unzulässigen Einschüchterung der Zuschauer nicht durch, zumal eine solche bei Zuschauern, die gar nicht stören wollen, von vornherein nicht in Betracht kommt. Die Maßnahmen der Personenkontrolle erweisen sich daher als sachgerecht und verhältnismäßig. Eine Verletzung der Vorschriften über die Öffentlichkeit des Verfahrens ist nicht festzustellen. Der Revisionsgrund des § 338 Nr. 6 StPO liegt nicht vor. Die Verfahrensrüge des A ist insoweit unbegründet.

2. Sachrüge

649 A beanstandet darüber hinaus mit der Sachrüge die Verletzung materiellen Rechts auf Grund fehlerhafter rechtlicher Würdigung seines Verhaltens bei der Demonstration. Das könnte einen relativen Revisionsgrund darstellen. In Betracht kommt eine fehlerhafte Anwendung des § 231 StGB. Fraglich ist, ob sich A nach dieser Vorschrift strafbar gemacht hat, obwohl er das Geschehen zu dem Zeitpunkt des Messerstiches bereits verlassen hatte. Zur Erfüllung des objektiven Tatbestandes ist erforderlich, dass sich A an einer Schlägerei beteiligt hat. Eine Schlägerei ist ein in gegenseitige Tätlichkeiten ausartender Streit, an dem mindestens drei Personen aktiv mitwirken. Hier nahmen insgesamt zehn Personen an der tätlichen Auseinandersetzung teil, sodass diese Voraussetzung erfüllt ist. Beteiligt ist derjenige, der am Tatort anwesend ist und durch physische oder psychische Mitwirkung in feindseliger Weise an den Tätlichkeiten teilnimmt. Nach dem Sachverhalt trifft das auf A ohne weiteres zu. A ist in die Schlägerei auch nicht hineingezogen worden, ohne dass ihm dies vorzuwerfen war. Die Voraussetzungen des § 231 II StGB sind daher ebenfalls erfüllt. Er handelte zudem vorsätzlich.

650 Weiterhin ist die objektive Bedingung der Strafbarkeit, nämlich die Verursachung einer schweren Körperverletzung im Sinne des § 226 StGB eingetreten, da O sein Sehvermögen auf dem rechten Auge verlor. Fraglich ist aber, ob A der Eintritt der schweren Körperverletzung überhaupt zugerechnet werden kann, denn er hatte den Ort des Geschehens zum Zeitpunkt des Messerstiches bereits verlassen. Die Beantwortung dieser Frage ist streitig. Nach einer Literaturansicht setzt die Strafbarkeit aus § 231 StGB die Beteiligung während des Verursachungszeitpunktes voraus. Danach hätte A nicht nach § 231 StGB bestraft werden können. Begründet wird diese Ansicht damit, dass § 231 StGB ein abstraktes Gefährdungsdelikt sei und eine Bestrafung nach Sinn und Zweck der Vorschrift nur erfolgen könne, wenn die Gefährlichkeit zum Zeitpunkt der Verursachung der

schweren Körperverletzung noch existent war. Dagegen geht die überwiegende Ansicht davon aus, dass ein an der Schlägerei Beteiligter auch dann aus § 231 StGB zu bestrafen ist, wenn er seine Beteiligung zu einem Zeitpunkt aufgibt, in dem die schwere Folge von den anderen Beteiligten noch nicht verursacht worden ist, weil das vom Täter herbeigeführte Gefährlichkeitsmoment auch nach Beendigung des Tatbeitrages noch fortwirke. Daher sei es gerechtfertigt, den Täter auch dann zu bestrafen, wenn er zum Zeitpunkt der Verursachung der schweren Körperverletzung nicht mehr an der Schlägerei beteiligt war.

Diese Argumentation ist überzeugend, da der Täter den Fortgang und die Entwicklung der Auseinandersetzung durch seinen Tatbeitrag mitgeprägt und mitgetragen hat. Die Auswirkungen seiner Beteiligung entfallen durch sein Ausscheiden nicht ohne weiteres. Zudem zielt der Zweck der Vorschrift gerade darauf ab, sonst auftretende Beweisschwierigkeiten zu vermeiden. Eine direkte und unmittelbare Verursachung der schweren Folge durch den einzelnen Tatbeitrag ist für die Anwendung des § 231 StGB gerade nicht erforderlich. Unter Zugrundelegung dieser Auffassung kann es A nicht entlasten, dass er die Beteiligung an der Schlägerei zum Zeitpunkt des Messerstiches bereits beendet hatte. Das Gericht hat § 231 StGB somit zu Recht angewendet. 651

Die Sachrüge des A ist unbegründet. 652

III. Ergebnis

Die Sprungrevision des A hat Erfolg, weil sie zulässig und bezüglich der Verfahrensrüge nach § 338 Nr. 3 StPO auch begründet ist. Gem. § 354 II StPO wird das OLG als Revisionsgericht das Urteil des Amtsgerichts aufheben und die Sache an eine andere Abteilung des Gerichts zurückverweisen. 653

Frage 2: Erfolgsaussichten der Revision des B

Die Revision des B ist erfolgreich, wenn sie zulässig und begründet ist. 654

I. Zulässigkeit

1. Statthaftigkeit der Revision

Nach § 335 StPO ist die Sprungrevision gegen Urteile statthaft, gegen die Berufung zulässig wäre. Da gegen Urteile des Strafrichters gem. § 312 StPO die Berufung zulässig ist, ist die Sprungrevision des B somit statthaft. 655

2. Form und Fristen

Laut Sachverhalt legte B seine Revision beim Amtsgericht Potsdam fristgemäß ein. Die Revisionsbegründung erfolgte am 11. April 2007 innerhalb der Monatsfrist des § 345 I 1 StPO. B hat die Revision nicht durch einen Rechtsanwalt schriftlich begründet, sondern zu Protokoll der Geschäftsstelle erklärt. Dies ist nach § 345 II StPO möglich. Da er die Revision mit der Verletzung formellen 656

Rechts begründete, ist zudem das Formerfordernis des § 344 II StPO erfüllt. Auch vom Vorliegen der sonstigen Voraussetzungen ist auszugehen.

3. Beschwer des Rechtsmittelführers

657 Da B durch seine Verurteilung zu einer Freiheitsstrafe beschwert ist, muss ein Rechtsschutzbedürfnis des B bejaht werden.

4. Rechtsmittelberechtigung des B

658 B stand als Beschuldigtem gem. § 296 I StPO das Rechtsmittel der Revision zu.

5. Ergebnis

659 Die Revision des B ist zulässig.

II. Begründetheit

660 Die Revision des B ist begründet, wenn das Urteil auf einer Gesetzesverletzung beruht. B hat hier nur eine Verfahrensrüge erhoben. Er beanstandet die Verletzung formellen Rechts und macht geltend, dass das Gericht den Beweisantrag auf Vernehmung des Z als Zeugen unrechtmäßigerweise abgelehnt hat. Ein absoluter Revisionsgrund (§ 338 StPO) ist nicht gegeben, in Betracht kommt aber ein relativer Revisionsgrund nach § 337 StPO.

1. Zulässigkeit der Ablehnung des Beweisantrags

661 Möglicherweise liegt ein Verstoß gegen § 244 III StPO vor. Dann müsste R einen Beweisantrag des B zu Unrecht abgelehnt haben. Voraussetzung dafür ist, dass es sich bei dem Antrag des B überhaupt um einen Beweisantrag und nicht etwa um einen Beweisermittlungsantrag gehandelt hat. Ein Beweisantrag ist ein Begehren an das Gericht, ein bestimmtes Beweismittel zum Beweis einer bestimmten Tatsache herbeizuschaffen. Dabei muss der Antrag sowohl hinsichtlich des Beweismittels als auch hinsichtlich der Beweistatsache individualisiert sein. Fehlt dem Antrag die erforderliche doppelte Bestimmtheit, liegt ein Beweisermittlungsantrag vor. B hatte in der Hauptverhandlung einen Antrag gestellt, der auf die Vernehmung einer bestimmt genannten Person, nämlich des Z, und unter Angaben der bestimmten zu beweisenden Tatsache, dass B einen Angriff abgewehrt habe und somit in nicht vorwerfbarer Weise in die Schlägerei verwickelt worden zu sein, gerichtet war. Damit liegt hinsichtlich des Beweismittels und der Beweistatsache eine hinreichende Bestimmtheit vor, sodass der Antrag des B als Beweisantrag zu behandeln ist.

662 Ein Beweisantrag auf Vernehmung eines im Inland befindlichen Zeugen darf nur unter den Voraussetzungen des § 244 III StPO abgelehnt werden. Die Vorschrift nennt mehrere Ablehnungsgründe, von denen jedoch nur § 244 III 2 Alt. 3 StPO in Betracht kommt. Danach durfte R den Beweisantrag ablehnen, wenn die Tatsache, die bewiesen werden sollte, schon erwiesen war. Die Vernehmung des Z sollte den Beweis erbringen, dass B in nicht vorwerfbarer Weise in die Schlägerei hineingezogen worden ist. Dieser Sachverhalt war jedoch gerade nicht erwiesen. R

lehnte den Antrag vielmehr ab, weil er nicht diesen Sachverhalt, sondern das Gegenteil der Beweistatsache für erwiesen gehalten hat. Dieser Fall wird von § 244 III 2 Alt. 3 StPO aber nicht erfasst. Es handelt sich um einen sog. Verstoß gegen das Verbot der Beweisantizipation, das die Vorwegnahme des Ergebnisses einer beantragten Beweisaufnahme zum Nachteil des Antragstellers untersagt. Eine gesetzliche Ausnahme findet sich nur in der Regelung des § 244 IV 2 StPO, nach der ein weiterer Sachverständiger nicht gehört werden muss, wenn ein anderer bereits das Gegenteil der behaupteten Tatsache festgestellt hat. Diese Vorschrift findet aber nur auf die Vernehmung von Sachverständigen Anwendung. Im Umkehrschluss folgt daraus, dass sie für die Vernehmung von Zeugen nicht gilt. Hier bleibt es bei der Regelung des § 244 III 2 Alt. 3 StPO, wonach lediglich die behauptete Tatsache als erwiesen gelten kann. Da die Voraussetzungen des § 244 III 2 Alt. 3 StPO nicht vorliegen, hat R den Beweisantrag des B zu Unrecht abgelehnt.

2. Beruhen des Urteils auf der Gesetzesverletzung

Nach § 337 StPO hängt die Begründetheit der Revision davon ab, ob das Urteil auf der Gesetzesverletzung beruht. Das bedeutet, dass die Gesetzesverletzung ursächlich für den Inhalt des Urteils sein muss. Die bloße Möglichkeit, dass das Ergebnis der Beweiswürdigung und damit das Urteil anders ausgefallen wären, reicht für die Annahme des Beruhens aus. Ein voller Nachweis der Kausalität ist nicht notwendig. Es ist daher zu prüfen, ob das Gericht möglicherweise zu einem anderen Ergebnis gekommen wäre, wenn die Verletzung des § 244 III 2 StPO nicht vorgelegen hätte. Hätte R den Beweisantrag des B nicht abgelehnt und statt dessen Z als Zeugen vernommen, hätte dieser bekunden können, dass B nur deswegen in die Schlägerei hineingeriet, weil er sich des Angriffs eines anderen Schlägereibeteiligten erwehren musste. Unter Zugrundelegung des Geschehens, wie es sich nach der Aussage des Z möglicherweise dargestellt hätte, wäre B – der über die Abwehr des Angriffes hinaus keine Schläge austeilte – gem. § 32 StGB gerechtfertigt gewesen. Gem. § 231 II StGB geht aber derjenige straffrei aus, der zu keinem Zeitpunkt in vorwerfbarer Weise an der Schlägerei beteiligt war. Hierbei handelt es sich um eine Tatbestandseinschränkung, die auf Rechtfertigungs- und Entschuldigungsgründe verweist. Ein Täter, der sich auf Notwehr gem. § 32 StGB berufen kann, ist in nicht vorwerfbarer Weise an der Schlägerei beteiligt, sodass bereits der Tatbestand des § 231 StGB ausscheidet. Eine Strafbarkeit nach § 231 StGB wäre demnach zu verneinen gewesen. Es kann nicht ausgeschlossen werden, dass R dem Zeugen Z geglaubt hätte. Dann hätte er B freisprechen müssen. Die Möglichkeit, dass R bei Vernehmung des Z zu diesem Ergebnis gelangt wäre, reicht aus, um das Merkmal des Beruhens zu bejahen. Ein relativer Revisionsgrund nach § 337 StPO ist daher gegeben.

663

III. Ergebnis

Die Sprungrevision des B hat somit Erfolg, weil sie zulässig und begründet ist.

664

Hinweise zur Lösung:

665 Im Rahmen der **Frage** 1 ging es zunächst um die Besorgnis der Befangenheit eines Richters des erkennenden Gerichts. Die Rüge der unrechtmäßigen Verwerfung eines Antrags auf Ablehnung wegen Besorgnis der Befangenheit, die auf § 338 Nr. 3 StPO gestützt wird, ist ihrer Natur nach eine sofortige Beschwerde nach § 28 II StPO. Gem. § 28 II 2 StPO kann die Ablehnung eines Befangenheitsantrages gegen einen erkennenden Richter, also eines Richters, der auch am Urteil mitgewirkt hat, aber nur zusammen mit dem Urteil angefochten werden. Das Gesetz ändert hier aus Zweckmäßigkeitsgründen den Instanzenzug (BGHSt 27, 96, 98; *Meyer-Goßner*[50], § 28 Rn. 8 und § 338 Rn. 25). Die Rüge ist Teil der Revision, sodass die zusätzliche Einlegung einer sofortigen Beschwerde nicht notwendig ist. Voraussetzung der revisionsrechtlichen Verfahrensrüge ist aber die Anfechtbarkeit der das Ablehnungsgesuch zurückweisenden Entscheidung mit der sofortigen Beschwerde (*Kuckein* in KKStPO[5], § 338 Rn. 59; *Meyer-Goßner*[50], § 28 Rn. 8 und § 338 Rn. 26). Zu beachten ist, dass für die Beschwerde die Fristen und Formen, die für das Rechtsmittel gegen das Urteil gelten, einzuhalten sind (BGHSt 21, 334, 340; *Temming* in HKStPO[3], § 344 Rn. 13). Das sind hier die §§ 341, 344, 345 StPO. Der Beschwerdeführer muss in der Revisionsbegründungsschrift den Inhalt des Ablehnungsantrags und des ablehnenden Gerichtsbeschlusses mitteilen (BGHSt 21, 334, 340; *Kuckein* in KKStPO[5], § 344 Rn. 47; a.A. *Temming* in HKStPO[3], § 344 Rn. 13, wonach Inhalt und Begründung der abschlägigen Entscheidung nicht mitgeteilt werden müssen).

666 Besondere politische Weltanschauungen des Richters, die von denjenigen des Angeklagten abweichen, begründen die Besorgnis der Befangenheit grundsätzlich nicht, auch nicht bei Straftaten mit politischem Hintergrund oder bei politischen Aktivitäten des Richters außerhalb des Verfahrens, die sich allein aus der Teilnahme am politischen Leben erklären (*Lemke* in HKStPO[3], § 24 Rn. 15; *Meyer-Goßner*[50], § 24 Rn. 9), es sei denn, zwischen ihnen und der Strafsache besteht ein besonderer Zusammenhang. Die Besorgnis der Befangenheit ist auch anzunehmen, wenn der Richter die politische Zurückhaltung deutlich verlassen hat. Es kommt ja gerade nicht darauf an, ob er tatsächlich befangen war (BVerfGE 20, 9, 14; BGHSt 24, 336, 338). Dieser innere Zustand ist im Regelfall eines Beweises nicht zugänglich, sodass bereits ein Umstand, der geeignet ist, Misstrauen gegen die Unparteilichkeit des Richters zu begründen, dessen Ablehnung rechtfertigt (*Lemke* in HKStPO[3], § 24 Rn. 18).

667 Nach dem Grundsatz der Öffentlichkeit von Gerichtsverhandlungen (§ 169 Satz 1 GVG) kann jedermann ohne Ansehung seiner Zugehörigkeit zu bestimmten Bevölkerungsgruppen und ohne Ansehung bestimmter persönlichen Eigenschaften einer Gerichtsverhandlung beiwohnen (BGHSt 27, 13, 14; 28, 341, 343 ff.; *Diemer* in KKStPO[5], § 169 GVG Rn. 6). Zulässig sind nach Ansicht des BGH (St 27, 13, 15 f.) und der Literatur (*Hanack* in Löwe/Rosenberg[25], § 338 Rn. 110; *Kuckein* in KKStPO[5], § 338 Rn. 88; *Pfeiffer*[5], § 338 Rn. 23; *Temming* in HKStPO[3], § 338 Rn. 30) jedoch aus Sicherheitsgründen veranlasste Identitätskontrollen, die den Zugang zu einer Verhandlung nur unwesentlich erschweren und dabei eine

Auswahl der Zuschauer nach bestimmten persönlichen Merkmalen vermeiden. Es ist zulässig, nur solchen Personen den Besuch der Verhandlung zu gestatten, die sich ausweisen können, wenn die Sicherheit nicht ohne weiteres gewährleistet ist und mit Störungen zu rechnen ist (*Kissel/Mayer*[4], GVG, § 169 Rn. 39; BGHSt 27, 13, 16). Zulässig sind insbesondere auch eine Registrierung der Besucher und die Einbehaltung des Ausweises für die Verweildauer im Sitzungssaal (*Kissel/Mayer*[4], GVG, § 169 Rn. 40; OLG Karlsruhe, NJW 1975, 2080).

Die Beurteilung der Ablehnung eines Beweisantrages stellt ein typisches Problem einer Revisionsklausur dar. Ein Beweisantrag (allgemein zum Beweisantrag *Gollwitzer* in Löwe-Rosenberg[25], § 244 Rn. 93 ff.; *Herdegen* in KKStPO[5], § 244 Rn. 42 ff.), der auf die Herbeischaffung eines Beweismittels gerichtet ist, darf nur unter den engen Voraussetzungen des § 244 III-V StPO abgelehnt werden. Ansonsten ist das Gericht verpflichtet, einem Beweisantrag nachzugehen. **668**

Im Zusammenhang mit den **Fragen 1 und 2** waren materiell-rechtliche Standardprobleme des § 231 StGB zu erörtern. Bei **Frage 1** ging es darum, ob sich auch derjenige nach § 231 StGB strafbar macht, der seine Beteiligung an der Schlägerei vor Eintritt der schweren Folge aufgegeben hat. Die h.M. bejaht dies (BGHSt 14, 132, 134 f.; Lackner/*Kühl*[26], § 231 Rn. 5; *Hohmann* in MüKoStGB, § 231 Rn. 24). Da allein die Kausalität der Schlägerei – als Gesamtgeschehen begriffen – maßgeblich ist, spielt es für die Strafbarkeit keine Rolle, ob der Täter zum Zeitpunkt des Eintritts der schwerwiegenden Folge schon oder noch an der Schlägerei teilnimmt (*Hohmann* in MüKoStGB, § 231 Rn. 24). Nach der Gegenansicht ist eine Beteiligung während des Verursachungszeitpunktes erforderlich (*Krey/Heinrich*, BT I[13], Rn. 297). **669**

Der Fall zeigt bei **Frage 2**, dass eine materiell-rechtliche Problemstellung aus dem Bereich des StGB nicht nur Gegenstand einer Sachrüge sein kann, sondern auch im Rahmen einer Verfahrensrüge, nämlich bei der Beruhensfrage, eine Rolle spielen kann. Die dogmatische Einordnung des § 231 II StGB ist umstritten. Zutreffender Auffassung nach schränkt die Regelung bereits den Tatbestand des § 231 I StGB ein, sodass Rechtfertigungs- und Entschuldigungsgründe bereits tatbestandsausschließend wirken, soweit es das Einbeziehen in die Schlägerei betrifft (*Hohmann* in MüKoStGB, § 231 Rn. 19; BGHSt 31, 124, 127). **670**

Klausur Nr. 12**

Nachts am Bahnhof Zoo

Revision - zwangsweise Verabreichung von Brechmitteln – Mehrfachverfolgung durch verschiedene Schengenstaaten – Haftbeschwerde – Europäischer Haftbefehl

Am 20.05.2007 bemerkten Bundespolizeibeamte im Rahmen einer Streife am Berliner Bahnhof Zoo gegen 23.30 Uhr Theo Tischer (T) und Heinz Hamster (H). Während H in seiner Jackentasche wühlte und gleichzeitig nervös das Umfeld beobachtete, zog T ein kleines Plastikbeutelchen aus seinem Mund und hielt es in der Hand. Die Beamten vermuteten, dass es sich hierbei um ein „Drogenbömbchen" handelte. Als T die Streife entdeckte, steckte er das Beutelchen wieder in den Mund und schluckte es – zusammen mit fünf weiteren – hinunter. Danach wurde T von den Beamten festgenommen. Bei der anschließenden Durchsuchung fanden sie seinen deutschen Personalausweis und 260 Euro in Fünf- und Zehneuroscheinen, jedoch keine weiteren Drogen.

Auf Antrag der Staatsanwältin Anna Agit (A) ordnete der zuständige Ermittlungsrichter den Einsatz eines Brechmittels an. T wurde daraufhin von drei Polizeibeamten in ein Krankenhaus verbracht, um ihm durch einen Arzt ein Brechmittel zur Exkorporation des verschluckten Beutelchens verabreichen zu lassen. Nach Aufnahme einer umfangreichen Anamnese durch den Arzt weigerte sich T jedoch, die zur Herbeiführung des Erbrechens notwendigen Medikamente einzunehmen. Da sich T auch durch mehrfache Androhung von Zwangsmitteln nicht umstimmen ließ, wurde er von den Beamten festgehalten und am Bett fixiert. Der Arzt leitete dann über eine durch die Nase gelegte Magensonde ein Brechmittel in den Magen des T ein und injizierte ihm zusätzlich ein weiteres Brechmittel. Daraufhin erbrach T sechs Beutelchen mit insgesamt 1,2263 g Kokain.

Im Rahmen der Ermittlungen wurde A bekannt, dass T am 25.02.2005 von belgischen Behörden bei der Einfuhr von 250 Gramm Kokain aus Deutschland angetroffen worden war. Die Nachfrage bei den belgischen Behörden ergab, dass das dortige Strafverfahren mit einem Freispruch abgeschlossen worden war, weil T unwiderlegbar behauptet hatte, die Drogen seien ihm ohne sein Wissen „untergeschoben" worden. A leitete daraufhin ein weiteres Strafverfahren wegen unerlaubter Ausfuhr von Betäubungsmitteln ein, weil sie der Ansicht war, dass der Ausgang des belgischen Verfahrens allein die Einfuhr des Kokains nach Belgien betreffe und damit für das deutsche Verfahren ohne Bedeutung sei. Den Umstand, dass T auch am Bahnhof Zoo im Besitz von Kokain gewesen war, betrachtete A als Indiz dafür, dass T beim Grenzübertritt 2005 die Drogen bewusst mitgeführt hatte. A erhob Anklage gegen T wegen unerlaubter Ausfuhr von Betäubungsmitteln in Tatmehrheit mit Handeltreiben mit Betäubungsmitteln vor dem Schöffengericht des Amtsgerichts Berlin Tiergarten.

Zur Hauptverhandlung am 03.07.2007 wurde H als Zeuge geladen. Die Überprüfung seiner Personalien hatte ergeben, dass er zur Festnahme im Schengener Informationssystem (SIS) mit einem italienischen Auslieferungsersuchen ausgeschrieben war. In den umfangreichen und vollständigen Unterlagen wurde ihm vorgeworfen, 2006 in Italien mehrere gewalttätige sexuelle Übergriffe auf die zehnjährige Tochter seiner damaligen Lebensgefährtin vorgenommen und sie unter Todesdrohungen von einer Anzeige dieser Taten abgehalten zu haben. Die einschlägigen italienischen Strafnormen sehen eine Höchststrafe von 12 Jahren vor. Außerdem fand sich in den Unterlagen ein Schreiben der italienischen Justizbehörden, wonach eine spätere Überstellung des Verfolgten zur Strafvollstreckung in Deutschland gewährleistet werde. Sofort nach Erscheinen des H im Amtsgericht, ordnete der Amtsrichter die Auslieferungshaft gegen H, der bis dahin noch keine Kenntnis von der italienischen Ausschreibung hatte, an.

Das Schöffengericht verurteilte T wegen unerlaubter Ausfuhr von Betäubungsmitteln in Tatmehrheit mit Handeltreiben mit Betäubungsmitteln zu einer Freiheitsstrafe von einem Jahr. Die Strafvollstreckung wurde zur Bewährung ausgesetzt. Das Gericht stützte sein Urteil maßgeblich auf die von T ausgeschiedenen Drogenbömbchen.

Der Verteidiger des T, Dr. Rainer Versen (V), legte am 09.07.2007 bei dem Schöffengericht schriftlich gegen das Urteil Revision ein und begründete sie am 19.07.2007. V rügte die Verwertung der „Kokainbömbchen" bei der Verurteilung wegen des Vorfalls am Bahnhof Zoo mit der Begründung, die zwangsweise Verabreichung der Brechmittel habe außer Verhältnis zu der geringe Menge des Kokains gestanden. Der Verurteilung wegen unerlaubter Ausfuhr stehe entgegen, dass die Tat bereits in Belgien mit einem Freispruch abgeurteilt worden sei.

Der von H hinzugezogene Rechtsanwalt Walter Reimann (R) hatte schon am 03.07.2007 eine schriftliche Haftbeschwerde bei dem Amtsrichter, der die Auslieferungshaft gegen H angeordnet hatte, eingelegt.

1. Wird die Revision des T erfolgreich sein?

2. Hat die Einlegung einer Haftbeschwerde des H Aussicht auf Erfolg?

Lehrbuch: Rn. 255 ff.; 780 ff.; 833 ff.; 894 ff.; 936 ff.

Lösung

Frage 1: Revision des T

Die Revision des T wird erfolgreich sein, wenn sie zulässig und begründet ist. 672

I. Zulässigkeit

1. Statthaftigkeit

Gegen das Urteil des Schöffengerichts ist gem. § 312 2. Alt. StPO die Berufung zulässig, sodass die „Sprungrevision" des T nach § 335 StPO statthaft ist. 673

2. Form und Frist

V legte die Revision des T am 09.07.2007, somit binnen einer Woche nach Verkündung des Urteils (§ 341 I StPO), schriftlich bei dem „iudex a quo" ein und begründete die Revision am 19.07.2007 innerhalb der Monatsfrist des § 345 I StPO, in der durch § 345 II StPO vorgeschriebenen Form und mit dem von § 344 II StPO geforderten Inhalt. 674

3. Beschwer

Durch die Verurteilung ist T zudem beschwert. 675

4. Rechtsmittelberechtigung

Das Rechtsmittel der Revision steht T gem. § 296 I StPO als Angeklagtem zu. 676

5. Ergebnis

Die Revision des T ist zulässig. 677

II. Begründetheit

Die Revision ist nach § 337 I StPO begründet, wenn das Urteil auf einer Gesetzesverletzung beruht. Ein absoluter Revisionsgrund gem. § 338 StPO, bei dem das Gesetz das Beruhen unwiderleglich vermutet, ist nicht ersichtlich. In Betracht kommen aber relative Revisionsgründe. 678

1. Verwertung der aufgefundenen „Kokainbömbchen"

Ein Beweisverwertungsverbot könnte vorliegen, wenn die aufgefundenen „Drogenbömbchen" durch eine rechtswidrige Beweiserhebung erlangt worden sind. 679

a) Beweiserhebung

Die zwangsweise Vergabe von Brechmitteln wäre jedoch von § 81a I 2 StPO gedeckt, wenn dessen Voraussetzungen erfüllt sind und der Grundsatz der Verhältnismäßigkeit gewahrt ist. 680

aa) Anordnungsbefugnis

681 Die Anordnung des körperlichen Eingriffs erfolgte gem. § 81a II StPO durch den – zuständigen – Ermittlungsrichter.

bb) Körperlicher Eingriff

682 Wegen der mit der Zuführung von Medikamenten in den Körper verbundenen Beeinträchtigung der körperlichen Unversehrtheit handelte es sich um einen körperlichen Eingriff. Er diente dem Zutagefördern von Sachen, die als Beweismittel in Betracht kamen, also zur Feststellung von Tatsachen, die für das Verfahren von Bedeutung waren.

cc) Gesundheitlicher Nachteil

683 Die Brechmittelvergabe erfolgte durch einem Arzt unter Beachtung der Regeln der ärztlichen Kunst. Da der Eingriff ohne Einwilligung des T erfolgte, durfte er nach § 81a I 2 StPO jedoch nur dann vorgenommen werden, wenn ein Nachteil für die Gesundheit des T nicht zu befürchten, d.h. mit an Sicherheit grenzender Wahrscheinlichkeit ausgeschlossen war. Schmerzen und andere vorübergehende Unannehmlichkeiten genügen nicht, sondern es muss eine dauernde, zumindest erheblich über die Untersuchungsdauer hinauswirkende Beeinträchtigung des körperlichen Wohlbefindens eintreten.

684 Ob das Einflößen von Brechmitteln über eine Nasensonde solche Gesundheitsgefahren verursacht, ist in der Medizin umstritten. Teilweise werden schwerwiegende Gefahren für das Leben und die körperliche Unversehrtheit angenommen. Dies würden auch zwei Todesfälle in Deutschland im Zusammenhang mit einer zwangsweisen Brechmittelvergabe belegen. Im Übrigen hätten einige Bundesländer und Mitgliedstaaten der EU von dem Brechmitteleinsatz Abstand genommen.

685 Dem wird jedoch zu Recht entgegengehalten, dass grundsätzlich jede Verabreichung von Medikamenten und chemischen Substanzen mit gewissen gesundheitlichen Risiken verbunden ist. Wenn die erforderliche Anamnese vorgenommen werde, könnten diese auch bei einem Brechmitteleinsatz weitestgehend ausgeschlossen werden. Da hier der zwangsweise Brechmitteleinsatz erst nach einer umfassenden ärztlichen Anamnese durchgeführt wurde und Beschwerden des T nicht eintraten, waren die gesetzlichen Voraussetzungen des § 81a I 2 StPO erfüllt.

dd) Einschränkungen

686 Der zwangsweise Brechmitteleinsatz könnte aber gegen das Folterverbot des Art. 3 EMRK verstoßen. Der EMGR betrachtet die Erzwingung der Duldung des Brechmitteleinsatzes zwar nicht als Folter, im Einzelfall könne aber eine unmenschliche und erniedrigende Behandlung vorliegen. Zu berücksichtigen seien insbesondere die Notwendigkeit des Eingriffs für die Beweiserlangung, die damit verbundenen Gesundheitsgefahren sowie die physischen und psychischen Leiden, die Art und Weise des vorgenommenen Eingriffs, die Vornahme durch einen Arzt und die Gewährleistung weiterer ärztlicher Aufsicht sowie die Auswirkungen auf

die Gesundheit und das Gewicht der Straftat. Besondere Bedeutung komme der aufgewendeten Gewalt und deren Nebenerscheinungen zu.

Nicht zu verkennen ist, dass das Festhalten und Fixieren durch mehrere Polizeibeamte eine gesteigerte Gewalt darstellte, das Einführen der Magensonde Schmerz- und Furchtzuständen bewirkte und das Erbrechen unter Aufsicht den T seelisch belastete. Allerdings wurde der Eingriff fachgerecht von einem Arzt nach einer umfangreichen Anamnese und unter dessen Aufsicht durchgeführt. Hierdurch wurden die mit der Maßnahme verbundenen Gesundheitsgefahren soweit wie möglich ausgeschlossen und bleibende Gesundheitsschäden vermieden. Die Fixierung und das Festhalten durch die Beamten waren zudem erforderlich, Verletzungen durch den Eingriff zu verhindern. Die Gesamtabwägung der Umstände ergibt – unter Berücksichtigung des Tatvorwurfs und der Verdachtsmomente gegen T –, dass der Brechmitteleinsatz die Erheblichkeitsschwelle des Art. 3 EMRK nicht überschritt. 687

Der zwangsweise Brechmitteleinsatz könnte aber wegen Verstoßes gegen den nemo-tenetur-Grundsatz aus Art. 2 I i.V.m. Art. 1 I GG, der auch einen wesentlichen Bestandteil des Grundsatzes eines fairen Verfahrens aus Art. 6 I EMRK darstellt, unzulässig gewesen sein. Der Beschuldigte hat Untersuchungshandlungen zwar zu dulden, eine aktive Mitwirkungspflicht trifft ihn jedoch nicht. Zum Teil wird angenommen, dass der Beschuldigte bei einem zwangsweisen Verabreichen von Brechmitteln gegen seinen Willen gezwungen werde, durch das Erbrechen aktiv an dem gegen ihn gerichteten Strafverfahren mitzuwirken. Dagegen ist aber einzuwenden, dass eine Handlung – im Sinne einer Mitwirkung – eine willentlich steuerbare Körperbewegung voraussetzt. Das Erbrechen als typische Körperreaktion fällt aber gerade nicht hierunter, da es durch einen nicht willentlich steuerbaren Reiz ausgelöst wird. Somit stellt es auch keine aktive Mitwirkung dar. Das BVerfG erhebt deshalb gegen Brechmitteleinsatz grundsätzlich keine verfassungsrechtlichen Bedenken wegen Verletzung der Menschenwürde und des Grundsatzes der Selbstbelastungsfreiheit. Und auch der EGMR betrachtet die zwangsweise Gewinnung von Beweisen, die unabhängig vom Willen des Beschuldigten erfolgt, nicht als Beeinträchtigung des aus Art. 6 I EMRK folgenden Rechtes, sich nicht selbst beschuldigen zu müssen. 688

Vereinzelt wird die Rechtswidrigkeit der Brechmittelvergabe mit einer Parallele zu den verbotenen Vernehmungsmethoden des § 136a StPO begründet, indem der dort enthaltene allgemeine Grundsatz, dass die Wahrheit nicht um jeden Preis, sondern nur in einem rechtstaatlich geordneten Verfahren erforscht werden darf, auf den zwangsweisen Brechmitteleinsatz übertragen wird. Nach dieser Ansicht wird der entgegenstehende Wille des Beschuldigten durch die Brechmittelvergabe in einer für ihn quälenden Weise gebrochen. Der Übertragung steht jedoch bereits der Schutzzweck des § 136a StPO entgegen, der darin besteht, durch die Verbote der Einwirkung auf die Aussagefreiheit die zu vernehmende Person vor falschen Aussagen zu bewahren und somit denkbare Fehlerquellen – im Interesse der Wahrheitsfindung – auszuschalten. Die Gefahr einer unzuverlässigen Beweiserhebung ist bei der Brechmittelvergabe aber nicht zu befürchten. 689

Der Brechmitteleinsatz verstieß somit nicht gegen das GG oder die EMRK. 690

ee) Verhältnismäßigkeit

691 Zweifelhaft ist, ob die zwangsweise Vergabe der Brechmittel verhältnismäßig war.

692 Sie war jedenfalls geeignet, die „Drogenbömbchen" zum Zwecke der Beweissicherung zutage zu fördern.

693 Die Maßnahme müsste aber auch erforderlich gewesen sein, d.h. es hätte kein milderes Mittel zum gleichen Erfolg führen dürfen. Da T im vorliegenden Fall die Betäubungsmittel während des Vertriebs im Mund bereithielt, konnte er keinen Verkauf größerer Mengen tätigen. Es handelt sich somit bei T lediglich um einen „Kleindealer", wobei das Abwarten des Ausscheidens auf natürlichem Wege als weniger einschneidende Maßnahme in Betracht käme. Dagegen lässt sich nicht einwenden, der Brechmitteleinsatz sei aufgrund der generellen Gefahr, dass ein Beutelchen im Verdauungstrakt aufplatzen und zu lebensgefährlichen Vergiftungen führen könnte, notwendig gewesen, denn § 81a StPO dient der Beweismittelsicherung und -erlangung; die Vermeidung offenkundiger Gesundheitsgefahren stellt lediglich einen nicht bezweckten Nebeneffekt dar.

694 Damit fehlte hier also die Erforderlichkeit des Brechmitteleinsatzes, sodass die Beweiserhebung durch die zwangsweise Brechmittelvergabe rechtswidrig war.

b) Beweisverwertung

695 Fraglich ist, ob die rechtswidrige Beweiserhebung hier ein Beweisverwertungsverbot nach sich zieht.

696 Nach der Rechtskreistheorie des BGH liegt ein Beweisverwertungsverbot vor, wenn die Verletzung des Beweiserhebungsverbotes den Rechtskreis des Beschuldigten wesentlich berührt. In unserem Fall greift die rechtswidrige Beweiserhebung unmittelbar und nicht nur unerheblich in die Rechte des T ein, sodass danach ein Beweisverwertungsverbot anzunehmen wäre.

697 Die Rechtsprechung berücksichtigt heute jedoch andere Gesichtspunkte, nämlich das Ausmaß und die Schwere des Verstoßes, die Bedeutung der Sache und die Wichtigkeit des Beweismittels. Die unverhältnismäßige Brechmittelvergabe stellt eine nicht unerhebliche Rechtsverletzung dar. Angesichts der relativ geringen Bedeutung der Sache, T war offensichtlich nur ein „kleiner Straßendealer", und der Möglichkeit, die genaue Menge des Kokains nach dem natürlichen Ausscheiden festzustellen, läge auch nach dieser Auffassung ein Beweisverwertungsverbot vor.

698 Zu diesem Ergebnis würde auch die h.L. gelangen, die eine Gesamtabwägung der geschützten Rechtsgüter des Beschuldigten und des Strafverfolgungsinteresses des Staates vornimmt. Die bereits genannten Aspekte sprechen für ein Übergewicht der körperlichen Unversehrtheit des T gegenüber einer Verurteilung als „Straßendealer".

c) Zwischenergebnis

699 Somit unterfallen die durch die rechtswidrige Beweiserhebung erlangten sechs „Drogenbömbchen" einem Beweisverwertungsverbot.

2. Strafklageverbrauch

Das Schöffengericht hätte das Verfahren wegen unerlaubten Ausführens von Betäubungsmitteln durch Prozessurteil gem. § 260 III StPO einstellen müssen, wenn ein Verfahrenshindernis bestand. Wegen des Freispruchs des T durch das belgische Gericht vom Vorwurf der unerlaubten Einfuhr von Betäubungsmitteln könnte ein Strafklageverbrauch eingetreten sein.

a) Art. 103 III GG

Der in Art. 103 III GG niedergelegte Grundsatz „ne bis in idem" stellt ein verfahrensrechtliches Grundrecht dar, das jedoch nur für inländische rechtskräftige Entscheidungen gilt, sodass eine ausländische Verurteilung die Strafverfolgung im Inland grundsätzlich nicht hindert. Da hier der deutschen Verurteilung ein belgischer Freispruch vorausging, ist Art. 103 III GG nicht verletzt.

700

701

b) Art. II-110 EU-Verfassung

Art. II-110 des am 29.10.2004 von den Staats- und Regierungschefs der EU-Mitgliedstaaten unterzeichneten Vertrages über eine Verfassung für Europa enthält zwar ein unionsweites Doppelbestrafungsverbot. Die zum Inkrafttreten der EU-Verfassung erforderliche Ratifikation in allen EU-Mitgliedstaaten liegt jedoch nicht vor, sodass auch dieses Justizgrundrecht noch keine Geltung erlangt hat.

702

c) Art. 54 SDÜ

Das Verbot der Doppelbestrafung (ne bis in idem) als Verfahrenshindernis und eines der wichtigsten Justizgrundrechte sieht aber Art. 54 des Schengener Durchführungsübereinkommens (SDÜ) für bestimmte ausländische Aburteilungen vor.

703

aa) Anwendungsbereich

Da es sich hierbei um eine völkerrechtliche Vereinbarung zwischen mittlerweile 27 Ländern handelt, ist der Anwendungsbereich des Art. 54 SDÜ auf diese Mitgliedstaaten beschränkt. Das am 01.09.1993 in Kraft getretene Abkommen wurde sowohl in Deutschland als auch in Belgien am 26.03.1995 i.S. des Art. 139 SDÜ noch einmal ausdrücklich in Kraft gesetzt. Damit erstreckt sich der räumliche Anwendungsbereich des Art. 54 SDÜ auf beide Länder. Art. 54 SDÜ ist also auf unseren Fall anwendbar.

704

bb) Rechtskräftige Aburteilung

Die rechtskräftige Aburteilung durch eine Vertragspartei des SDÜ bewirkt einen Verbrauch der Strafklage in den anderen Vertragsstaaten. In Rechtsprechung und Literatur ist die Reichweite dieses Rechtsbegriffs zwar derzeit noch umstritten, welche Entscheidungen dem Begriff der rechtskräftigen Aburteilung unterfallen, Einigkeit besteht aber darüber, dass jedenfalls ein von einer Vertragspartei gefälltes Gerichtsurteil – freisprechend oder verurteilend – zu einem Strafklagever-

705

brauch im gesamten Schengenraum führt. Damit handelt es sich bei dem belgischen Freispruch um eine rechtskräftige Aburteilung.

cc) Dieselbe Tat

706 Das Verfahrenshindernis aus Art. 54 SDÜ setzt allerdings voraus, dass die Entscheidung des Schöffengerichts wegen „derselben Tat" wie der rechtskräftige belgische Freispruch ergangen ist.

707 Fraglich ist, ob dieses Merkmal bei der unerlaubten Ausfuhr von Betäubungsmitteln aus einem Land und deren unerlaubter Einfuhr in ein anderes Land vorliegt.

708 Art. 54 SDÜ stellt nach Auffassung des EuGH allein auf das Vorliegen der fraglichen Tat ab und nicht auf deren rechtliche Qualifizierung. Maßgebliches Kriterium ist somit die Identität der materiellen Tat, die das Gericht als einen Komplex unlösbar miteinander verbundener Umstände definiert.

709 Danach sind strafbare Handlungen, die in der Aus- und Einfuhr derselben Betäubungsmittel bestehen und in verschiedenen Vertragstaaten strafrechtlich verfolgt worden sind, grundsätzlich als dieselbe Tat i.S.d. Art. 54 SDÜ anzusehen.

710 Die Entscheidung des Schöffengerichts erging somit wegen „derselben Tat", die dem rechtskräftigen Freispruch durch das belgische Gericht zugrunde lag.

dd) Zwischenergebnis

711 Das Schöffengericht verstieß gegen das Verfahrenshindernis des Doppelbestrafungsverbotes aus Art. 54 SDÜ.

III. Ergebnis

712 Die Sprungrevision des T ist daher erfolgreich. Das Revisionsgericht wird gem. § 354 I StPO das Urteil hinsichtlich der Verurteilung wegen unerlaubter Ausfuhr von Betäubungsmitteln aufheben und T insofern freisprechen. Im Übrigen wird es das Urteil des Schöffengerichts nach § 354 II StPO aufheben und die Sache an eine andere Abteilung des Amtsgerichts zurückverweisen.

Frage 2: Haftbeschwerde des H

713 Die Haftbeschwerde wird erfolgreich sein, wenn sie zulässig und begründet ist.

I. Zulässigkeit

1. Statthaftigkeit

714 Die Beschwerde ist gem. § 304 I StPO gegen richterliche Verfügungen, also auch gegen die Anordnung der Auslieferungshaft statthaft. Gründe für einen Ausschluss nach § 304 III, IV, V StPO oder für sonstige gesetzliche Beschwerdebeschränkungen sind nicht ersichtlich, sodass die Haftbeschwerde des H statthaft ist.

2. Form und Frist

Die Beschwerdeeinlegung ist gem. § 306 I StPO ohne Einhaltung einer Frist bei dem Gericht, von dem die angefochtene Entscheidung erlassen wurde, schriftlich oder zu Protokoll der Geschäftsstelle einzulegen. Eine Beschwerdebegründung ist nicht vorgeschrieben. 715

Die schriftliche Haftbeschwerde des Verteidigers des H genügt diesen Anforderungen. 716

3. Beschwer

Da die richterliche Verfügung zu seinem Nachteil erging, ist H auch beschwert. 717

4. Rechtsmittelberechtigung

H ist gem. § 296 I StPO als Beschuldigter zur Einlegung berechtigt. 718

5. Ergebnis

Die Haftbeschwerde des H ist zulässig. 719

II. Begründetheit

Die Haftbeschwerde des H wäre begründet, wenn die richterliche Anordnung der Auslieferungshaft rechtswidrig war. 720

1. Haftgrund Auslieferungsersuchen

Nach § 15 I IRG kann die Auslieferungshaft angeordnet werden, wenn ein Auslieferungsersuchen vorliegt. 721

Eine Ausschreibung zur Festnahme zum Zwecke der Auslieferung im SIS gilt auf Grund der gesetzlichen Fiktion des § 83a II IRG als Europäischer Haftbefehl, sofern darin die unter § 83a I Nr. 1-6 IRG bezeichneten Angaben enthalten sind. Hier lagen vollständige Unterlagen und damit ein Europäischer Haftbefehl vor, der gem. § 79 I IRG grundsätzlich zur Bewilligung zulässiger Auslieferungsersuchen verpflichtet. 722

a) Zulässigkeit der Auslieferung

aa) Rechtswidrige Tat nach deutschem Recht

Der italienische Tatvorwurf entspricht dem des § 177 I Nr. 1 StGB, sodass eine nach § 81 I i.V.m. § 3 I IRG auch nach deutschem Recht tatbestandsmäßige und rechtswidrige Straftat gegeben ist. 723

bb) Erhebliche Strafdrohung

§ 81 I Nr. 1 IRG verlangt, dass die Tat bei einer Auslieferung zur Verfolgung nach Recht des ersuchenden Mitgliedstaates im Höchstmaß mit einer mindestens zwölf- 724 monatigen Freiheitsstrafe bedroht ist. Die betroffenen italienischen Straftatbestände sehen sogar eine Höchststrafe von zwölf Jahren vor.

cc) Auslieferung deutscher Staatsangehöriger

725 Für die Auslieferung deutscher Staatsangehöriger ist gem. § 80 I Nr. 1 StPO die Sicherung einer späteren Rücküberstellung zur Vollstreckung erforderlich. Eine spätere Überstellung des H zur Strafvollstreckung in Deutschland wird hier durch das Schreiben der italienischen Justizbehörden gewährleistet.

726 § 80 I Nr. 2 IRG verlangt zudem, dass die Tat einen maßgeblichen Bezug zum ersuchenden Mitgliedstaat aufweist. Ein solcher Bezug liegt gem. § 80 I 2 IRG vor, wenn die Tathandlung vollständig oder in wesentlichen Teilen dort begangen wurde und der Taterfolg zumindest in wesentlichen Teilen dort eingetreten ist. Diese Voraussetzungen liegen bei den gewalttätigen sexuellen Übergriffen des H auf die zehnjährige Tochter seiner damaligen Lebensgefährtin vor.

dd) Auslieferungsunterlagen

727 Die in § 83a IRG geforderten Auslieferungsunterlagen sind vollständig vorhanden.

ee) Nichtvorliegen von Ausschlussgründen

728 Ausschlussgründe des § 83 Nr. 1 bis 4 IRG kommen hier nicht in Betracht.

b) Ergebnis

729 Die Auslieferung des H ist somit grundsätzlich zulässig.

2. Flucht- oder Verdunklungsgefahr

730 Die Anordnung der Auslieferungshaft setzt zudem gem. § 15 I Nr. 1 u. 2 IRG Flucht- oder Verdunklungsgefahr voraus.

731 Ein auf bestimmte Tatsachen gegründeter dringender Verdacht von Verdunkelungshandlungen ist dem Sachverhalt nicht zu entnehmen. H hatte zwar bereits versucht, auf das Verhalten des Tatopfers Einfluss zu nehmen. Bestimmte Tatsachen, die eine hohe Wahrscheinlichkeit begründen, dass H dies erneut tun würde, sind aber nicht ersichtlich.

732 Fluchtgefahr wird dagegen angenommen, wenn die Besorgnis besteht, dass sich der Verfolgte dem Auslieferungsersuchen des ersuchenden Staates entziehen könnte. H hatte zuvor mittels Todesdrohungen versucht, ein Strafverfahren gegen sich zu verhindern. Zudem lässt auch die hohe Straferwartung von bis zu 12 Jahren Freiheitsstrafe bezweifeln, ob er sich dem ausländischen Verfahren freiwillig stellen wird. Fluchtgefahr ist deshalb anzunehmen.

3. Zulässigkeit der Auslieferung

733 § 15 II IRG steht der Anordnung der Auslieferungshaft nicht entgegen, da – wie dargelegt – die Auslieferung zulässig ist.

III. Ergebnis

Die Anordnung der Auslieferungshaft gem. § 15 I IRG war rechtmäßig, sodass die Haftbeschwerde des H zwar zulässig, aber unbegründet ist und somit keinen Erfolg hat.   734

Hinweise zur Lösung:

Die Zulässigkeit der zwangsweisen Verabreichung von Brechmitteln kann zwar schon generell verneint werden, wenn darin generell ein „Nachteil" für die Gesundheit des Beschuldigten gesehen wird. Der EGMR fordert aber eine Prüfung der Umstände des konkreten Falles (NJW 2006, 3117, 3120 f.; StV 2006, 617, 619; siehe auch *Schumann*, StV 2006, 661, 663 f.; *Schuhr*, NJW 2006, 3538 ff.).   735

Wenn, was hier nahe liegt, ein Beweiserhebungsverbot festgestellt wird, sind die Voraussetzungen zu erörtern, aus denen sich ein Beweisverwertungsverbot ergibt. Dabei handelt es sich um „Standardwissen". Die Rechtskreistheorie (BGHSt 11, 213, 215; 17, 245, 247), die heutige Rechtsprechung (BGHSt 27, 355, 357; 29, 244, 249 f., 38, 214, 221 ff.; 42, 372, 377; 47, 172, 179) und die h.L. (*Meyer-Goßner*[50], § 337 Rn. 19; *Senge*, in: KKStPO[5], Einl. Rn. 140; *Beulke*[9], Rn. 458; *Daleman/Heuchemer*, JA 2003, 430, 434 f.; *Rogall*, NStZ 1988, 385, 392) sollten bekannt sein.   736

Bei der Prüfung des Strafklageverbrauchs ist zu berücksichtigen, dass er sich aus § 54 SDÜ, als Teil eines völkerrechtlichen Vertrages (hierzu *Hecker*[2], Europäisches Strafrecht, § 13, Rn. 12 ff.), ergibt. Die Kenntnis der Auslegung des Begriffs „dieselbe Tat" durch den EuGH (NJW 2006, 1781, 1782) ist nicht gefordert. In der Sache entspricht sie aber dem prozessualen Tatbegriff (etwa *Pfeiffer*[5], § 264, Rn. 2; *Joecks*, § 264, Rn. 2). Deshalb kann auch damit argumentiert werden.   737

Die Untersuchung der Voraussetzungen des Europäischen Haftbefehls erfolgt hier im Rahmen der Haftbeschwerde gegen die richterliche Anordnung der Auslieferungshaft. Zu beachten ist, dass gem. § 15 I IRG das Vorliegen eines Europäischen Haftbefehls als Haftgrund nicht ausreicht, sondern darüber hinaus eine Flucht- oder Verdunklungsgefahr erforderlich ist (OLG Stuttgart, NStZ-RR 2005, 181; OLG Stuttgart, NJW 2007, 613, 614 f.; OLG Karlsruhe, NJW 2007, 615, 616 f.; *Böhm*, NJW 2006, 2592, 2594).   738

Sollten in einem anderen Fall die Voraussetzungen einer konkreten Auslieferung zu prüfen sein, sind zusätzlich mögliche Bewilligungshindernisse des § 83b IRG sowie die Einhaltung der Fristen des § 83 c IRG zu beachten.   739

Bekannt sein sollte die mehrfach erfolgte Umsetzung des Rahmenbeschlusses des Rates über den Europäischen Haftbefehl und die Übergabeverfahren zwischen den Mitgliedstaaten in nationales Recht sowie deren Bewertungen in Rechtsprechung und Literatur (siehe dazu BVerfGE 113, 273 ff.; BT-Drs. 16/554; BGBl I 2006, S. 1721, *Böhm*, NJW 2006 2592 ff.; *Heger*, ZIS 2007, 221 ff.; *Mitsch* JA 2006, 448 ff.; *Rosenthal*, ZRP 2006, 105 ff.).   740

Klausur Nr. 13*

Der nachtragende Arbeitnehmer

Revision – fehlerhafte Gerichtsbesetzung – fehlerhafte Beweiswürdigung – Hauptverhandlung in Abwesenheit des Wahlverteidigers – Sachrüge – Revisionserstreckung auf Mitangeklagte

Werner Anders (A) wurde vom Richter am Amtsgericht Potsdam Dr. Vennhoff (V) am 4. April 2007 wegen Körperverletzung (§ 223 I StGB) in Tateinheit mit tätlicher Beleidigung (§ 185 StGB) und Hausfriedensbruch (§ 123 StGB) zu einer Geldstrafe von 60 Tagessätzen à 35 Euro verurteilt. Gegen den Mitangeklagten Bernhard Bolt (B) verhängte V wegen Beihilfe zur Körperverletzung und tätlichen Beleidigung (§§ 223 I, 185, 27 StGB) in Tateinheit mit Hausfriedensbruch eine Geldstrafe von 30 Tagessätzen à 30 Euro. In den Urteilsgründen stellte das Gericht fest, dass sich A und B in das Büro des Horst Carl (C), des früheren Arbeitgebers des A, begeben hatten, um ihn wegen der fristlosen Kündigung des A zur Rede zu stellen. Als C sich weigerte, dazu Stellung zu nehmen, und A und B des Raumes verwies, spuckte A dem C in das Gesicht, wodurch dieser ein starkes Ekelgefühl empfand. B billigte das Vorgehen seines Freundes A.

Am 6. April 2007 legte Wahlverteidiger Rudolf (R) für seinen Mandanten A Revision ein. Die Zustellung des Urteils erfolgte am 14. April 2007. Am 9. Mai 2007 begründete R die Revision. Er rügte die Verletzung formellen und materiellen Rechts und trug zur Begründung Folgendes vor:

Nach dem Geschäftsverteilungsplan des Amtsgerichts Potsdam war V nur bis zum 31. März 2007 Strafrichter. Seit dem 1. April 2007 ist er Zivilrichter.

Der Beginn der Hauptverhandlung fand in Abwesenheit des R statt. Auf dem Weg in die Hauptverhandlung geriet dieser in einen Verkehrsstau und rief bei Gericht an, dass er ungefähr eine viertel Stunde später komme. Dies teilte V dem A mit, der daraufhin erklärte, auf R warten zu wollen. Dennoch eröffnete V pünktlich die Hauptverhandlung, weil er der Meinung war, dass die Anwesenheit des R nicht erforderlich sei. Etwa 15 Minuten nach Verhandlungsbeginn erreichte R den Sitzungssaal. Zu diesem Zeitpunkt war die Vernehmung des A zur Sache bereits abgeschlossen.

Die Feststellungen im Urteil, A habe C in das Gesicht gespuckt, sei unrichtig. Das Gericht habe den Grundsatz der freien Beweiswürdigung (§ 261 StPO) verletzt. Entgegen der uneidlichen Aussage des C, der behauptet hatte, A habe ihn angespuckt, konnte die eidlich vernommene Sekretärin des C Gundula Dörffler (D) nur bekunden, dass sie durch die halb geöffnete Tür eine „Rangelei" zwischen A und C wahrgenommen habe. Diese Darstellung entspreche den Einlassungen von A und B.

R machte zudem geltend, das Gericht habe § 223 StGB nicht anwenden dürfen, weil das Anspucken eines Menschen nicht den Tatbestand der Körperverletzung erfülle.

1. Hat die Revision Aussicht auf Erfolg?

2. Würde es sich auf die Verurteilung des B auswirken, wenn das Revisionsgericht zu dem Ergebnis käme, dass § 223 I StGB nicht vorliegt? B hat kein Rechtsmittel gegen das Urteil des V eingelegt.

Lehrbuch: Rn. 9; 799-801; 898-904; 907-910; 916-920; 932-934.

Lösung

Frage 1: Erfolgsaussichten der Revision des A

Die Revision des A ist erfolgreich, wenn sie zulässig und begründet ist. 742

I. Zulässigkeit

1. Statthaftigkeit der Revision

Da gegen das Urteil des V gem. § 312 StPO die Berufung zulässig wäre, ist die Statthaftigkeit der Sprungrevision des A nach § 335 StPO gegeben. 743

2. Form und Fristen

Da A die Revision gegen das Urteil vom 4. April 2007 durch seinen Verteidiger R bei dem Amtsgericht Potsdam am 6. April 2007 einlegte, sind die Voraussetzungen des § 341 I StPO unproblematisch erfüllt. 744

Die Revision begründete R am 9. Mai 2007, sodass er auch die Monatsfrist des § 345 I 2 StPO einhielt. Nach § 345 II StPO muss die Begründung in einer von einem Verteidiger unterzeichneten Schrift oder zu Protokoll der Geschäftsstelle erfolgen. Das ist hier geschehen. 745

Gem. § 344 II StPO muss aus der Revisionsbegründung hervorgehen, ob das Urteil wegen der Verletzung formellen oder materiellen Rechts angefochten wird. Wird die Verletzung formellen Rechts geltend gemacht, muss in der Begründungsschrift gem. § 344 II 2 StPO weiterhin die Angabe der Tatsachen erfolgen, die den Mangel enthalten. Diesen Erfordernissen genügt die Revisionsbegründung des V, da er ausdrücklich die Verletzung formellen und materiellen Rechts rügte und die Tatsachen bezüglich des Geschäftsverteilungsplans, seiner Verspätung und der Beweiswürdigung angab. 746

A hat die Revision damit form- und fristgerecht eingelegt. 747

3. Beschwer des Rechtsmittelführers

A ist durch seine Verurteilung zu einer Geldstrafe beschwert, sodass ein Rechtsschutzbedürfnis vorliegt. 748

4. Rechtsmittelberechtigung des A

A stand gem. § 296 I StPO das Rechtsmittel der Revision zu. 749

5. Ergebnis

Die Revision des A ist zulässig. 750

II. Begründetheit

Die Revision ist gemäß § 337 StPO begründet, wenn das Urteil auf einer Gesetzesverletzung beruht. A erhebt mehrere Verfahrensrügen, mit denen er die Verlet- 751 zung formellen Rechts geltend macht, und die Sachrüge, die sich auf die Verletzung materiellen Rechts stützt.

1. Verfahrensrügen

a) Teilnahme des V an der Verhandlung

752 In Betracht kommt der absolute Revisionsgrund des § 338 Nr. 1 StPO, sofern das erkennende Gericht wegen der Teilnahme des V an der Hauptverhandlung nicht vorschriftsmäßig besetzt war. § 338 Nr. 1 StPO sichert das Recht auf den gesetzlichen Richter gem. Art. 101 I 2 GG verfahrensrechtlich ab. Die Mitwirkung des V an der Hauptverhandlung entsprach nicht dem Geschäftsverteilungsplan des Amtsgerichts. Erfolgreich gerügt werden kann eine fehlerhafte Besetzung aber nur dann, wenn sie objektiv willkürlich ist. Bejaht wird das bei einer unvertretbaren Gesetzesanwendung, nicht dagegen bei einem bloßen Verfahrensirrtum. Deshalb führt die Nichteinhaltung des Geschäftsverteilungsplans, der keine Rechtsnorm, sondern ein Organisationsakt ist, nur dann zur Annahme einer vorschriftswidrigen Gerichtsbesetzung, wenn der Geschäftsverteilungsplan als solcher unrechtmäßig ist oder von ihm in missbräuchlicher Weise abgewichen wird. Insbesondere bei offensichtlicher oder grob fehlerhafter Abweichung kann das der Fall sein. Da V nach dem Geschäftsverteilungsplan die Strafgerichtsbarkeit vollständig verlassen hatte, war klar, dass er keinerlei Zuständigkeiten im Bereich der Strafgerichtsbarkeit mehr besaß. Eine offensichtliche und grob fehlerhafte Abweichung vom Geschäftsverteilungsplan ist daher zu bejahen. Das erkennende Gericht war somit nicht vorschriftsmäßig besetzt, sodass die Voraussetzungen des § 338 Nr. 1 StPO erfüllt sind. Der Einwand der vorschriftswidrigen Besetzung ist hier auch nicht nach § 222b StPO ausgeschlossen, denn die Rügepräklusion nach § 222b StPO findet auf Verfahren vor den Amtsgerichten keine Anwendung, wie sich aus § 222a StPO ergibt.

753 Die Besetzungsrüge des A ist somit erfolgreich.

b) Eröffnung der Hauptverhandlung in Abwesenheit des R

aa) § 338 Nr. 5 StPO

754 Die Tatsache, dass V die Verhandlung eröffnete, ohne das Eintreffen des R abzuwarten, könnte den absoluten Revisionsgrund des § 338 Nr. 5 StPO erfüllen. Dann müsste die Hauptverhandlung in Abwesenheit einer Person, deren Anwesenheit das Gesetz vorschreibt, stattgefunden haben. Die Abwesenheit des Wahlverteidigers stellt aber nur dann einen Aufhebungsgrund dar, wenn ein Fall der notwendigen Verteidigung nach § 140 StPO vorliegt. Eine notwendige Verteidigung nach Maßgabe des § 140 I StPO war nicht gegeben, jedoch kam möglicherweise eine – hier unterbliebene – Bestellung nach § 140 II StPO in Betracht, sofern die Mitwirkung eines Verteidigers wegen der Schwere der Tat oder wegen der Schwierigkeit der Sach- oder Rechtslage geboten erschien oder sich A ersichtlich nicht selbst verteidigen konnte. Da die dem A vorgeworfenen Delikte, Körperverletzung, Beleidigung und Hausfriedensbruch, eher Bagatellstraftaten darstellen, handelt es

sich nicht um eine schwerwiegende Tat. Wegen des überschaubaren Lebenssachverhalts und der Einschlägigkeit relativ unproblematischer Tatbestände liegt zudem kein sachlich oder rechtlich schwierig gelagerter Fall vor. Anhaltspunkte, dass A sich nicht selbst verteidigen konnte, sind ebenfalls nicht ersichtlich. Ein Fall notwendiger Verteidigung, bei der das Gesetz in § 145 StPO die Anwesenheit des Verteidigers in der Hauptverhandlung vorschreibt, war daher nicht gegeben. Der absolute Revisionsgrund des § 338 Nr. 5 StPO ist nicht erfüllt.

bb) § 338 Nr. 8 StPO

In Betracht kommt aber der Revisionsgrund des § 338 Nr. 8 StPO. Dann müsste die Verteidigung in einem für die Entscheidung wesentlichen Punkt durch einen Beschluss des Gerichts unzulässig beschränkt worden sein. Die Beschränkung muss durch einen in der Hauptverhandlung ergangenen Gerichtsbeschluss erfolgen. Dieser liegt in der Entscheidung des V, mit der Verhandlung in Abwesenheit des R fortzufahren. Da die Hauptverhandlung gem. § 243 I 1 StPO mit dem Aufruf der Sache beginnt, erging dieser Beschluss in der Hauptverhandlung. Fraglich ist aber, ob das Nichtabwarten des Eintreffens des R als unzulässige Beschränkung der Verteidigung zu werten ist. Gem. § 228 II StPO gibt die Verhinderung des Wahlverteidigers dem Angeklagten kein Recht, die Aussetzung der Verhandlung zu verlangen. Grundsätzlich ist es daher nicht zu beanstanden, wenn das Gericht trotz Kenntnis von der Wahlverteidigung in Abwesenheit des Verteidigers mit der Verhandlung beginnt. Dies gilt vor allem dann, wenn dem Gericht keine Hinderungsgründe bekannt sind.

§ 228 II StPO findet jedoch keine Anwendung, wenn die Verhandlung ohne den Verteidiger mit dem Grundsatz des fairen Verfahrens unvereinbar ist. Aus dem Recht des Angeklagten auf ein faires Verfahren erwächst eine prozessuale Fürsorgepflicht des Gerichts mit dem Inhalt, bei bloßer Verspätung des Verteidigers eine angemessene Zeit zu warten. Bei der Frage, ob und wie lange auf das Eintreffen des Verteidigers gewartet werden muss, sind die Ziele der Durchführbarkeit und Beschleunigung des Strafverfahrens mit dem Interesse des Angeklagten am Beistand des von ihm gewählten Verteidigers abzuwägen. Abwägungskriterien sind die Bedeutung der Sache, die Schwierigkeit der Sach- und Rechtslage, der Stand des Verfahrens, der Anlass und die voraussichtliche Dauer der Verhinderung sowie die Fähigkeit des Angeklagten, sich selbst zu verteidigen. Bei dem Vorwurf strafbarer Handlungen kann im Gegensatz zum Vorwurf von Ordnungswidrigkeiten grundsätzlich von einer bedeutsamen Sache ausgegangen werden. Zu berücksichtigen ist zudem, dass A gleich mehrere Straftaten angelastet wurden. Auch die Beurteilung, ob der Tatbestand der Körperverletzung erfüllt ist, barg einige Schwierigkeiten. Für die Pflicht zur Einhaltung einer Wartezeit sprach auch, dass R seine Verspätung noch vor Beginn der Hauptverhandlung mitteilte und es sich lediglich um eine sehr kurzzeitige und zudem unverschuldete Verspätung handelte. Außerdem wurde die Verspätung erst kurzfristig bekannt und kam für A somit so überraschend, dass er sich nicht auf eine zumindest teilweise Verhandlung ohne seinen Verteidiger vorbereiten konnte. Demgegenüber wären die Ziele der Durchführbarkeit und Beschleunigung des Strafverfahrens bei Einhaltung einer angemessenen Wartefrist nicht beeinträchtigt gewesen, da von R lediglich eine kurzfristige Terminsverschiebung beantragt wurde. Nach Abwägung der Interessen hätte V also mit der Fortführung der Hauptverhandlung warten müssen. Regelmäßig wird bei verspätetem Eintreffen des Wahlverteidigers eine Wartezeit von 15 Minuten für angemessen gehalten, jedenfalls wenn die Verspätung angekündigt ist. Bei Einhaltung dieser Wartezeit wäre die Verhandlung vollständig in Anwesenheit des R durchgeführt worden. Unter den gegebenen Umständen hat das Gericht den Grundsatz des fairen Verfahrens verletzt und gegen seine prozessuale Fürsorgepflicht verstoßen, indem es das Eintreffen des R nicht abwartete. Die Grundsätze des fairen Verfahrens und der prozessualen Fürsorgepflicht des Gerichts haben zwar keine gesetzliche Regelung erfahren, dennoch sind Verstöße gegen diese Grundsätze als unzulässige Beschränkung der Verteidigung i.S.d. § 338 Nr. 8 StPO anzusehen, da die Vorschrift als Auffangtatbestand für alle Fälle unzulässiger Verteidigungsbeschränkungen gilt.

757 Die unzulässige Beschränkung der Verteidigung muss allerdings einen für die Entscheidung wesentlichen Punkt betreffen. Hiermit ist das Beruhen des Urteils auf dem Verfahrensverstoß gemeint. Die Gesetzesverletzung muss ursächlich für den Inhalt des Urteils sein. Es genügt die bloße Möglichkeit, dass das Urteil ohne die Gesetzesverletzung anders ausgefallen wäre. Zu den wesentlichen Teilen der Hauptverhandlung zählen die Verlesung des Anklagesatzes sowie die Vernehmung des A über seine persönlichen Verhältnisse und zur Sache. Diese waren bereits abgeschlossen, als R eintraf. Weil entsprechende Angaben eines Angeklagten gem. § 46 II StGB in die Strafzumessung einfließen und somit eine wichtige Grundlage für die Urteilsfindung darstellen können, handelt es sich um für die Entscheidung wesentliche Punkte.

758 Der Revisionsgrund des § 338 Nr. 8 StPO ist damit gegeben.

c) Würdigung der Zeugenaussagen von C und D

759 Bei der Rüge fehlerhafter Beweiswürdigung handelt es sich um die Geltendmachung eines relativen Revisionsgrundes im Sinne des § 337 StPO. Gem. § 261 StPO entscheidet das Gericht über das Ergebnis der Beweisaufnahme nach seiner freien, aus dem Inbegriff der Hauptverhandlung gewonnenen Überzeugung. Der Tatrichter muss eine subjektive persönliche Gewissheit von den entscheidungsrelevanten Tatsachen erlangen. Seine Beweiswürdigung unterliegt der revisionsrechtlichen Überprüfung nur insoweit, als sie auf rechtlichen Fehlern beruht. Rechtsfehlerhaft ist die Beweiswürdigung, wenn sie in sich widersprüchlich, lückenhaft oder unklar ist bzw. gegen allgemeingültige Denkgesetze und Erfahrungssätze verstößt.

760 Möglicherweise hätte V in Beachtung dieser Grundsätze der Aussage der D den Vorzug vor der des C geben müssen, weil D ihre Aussage beeidete. Eine solche Beweisregel existiert jedoch nicht. Zwar soll durch die Beeidigung einer Aussage ihr Wahrheitsgehalt gefördert werden. Demnach kann einer beeideten Zeugenaussage eine höhere Beweiskraft zukommen als einer unbeeideten. Das ist allerdings nicht zwingend. Vielmehr kann das Gericht einer unbeeideten Aussage ebenso glauben wie einer beeideten, wenn es von der Richtigkeit der unbeeideten

Aussage überzeugt ist. Für das Gericht bestand keine Veranlassung für die Annahme, dass C unglaubwürdig war und A zu Unrecht belastete.

Die Beweiswürdigung des V wäre allerdings fehlerhaft, wenn die Aussagen von C und D in sich widersprüchlich sind, das Gericht jedoch auch der Aussage der D Glauben schenken musste. Die von D wahrgenommene Rangelei zwischen A und C lässt sich aber mit der Aussage des C, der ein Anspucken in das Gesicht bekundet hatte, vereinbaren. Die Tatsache, dass D das Anspucken nicht gesehen hatte, bedeutet nämlich nicht, dass ein solches nicht stattgefunden haben kann. Vielmehr ist zu berücksichtigen, dass sich D während des Vorfalls in einem Nebenzimmer befand und das Geschehen nur eingeschränkt beobachten konnte und somit auch das Anspucken möglicherweise nicht gesehen hatte. Die von ihr bekundete Rangelei lässt die Aussage des C, A habe ihn angespuckt, sogar noch plausibler erscheinen, denn aus einer Rangelei heraus kann es typischerweise zu derartigen Handlungen kommen. Jedenfalls ist die Möglichkeit, dass A den C angespuckt hat, auch unter Berücksichtigung der Aussage der D keinesfalls ausgeschlossen. Es ist daher nicht zu beanstanden, dass V seinem Urteil die uneidliche Aussage des C zugrunde gelegt hat und von einem Spucken des A in das Gesicht des C ausgegangen ist. Diese Würdigung hält sich im Rahmen der freien Beweiswürdigung nach § 261 StPO. 761

Ein Revisionsgrund im Sinne des § 337 StPO ist daher nicht gegeben. 762

2. Sachrüge

Das Urteil könnte auf einer fehlerhaften Anwendung des § 223 I StGB beruhen. Problematisch ist nämlich, ob das Spucken in das Gesicht den Tatbestand des § 223 I StGB erfüllt. Mangels Herbeiführung eines pathologischen Zustandes scheidet eine Gesundheitsschädigung ersichtlich aus, sodass allenfalls an eine körperliche Misshandlung zu denken ist. Hierunter versteht man eine üble unangemessene Behandlung, die das körperliche Wohlbefinden nicht nur unerheblich beeinträchtigt. Das Spucken in das Gesicht stellt eine üble und unangemessene Behandlung dar. Fraglich ist aber, ob auf Grund des eintretenden Ekelgefühls das körperliche Wohlbefinden mehr als nur unerheblich beeinträchtigt war. Zum Teil wird das bei Einwirkungen bejaht, die objektiv zwar als unerheblich erscheinen, aber von einer Gesinnung getragen sind, die den Vorgang als üble, unangemessene Behandlung charakterisieren. Demnach könnte das Anspucken das Merkmal der körperlichen Misshandlung erfüllen, weil A dadurch bewusst den Ehranspruch des C verletzen wollte. Dagegen ist jedoch einzuwenden, dass eine solche Auslegung das Merkmal der Unerheblichkeit umgeht und zudem die Grenzen zwischen Beleidigung und Körperverletzung verwischt. Außerdem stellt das Ekelgefühl lediglich ein körperliches Unbehagen dar, welches nur kurz andauerte und mit dem Abwischen des Speichels beendet war. Im Übrigen fehlt es auch an einer körperlichen Einwirkung, da das Ekelgefühl allenfalls eine seelische Beeinträchtigung darstellt. Eine erhebliche Beeinträchtigung des körperlichen Wohlbefindens ist daher abzulehnen, sodass eine körperliche Misshandlung ausscheidet. 763

Im Ergebnis hat A den Tatbestand des § 223 I StGB nicht verwirklicht. 764

765 Hat das Gericht das materielle Recht fehlerhaft angewendet, ergibt sich das Beruhen in der Regel – so auch hier – ohne weiteres aus dem Mangel. Die Sachrüge des A ist damit erfolgreich.

III. Ergebnis

766 Die Sprungrevision des A ist sowohl mit der Verfahrensrüge als auch mit der Sachrüge erfolgreich. Gem. § 354 II StPO erfolgt eine Aufhebung und Zurückverweisung an eine andere Abteilung des Amtsgerichts Potsdam.

Frage 2: Auswirkung auf die Verurteilung des B

767 Ob sich die auf die fehlerhafte Anwendung des § 223 I StGB gestützte Revision des A auf die Verurteilung des B, der selbst keine Revision eingelegt hatte, auswirkt, ist nach § 357 StPO zu beurteilen. Danach erstreckt sich die erfolgreiche Aufhebung des erstinstanzlichen Urteils auf B, wenn die Aufhebung des Urteils gegen A wegen einer Gesetzesverletzung bei Anwendung des Strafgesetzes erfolgt ist. Das Urteil gegen A ist wegen der fehlerhaften Anwendung des § 223 I StGB und damit wegen einer Verletzung des Strafgesetzes aufzuheben. Voraussetzung ist zudem, dass diese rechtlichen Erwägungen auch zur Aufhebung der Verurteilung desjenigen, der keine Revision eingelegt hat, geführt hätten, falls er Revision eingelegt hätte. Der Nichtrevident muss grundsätzlich von ein und derselben Rechtsverletzung betroffen sein. B wurde u.a. wegen Beihilfe zu einer Körperverletzung (§§ 223 I, 27 StGB) verurteilt. Das Tatgericht hat aber bei der Verurteilung des A § 223 I StGB zu Unrecht angewendet. Mangels Haupttat hat sich B daher nicht nach §§ 223 I, 27 StGB strafbar gemacht, sondern nur nach §§ 185, 27 StGB in Tateinheit mit § 123 StGB. Das Urteil gegen B wäre somit ebenfalls aufgehoben worden, falls er Revision eingelegt hätte.

768 Die von A eingelegte und erfolgreiche Revision erstreckt sich daher gem. § 357 StPO auch auf B. Das Revisionsgericht wird das Urteil gegen B aufheben und die Sache zur erneuten Entscheidung an einen anderen Strafrichter (§§ 357, 354 II StPO) des Amtsgerichts Potsdam zurückverweisen.

Hinweise zur Lösung:

769 Im Rahmen der Beantwortung der **Frage 1** waren mehrere typische revisionsrechtliche Fragen zu erörtern. Bei der Nichteinhaltung des Geschäftsverteilungsplanes handelt es sich um ein Standardproblem im Zusammenhang mit der Frage der vorschriftswidrigen Gerichtsbesetzung i.S.d. § 338 Nr. 1 StPO. Das Prinzip des gesetzlichen Richters genießt nach Art. 101 I 2 GG Verfassungsrang. Jedoch begründet nur eine objektiv willkürliche Missachtung des Geschäftsverteilungsplans einen Verstoß gegen Art. 101 I 2 GG. Darunter fallen solche Maßnahmen, die auf unsachlichen, sich von den gesetzlichen Maßstäben völlig entfernenden Erwägungen beruhen und unter keinem Gesichtspunkt vertretbar erscheinen (BVerfGE 19, 38, 43; BGHSt 26, 206, 211; *Meyer-Goßner*[50], § 16 GVG Rn. 6). Dies gilt auch für

Urteile der Amtsgerichte, da § 22d GVG die Revision nicht einschränkt (*Hanack* in LR²⁵, § 338 Rn. 23; *Siolek* in LR²⁵, § 22d GVG Rn. 1 und Rn. 6).

Nicht leicht zu beantworten war die Frage, ob das Gericht bei angekündigter Verspätung des Wahlverteidigers eine angemessene Zeit warten muss, bevor es die Hauptverhandlung durchführt. Ausgangspunkt der Überlegungen ist die Anwendbarkeit des § 228 II StPO. In der Literatur ist anerkannt, dass die Verspätung von der in § 228 II StPO geregelten Verhinderung zu unterscheiden ist (*Meyer-Goßner*⁵⁰, § 228 Rn. 11; *Tolksdorf* in KKStPO⁵, § 228 Rn. 10). Die oben genannten Abwägungskriterien, die bei der Entscheidung, ob auf einen verspäteten Wahlverteidiger zu warten ist oder nicht, eine Rolle spielen, lassen sich in Literatur (vgl. *Gollwitzer* in LR²⁵, § 228, Rn. 22; *Meyer-Goßner*⁵⁰, § 228 Rn. 11; *Tolksdorf* in KKStPO⁵, § 228 Rn. 10) und Rechtsprechung (HansOLG Hamburg, MDR 1981, 165; BayObLG, NJW 1995, 3134; OLG Düsseldorf, StV 1995, 454 f.; OLG Hamm, NStZ-RR 1997, 179, 180) nachweisen. In der Regel wird eine Wartezeit von 15 Minuten für angemessen gehalten (HansOLG Hamburg; OLG Düsseldorf; OLG Hamm; jeweils aaO; *Meyer-Goßner*⁵⁰, § 228 Rn. 11; *Tolksdorf* in KKStPO⁵, § 228 Rn. 10), die aber auch länger bemessen werden kann, z.B. wenn es sich um einen auswärtigen Verteidiger handelt oder wenn das Gericht weiß, dass der Verteidiger bereits auf dem Weg ist (OLG Düsseldorf, aaO.). Schließlich bleibt anzumerken, dass der in diesem Zusammenhang zu erörternde Revisionsgrund des § 338 Nr. 8 StPO zwar formal als absoluter Revisionsgrund ausgestaltet ist, in der Sache aber einen relativen Revisionsgrund darstellt, da das Merkmal „in einem für die Entscheidung wesentlichen Punkt" dem Beruhen des Urteils auf dem Verfahrensverstoß entspricht (BGHSt 30, 131, 135; *Meyer-Goßner*⁵⁰, § 338 Rn. 58; *Kuckein* in KKStPO⁵, § 338 Rn. 99; a.A. *Hanack* in LR²⁵, § 338 Rn. 125).

770

Auch Fragen der Beweiswürdigung sind nicht nur in der Praxis häufig revisionsrelevant, sondern ebenso ein beliebtes Klausurthema. Ausgangspunkt der Überlegungen ist immer § 261 StPO. Der Tatrichter darf jedes Beweismittel frei würdigen und ist nicht an bestimmte Beweisregeln und sonstige Richtlinien gebunden (BGHSt 39, 291, 295; *Schoreit* in KKStPO⁵, § 261 Rn. 28; *Pfeiffer*⁵, § 261 Rn. 7). Willkürlich darf er aber keinesfalls vorgehen. Beachten muss er gesicherte wissenschaftliche Erkenntnisse, Erfahrungssätze des täglichen Lebens und die Regeln der Logik (BGHSt 17, 382, 385; BGH, NStZ 1982, 478; *Schoreit* in KKStPO⁵, § 261 Rn. 45 ff.; *Pfeiffer*⁵, § 261 Rn. 13; *Stuckenberg* in KMR, § 261, Rn. 16 ff.). Der Richter muss eine persönliche Gewissheit von den entscheidungserheblichen Tatsachen gewinnen. Die subjektive Überzeugung muss jedoch auf einer tragfähigen Tatsachengrundlage und auf einer von einem Dritten nachvollziehbaren lückenlosen Argumentation beruhen (BGH, NStZ 1982, 478; *Schoreit* in KKStPO⁵, § 261, Rn. 45). Allerdings müssen die richterlichen Schlussfolgerungen nicht zwingend oder mit an Sicherheit grenzend wahrscheinlich sein, sondern es reicht grundsätzlich aus, wenn sie möglich sind und der Richter von ihrer Richtigkeit überzeugt ist.

771

Im Zusammenhang mit der Sachrüge war die Frage zu behandeln, ob das Anspucken eines Menschen, eine körperliche Misshandlung darstellt. Dies wird in Rechtsprechung und Literatur kontrovers diskutiert. Problematisch ist, ob Beein-

772

trächtigungen des körperlichen Wohlbefindens psychischer Art ausreichen können, die unterhalb der körperlichen Schmerzreaktion liegen (*Joecks* in MüKoStGB, § 223 Rn. 16). Das RG (GA 58, 184) und ein Teil der Literatur (*Eser* in Schönke/Schröder[27], § 223, Rn. 4) nehmen die Tatbestandsmäßigkeit des Anspuckens an, jedenfalls wenn neben der Erschütterung des seelischen Gleichgewichts „zugleich eine Reizung der die sinnliche Eindrücke vermittelnden Empfindungsnerven des Zentralnervensystems eintritt" (*Joecks* in MüKoStGB, § 223 Rn. 16). Die Gegenansicht verneint die Tatbestandsmäßigkeit mit unterschiedlichen Begründungen. Teilweise wird die Erheblichkeit der Beeinträchtigung abgelehnt (OLG Zweibrücken, NStZ 1990, 541), teilweise der erforderliche Körperlichkeitsbezug (*Lilie* in LK[11], § 223 Rn. 8; Lackner/*Kühl*[26], § 223 Rn. 4; Tröndle/*Fischer*[54], § 223 Rn. 4).

773   Zur Beantwortung der **Frage 2** musste nur die Vorschrift des § 357 StPO aufgespürt werden. Die Antwort ließ sich dann durch einfache Gesetzesanwendung finden.

Klausur Nr. 14*

Freiheitsstrafe per Strafbefehl?

Voraussetzungen des Strafbefehls – Einspruchsverfahren – Wiedereinsetzung in den vorigen Stand – Berufung – Revision

Staatsanwalt Feldmann (F) beantragte bei dem Strafrichter Sondershausen (S) den Erlass eines Strafbefehls gegen Frank Osmers (O). Dem Antrag lagen die folgenden polizeilichen Ermittlungsergebnisse zugrunde:

O stellte am 29. Januar 2007 gegen 2.15 Uhr fest, dass das Schloss an der Fahrertür seines Pkws aufgebrochen worden war. Der Täter hatte anscheinend versucht, das Autoradio aus der Halterung zu reißen, es aber nicht entwendet, weil er offenbar gestört worden war. O wusste, dass seine Teilkaskoversicherung den Schaden am Wagen nicht ersetzen würde, wenn nichts gestohlen wurde, weil der Aufbruch als nicht versicherter Vandalismus galt. Gegenüber der herbeigerufenen Polizei behauptete O deshalb, der Täter habe eine wertvolle Sonnenbrille und einige CDs entwendet, was die Beamten auch glaubten. Da O später Gewissensbisse plagten, schickte er die bereits von ihm formulierte Diebstahlsanzeige nicht an seine Versicherung ab, sondern zerriss das Schreiben. Zur Einleitung des Ermittlungsverfahrens gegen O war es gekommen, weil O seinem Arbeitskollegen Arndt (A) von dem Vorfall erzählt und die Meinung vertreten hatte, die Versicherungsleistung sei nur recht und billig, weil er schließlich über Jahre die Prämien „umsonst" entrichtet habe. A sah das anders und hatte O angezeigt. Auf Befragen hatte O das Geschehen zerknirscht eingeräumt.

F hielt auf Grund dieses Sachverhaltes das Vortäuschen einer Straftat in Tateinheit mit versuchtem Betrug zum Nachteil der Versicherungsgesellschaft für gegeben. Da O, der keinen Verteidiger hatte, mehrfach – auch einschlägig – vorbestraft war, forderte F in seinem Strafbefehlsantrag die Verhängung einer Freiheitsstrafe von sechs Monaten, die für zwei Jahre zur Bewährung ausgesetzt werden sollte.

1. Wird S den Strafbefehl erlassen?

S erließ den beantragten Strafbefehl, der O am 16. März 2007 zugestellt wurde. O legte dagegen Einspruch ein, der bei dem Gericht am 29. März 2007 einging. S bestimmte daraufhin Termin zur mündlichen Hauptverhandlung am 24. Mai 2007 und verfügte, O mit der vorgeschriebenen Belehrung zu laden. Die förmliche Zustellung der Ladung erfolgte am 19. April 2007. Der Postbote Ralf Peters (P) traf den O an diesem Tage nicht in seiner Wohnung an. Der Briefkasten im Hausflur quoll von Zeitungen und Werbung über. P stellte die Ladung deshalb der im selben Hause wohnenden Nachbarin des O, Heike Kremers (K) zu, die er im Hausflur traf. K gab an, sich des Öfteren um die Post des O zu kümmern, wenn dieser bei seiner Freundin übernachtete, und versprach, das Schriftstück zu überreichen. Die Postzustellungsurkunde ging mit einem entsprechenden Vermerk zu den Gerichtsakten zurück. K vergaß, O die Ladung zu übergeben, da sie am nächsten Tag in den Urlaub fuhr. O blieb infolgedessen in der Hauptverhandlung am 23. Mai 2007 aus. S verwarf daraufhin den Einspruch des O durch Urteil.

2. Durfte S den Einspruch des O verwerfen?

3. Welche prozessualen Möglichkeiten, die Verwerfung des Einspruchs anzufechten, stehen O zur Verfügung?

§ 178 ZPO Ersatzzustellung in der Wohnung, in Geschäftsräumen und Einrichtungen
(1) Wird die Person, der zugestellt werden soll, in ihrer Wohnung, in dem Geschäftsraum oder in einer Gemeinschaftseinrichtung, in der sie wohnt, nicht angetroffen, kann das Schriftstück zugestellt werden
1. in der Wohnung einem erwachsenen Familienangehörigen, einer in der Familie beschäftigten Person oder einem erwachsenen ständigen Mitbewohner,
2. in Geschäftsräumen einer dort beschäftigten Person,
3. in Gemeinschaftseinrichtungen dem Leiter der Einrichtung oder einem dazu ermächtigten Vertreter.

(2) Die Zustellung an eine der in Absatz 1 bezeichneten Personen ist unwirksam, wenn diese an dem Rechtsstreit als Gegner der Person, der zugestellt werden soll, beteiligt ist.

Lehrbuch: Rn. 13; 850; 894 ff.; 1006-1018.

Lösung

Frage 1: Erlass des Strafbefehls

S wird den Strafbefehl gem. §§ 407, 408 II 1, III 1 StPO erlassen, wenn er zuständig und die Ahndung der Tat im Strafbefehlsverfahren zulässig ist, ein hinreichender Tatverdacht vorliegt und dem Erlass des Strafbefehls keine Bedenken entgegenstehen.

I. Zuständigkeit des S

Die von F beantragte Freiheitsstrafe von sechs Monaten liegt innerhalb der Strafgewalt des Strafrichters, § 25 Nr. 2 GVG. Per Strafbefehl dürfte gem. § 407 II Nr. 3 StPO zudem eine Freiheitsstrafe von höchstens einem Jahr verhängt werden, sodass das zulässige Höchstmaß des § 25 Nr. 2 GVG nicht überschritten werden kann. S ist somit sachlich zuständig.

Von der örtlichen Zuständigkeit ist mangels entgegenstehender Angaben auszugehen.

II. Zulässigkeit des Strafbefehlsverfahrens

1. Antrag der Staatsanwaltschaft

F hat den gem. § 407 I StPO erforderlichen schriftlichen Antrag der Staatsanwaltschaft, der auch auf eine bestimmte Rechtsfolge gerichtet ist, gestellt. Außerdem muss es sich bei der vorgeworfenen Tat um ein Vergehen handeln. F legt O das Vortäuschen einer Straftat gem. § 145d I Nr. 1 StGB sowie versuchten Betrug gem. §§ 263 I, II, 22 StGB zur Last. Beide Delikte sind Vergehen i.S.d. § 12 I i.V.m. II StGB.

2. Eignung zur Aburteilung im Strafbefehlsverfahren

Gem. § 407 I 2 StPO stellt die Staatsanwaltschaft den Antrag auf Erlass eines Strafbefehls, wenn sie eine Hauptverhandlung nicht für erforderlich erachtet, das Verfahren sich also für das schriftliche Strafbefehlsverfahren eignet. Es handelt sich hier um einen rechtlich und tatsächlich einfach gelagerten Sachverhalt mit klarer Beweislage, sodass eine Hauptverhandlung zur Aufklärung des Geschehens nicht stattfinden muss.

3. Zulässige Rechtsfolge

Bedenken gegen die Zulässigkeit des Strafbefehlsverfahrens ergeben sich wegen der von F beantragten Strafe. Es dürfen in diesem Verfahren nämlich nur die in § 407 II StPO vorgesehenen Rechtsfolgen festgesetzt werden. Die Verhängung einer Freiheitsstrafe von sechs Monaten, deren Vollstreckung zur Bewährung ausgesetzt werden soll, ist zwar grundsätzlich möglich, gem. § 407 II 2 StPO gilt das aber nur, wenn der Angeschuldigte einen Verteidiger hat. O hatte aber keinen

Verteidiger, sodass S den Strafbefehl nicht mit der von F beantragten Rechtsfolge erlassen darf.

781 Dieser Umstand führt jedoch nicht notwendig zur Ablehnung des Strafbefehlsantrages wegen Unzulässigkeit des Strafbefehlsverfahrens. Erwägt S dem Antrag des F zu entsprechen, dann muss er dem O gem. § 408b S. 1 StPO einen Verteidiger bestellen. Er wird dies aber nur tun, wenn er einen hinreichenden Tatverdacht annimmt und die Rechtsfolgen für schuldangemessen hält.

III. Hinreichender Tatverdacht

782 O müsste gem. § 408 I 1 StPO der ihm vorgeworfenen Tat hinreichend verdächtig sein. Das wäre der Fall, wenn es nach der Aktenlage wahrscheinlich erscheint, dass O die ihm zur Last gelegten Handlungen begangen und er sich dadurch strafbar gemacht hat.

783 Auf Grund der Ermittlungsergebnisse (Feststellungen der Polizei; Geständnis des O) besteht in tatsächlicher Hinsicht der hinreichende Verdacht, dass er die ihm angelasteten Umstände verwirklichte. Fraglich ist aber, ob er sich durch dieses Verhalten strafbar gemacht hat.

1. § 145d I Nr. 1 StGB

Objektiver Tatbestand

784 Die von O herbeigerufenen Polizeibeamten waren gem. § 158 I StPO eine zur Entgegennahme von Anzeigen zuständige Stelle.

785 O müsste den Polizeibeamten vorgetäuscht haben, dass eine rechtswidrige Tat begangen worden war. Nach dem Ergebnis der Ermittlungen hatte ein unbekannter Täter das Auto des O aufgebrochen und versucht, das Radio aus der Halterung zu reißen. Offensichtlich sollte es also gestohlen werden. Demnach lag eine tatsächlich begangene rechtswidrige Tat vor, nämlich eine Sachbeschädigung (§ 303 I StGB) und ein versuchter Diebstahl in einem besonders schweren Fall (§§ 242, 243 I 2 Nr. 1, 22 StGB). Angezeigt hatte O aber neben der Sachbeschädigung einen vollendeten Diebstahl in einem besonders schweren Fall (§§ 242, 243 I 2 Nr. 1 StGB). O stellte die Tat also gewichtiger dar, als sie tatsächlich war.

786 Problematisch ist, ob § 145d I Nr. 1 StGB eine solche Übertreibung erfasst. Zur Beantwortung dieser Frage ist der Schutzzweck der Norm zu berücksichtigen. Der Tatbestand soll die Strafrechtspflege bzw. die Strafverfolgungsorgane vor ungerechtfertigter Inanspruchnahme ihrer Apparate und Mittel bewahren. Ob dieses Schutzgut durch das täuschende Verhalten des O tatsächlich beeinträchtigt wurde, erscheint zweifelhaft. Die Strafverfolgungsbehörden mussten nämlich auch bei einem tatsächlich im Versuchsstadium steckengebliebenen Diebstahl tätig werden. Im Falle von bloßen Übertreibungen und Aufbauschungen einer tatsächlich geschehenen Tat ist das geschützte Rechtsgut deshalb nur betroffen, wenn dadurch der Ermittlungsaufwand der Behörde wesentlich erhöht wird oder die vorgetäuschte Tat wesentlich gewichtiger ist als die begangene und das Geschehen auf Grund der übertriebenen Schilderung ein völlig anderes Gepräge erhält. Das Aufbauschen eines versuchten zum vollendeten Diebstahl erfüllt jedoch keine dieser Voraussetzungen. Der objektive Tatbestand des § 145d I Nr. 1 StGB erfasst das Verhalten des O daher nicht, sodass ein hinreichender Tatverdacht insofern ausscheidet.

2. §§ 263 I, II, 22 StGB

O könnte aber eines versuchten Betruges hinreichend verdächtig sein. **787**

a) Versuchsstrafbarkeit

§ 263 II StGB stellt den versuchten Betrug unter Strafe. **788**

b) Tatentschluss

O plante, seiner Versicherung vorzuspiegeln, seine Sonnenbrille und einige CDs **789** seien gestohlen worden. Sein Vorsatz war deshalb auf eine Täuschung des Sachbearbeiters gerichtet, um diesen zu einer irrtumbedingten Verfügung über das Vermögen der Versicherungsgesellschaft zu bewegen. Schädigungsvorsatz ist ebenfalls zu bejahen, weil die Versicherung nach den Statuten den vorliegenden Schaden nicht ersetzen musste. Daher bezog sich der Vorsatz des O auf einen Vermögensschaden der Versicherung. Gleichzeitig strebte er die Erlangung eines rechtswidrigen und stoffgleichen Vermögensvorteils an.

c) Unmittelbares Ansetzen

Fraglich ist aber, ob O nach seiner Vorstellung zur Tat unmittelbar angesetzt hatte. **790** O wollte einen Betrug zum Nachteil seiner Versicherung mittels Täuschung des zuständigen Sachbearbeiters begehen. Getäuscht hatte er jedoch nur die Polizeibeamten. Die Polizei zeigt einen Diebstahl nicht von Amts wegen an, zumal ihr in der Regel die Versicherungsgesellschaft des Opfers nicht bekannt sein wird. Die Diebstahlsanzeige gegenüber der Versicherung muss durch den Versicherungsnehmer erfolgen. O hatte zwar bereits ein entsprechendes Schreiben gefertigt, es aber nicht an die Versicherung abgeschickt, sondern zerrissen.

Möglicherweise handelte es bei der Täuschung der Polizeibeamten und der Anfertigung des Schreibens lediglich um straflose Vorbereitungshandlungen. Das **791** strafbare Versuchsstadium ist erst erreicht, wenn der Täter subjektiv die Schwelle zum „Jetzt geht es los" überschreitet und objektiv so zur tatbestandsmäßigen Handlung ansetzt, dass sein Verhalten unmittelbar, d.h. ohne wesentliche Zwischenschritte, in die Tatbestandsverwirklichung einmünden kann und – nach seiner Vorstellung von der Tat – bereits eine konkrete Gefährdung des Rechtsguts eingetreten ist.

Nach dieser Definition scheidet ein unmittelbares Ansetzen des O durch die **792** Täuschung der Polizeibeamten über die Entwendung der Gegenstände aus. Diese unrichtigen Angaben sind der Täuschung der Versicherung zwar dienlich, da diese ohne Diebstahlsanzeige und Angabe der Tagebuch-Nummer des Vorfalls nicht zahlen wird. Die Lüge gegenüber den Polizeibeamten hat aber noch keinen unmittelbaren Bezug zu der Täuschungshandlung gegenüber der Versicherung, die von O selbst vorzunehmen ist. Auch das von O bereits angefertigte Schreiben stellte noch keine geeignete Handlung dar, die unmittelbar in die Tatbestandserfüllung einmünden sollte. Wesentlich für den Eintritt in die Tatbestandsverwirklichung wäre noch das Abschicken des Schreibens, damit dieses in den Machtbereich der Versicherung gelangen kann. Erst dann hätte der Sachbearbeiter von dem Vorfall, wie O ihn zu schildern beabsichtigte, Kenntnis nehmen können. Als wesentlicher Zwischenschritt war also das Abschicken des Schreibens erforderlich. Erst dadurch wäre nach dem Tatplan des O das Vermögen der Versicherung konkret gefährdet worden. O zerriss die Diebstahlsmeldung jedoch, sodass er mit der Anfertigung des Schreibens die Grenze zur Versuchsstrafbarkeit noch nicht überschritten hatte.

III. Ergebnis

793 Da kein hinreichender Tatverdacht gegen O besteht, muss S gem. § 408 II 1 StPO den Erlass des Strafbefehls ablehnen.

Frage 2: Verwerfen des Einspruchs

794 Ob S den Einspruch des O verwerfen durfte, richtet sich nach §§ 412 S. 1, 329 I StPO. Danach hat der Richter ohne Verhandlung zur Sache den Einspruch zu verwerfen, wenn der Angeklagte bei Beginn der Hauptverhandlung nicht erschienen und das Ausbleiben nicht genügend entschuldigt ist.

795 Voraussetzungen der Einspruchsverwerfung wegen Ausbleibens des Angeklagten sind ein zulässiger Einspruch gegen den Strafbefehl, das Vorliegen eines wirksamen Strafbefehls, die wirksame Zustellung des Strafbefehls und die ordnungsgemäße Ladung des Angeklagten.

I. Zulässiger Einspruch gegen den Strafbefehl

796 Die Verwerfung des Einspruchs als unzulässig nach § 411 I 1 StPO hätte Vorrang vor § 412 S. 1 StPO. O hat jedoch in zulässiger Weise Einspruch eingelegt. Der am 29. März 2007 eingegangene Einspruch ging dem Gericht innerhalb der zweiwöchigen Frist des § 410 I 1 StPO zu, sodass er nicht verspätet war.

II. Wirksamkeit des Strafbefehls und der Zustellung

797 Der von S erlassene Strafbefehl war zumindest wirksam, wenn auch rechtsfehlerhaft, und wurde O auch wirksam zugestellt.

III. Ordnungsgemäße Ladung des O

798 Fraglich ist dagegen, ob O ordnungsgemäß geladen wurde. Nur wenn es sich bei der Zustellung um eine ordnungsgemäße Ladung handeln würde, wäre O bei Beginn der Hauptverhandlung i.S.d. § 412 S. 1 StPO ausgeblieben.

799 Die Anforderungen der §§ 214 ff. StPO, insbesondere Einhaltung der einwöchigen Ladungsfrist (§ 217 I StPO) sind erfüllt. Die Ladung müsste zudem den Anforderungen des § 37 I StPO i.V.m. § 178 ZPO genügen. K ist aber keine der in

§ 178 I genannten Personen, sodass eine Zustellung an sie nicht hätte vorgenommen werden dürfen.

Die Ladung war O somit nicht ordnungsgemäß zugestellt worden. Das Fehlen dieser Voraussetzung hätte S erkennen können, da die Postzustellungsurkunde mit dem entsprechenden Vermerk wieder zu den Gerichtsakten gelangte. Der Zustellungsmangel wurde auch nicht nach § 189 ZPO geheilt, da K vergaß, O die Ladung zu geben. Mangels ordnungsgemäßer Ladung blieb O deshalb nicht i.S.d. § 412 S. 1 StPO aus. **800**

IV. Ergebnis

S durfte den Einspruch des O daher nicht verwerfen. **801**

Frage 3: Anfechtungsmöglichkeiten

In Betracht kommen zwei Möglichkeiten, das Verwerfungsurteil anzufechten, nämlich der Antrag auf Wiedereinsetzung in den vorigen Stand und ein reguläres Rechtsmittel, und zwar Berufung oder Sprungrevision. **802**

I. Wiedereinsetzung in den vorigen Stand

Die Möglichkeit eines Antrages auf Wiedereinsetzung in den vorigen Stand könnte sich aus §§ 412 S. 1, 329 III, 44, 45 StPO ergeben. **803**

Voraussetzung hierfür ist, dass O ohne Verschulden an der Teilnahme der auf seinen Einspruch gegen den Strafbefehl hin anberaumten Hauptverhandlung verhindert war. § 44 S. 1 StPO gilt an sich nur für die unverschuldete Nichteinhaltung von Fristen. Aus dem Verweis der §§ 412 S 1, 329 III StPO folgt allerdings, dass die Wiedereinsetzung auch beantragt werden kann, wenn der Angeklagte unverschuldet den Hauptverhandlungstermin versäumt hat. **804**

Problematisch ist in unserem Fall, dass an sich bereits die Ausgangsvoraussetzungen des § 412 S. 1 StPO nicht gegeben sind, denn mangels ordnungsgemäßer Ladung galt O als nicht ausgeblieben und war somit auch nicht säumig. Wer aber nicht säumig gewesen ist, bedarf eigentlich nicht der Wiedereinsetzung in den vorigen Stand. Im Übrigen setzt § 44 StPO nach seinem Wortlaut voraus, dass der Betroffene die Frist bzw. den Termin einhalten wollte, ihm das aber aus Gründen, die er nicht zu vertreten hat, nicht möglich war. O kannte den Hauptverhandlungstermin jedoch nicht. **805**

Bei einem wörtlichen Verständnis der §§ 412 S. 1, 329 III, 44 S. 1 StPO scheidet die Möglichkeit der Wiedereinsetzung in den vorigen Stand somit aus, wenn der Betroffene nicht ordnungsgemäß geladen wurde, er deshalb nicht säumig war und die Frage des Verschuldens irrelevant ist. **806**

In Betracht kommt jedoch eine analoge Anwendung der §§ 412 S. 1, 329 III, 44 S. 1 StPO. Für eine Analogie spricht zum einen, dass die Situation des nicht ordnungsgemäß geladenen Angeklagten insofern der des unverschuldet Säumigen gleicht, als ihm – wie jenem – die Nichteinhaltung des Termins nicht vorgeworfen werden kann, wenn der Richter das Fehlen oder die Unwirksamkeit der Ladung übersehen und deshalb den Rechtsbehelf verworfen hat. Eine andere Sicht würde **807** dazu führen, dass derjenige, der mangels ordnungsgemäßer Ladung nicht einmal Kenntnis von dem Termin hatte, schlechter gestellt würde als der Säumige. Zum anderen sind Praktikabilitätsgründe zu berücksichtigen. Es entspricht der Prozesswirtschaftlichkeit, den Strafrichter über den Wiedereinsetzungsantrag entscheiden zu lassen. Er ist ohnehin zur Entscheidung in der Sache selbst berufen, nicht dagegen die höhere Instanz, also das Berufungs- oder Revisionsgericht.

808   Diese sachlichen Gründe wiegen schwerer als der Wortlaut der Vorschriften, sodass O die Wiedereinsetzung in den vorigen Stand in analoger Anwendung der §§ 412 S. 1, 329 III, 44 S. 1, 45 StPO beantragen kann.

809   Dieser Antrag ist gem. §§ 412 S. 1, 329 III StPO binnen einer Woche nach Zustellung des Urteils zu stellen, und zwar gem. § 45 I StPO bei dem Gericht, bei dem die Frist wahrzunehmen gewesen wäre. Das wäre also S, der gemäß § 46 I StPO über den Antrag entscheidet.

II. Berufung

810   Die Verwerfung des Einspruchs erfolgte nach der Hauptverhandlung und damit im Urteil, sodass auch die Einlegung der Berufung gem. § 312 StPO in Betracht kommt. § 315 I StPO bestimmt ausdrücklich, dass die Berufung nicht durch die gleichzeitig gegebene Möglichkeit, Wiedereinsetzung in den vorigen Stand zu beantragen, ausgeschlossen ist.

811   Die Form- und Fristerfordernisse ergeben sich aus § 314 StPO. Da das Urteil in Abwesenheit ergangen ist, muss O die Berufung binnen einer Woche nach Zustellung des Urteils an ihn bei dem Amtsgericht einlegen (§ 314 II StPO).

812   Die Berufung kann O darauf stützen, dass es an einer ordnungsgemäßen Ladung und damit an einer wesentlichen Voraussetzung für die Verwerfung des Einspruchs fehlte. Ein Verwerfungsurteil hätte nicht ergehen dürfen.

813   O steht daher auch die Möglichkeit zur Verfügung, Berufung einzulegen.

III. Revision

814   Statt der Berufung könnte O auch die Sprungrevision gem. § 335 I StPO wählen. Die Revision muss – wie die Berufung – binnen einer Woche nach Zustellung des Urteils eingelegt (§ 341 II StPO) und spätestens binnen eines Monats nach Ablauf der Einlegungsfrist nach Maßgabe der §§ 344, 345 StPO begründet werden.

815   Gem. § 342 II StPO kann der Angeklagte die Revision vorsorglich für den Fall einlegen, dass sein Wiedereinsetzungsantrag verworfen wird. Die Frist- und Formerfordernisse der §§ 341, 344, 345 StPO sind jedoch zu beachten.

Hinweise zur Lösung:

816   Die für die Beantwortung der **Frage 1** relevanten strafprozessualen Gesichtspunkte ergeben sich unmittelbar aus dem Gesetz. Auch die materiell-rechtliche Prüfungen des Vortäuschens einer Straftat und des versuchten Betrugs sind unproblematisch. § 145d I Nr. 1 StGB scheidet in der Regel aus, wenn der den Gegenstand einer Strafanzeige bildende historische Vorgang eine rechtswidrige Tat enthält,

welche die Strafverfolgungsorgane ohnehin aufklären müssen. Die bloße Übertreibung der Tatfolgen berührt zumeist den Schutzzweck der Vorschrift nicht, da der Verfolgungsapparat nicht ungerechtfertigt in Anspruch genommen und die Strafverfolgungsintensität nicht geschwächt wird (BayObLG, NJW 1988, 83). Ein versuchter Betrug liegt ebenfalls nicht vor. Bei dem bloßen Abfassen eines Briefes, der die unwahren Tatsachen enthält, handelt es sich um eine straflose Vorbereitungshandlung. Da die Tathandlung in der Täuschung des zuständigen Sachbearbeiters der Versicherung besteht, überschreitet der Täter die Grenze zum strafbaren Versuch erst, wenn nach dem Tatplan das Verhalten geeignet ist, unmittelbar in die Tatbestandshandlung einzumünden. Das wäre hier erst der Fall, wenn der Täter die Schadensmeldung einem Dritten – der Post – zur Weiterleitung übergeben hätte (zu einem ähnlich gelagerten Fall s. BayObLG, NJW 1988, 1401 f.).

Bei der **Frage 2** muss erkannt werden, dass zu den Voraussetzungen der Einspruchsverwerfung – neben dem Vorliegen eines zulässigen Einspruchs und einer wirksamen Zustellung des Strafbefehls – eine ordnungsgemäße Ladung erforderlich ist. Die Angabe des einschlägigen § 178 ZPO weist allerdings auf diese Voraussetzung deutlich hin.

Das Fehlen einer ordnungsgemäßen Ladung besitzt zudem für die Beantwortung der **Frage 3** Relevanz, denn daraus folgt, dass § 412 S. 1 StPO nicht ohne weiteres anwendbar ist, weil O auf Grund dieses Mangels nicht entschuldigt ist, sondern schon nicht ausgeblieben ist. Die Kenntnis des Streits um die analoge Anwendung der §§ 412 S. 1, 329 III, 44 S. 1 StPO (dafür die ganz h.M., z.B. BGH, NJW 1987, 1776, 1777; OLG Celle, JR 1979, 121, 122; *Meyer-Goßner*[50], § 329 Rn. 41; *Roxin*[25], § 52 Rn. 28; dagegen *Meyer*, JR 1979, 122; NStZ 1982, 523; NStZ 1986, 279) ist zwar nicht vorauszusetzen. Die Wiedereinsetzung in den vorigen Stand muss aber jedenfalls angesprochen werden, und die Problematik liegt dann bei näherer Betrachtung der Vorschriften auf der Hand. Wiederum unmittelbar aus dem Gesetz (§§ 315, 342 II StPO) folgt, dass daneben die regulären Rechtsmittel – Berufung und Revision – anwendbar sind.

817

818

Paragraphenregister

Die angegebenen Fundstellen beziehen sich auf Randnummern des Buches; Hauptfundstellen sind durch Hervorhebung kenntlich gemacht.

AO
§ 370: 194
§ 397: 47

BGB
§ 138: 143 ff.
§ 812: 140
§ 823: 95

BPolG
§ 39: 245, 264
§ 42: 246

EGGVG
§§ 23 ff.: 268 f., 283, 306
§ 28: 285

EMRK
Art. 3: **686 ff.**,
Art. 6: 114 f., 198, **688 ff.**

EU-Verfassung
Art. II: 702

GG
Art. 1: 19 f., 170, 191, 216, 272, 284, **293 ff.**, 290, 688 ff.
Art. 2: 20 f., 170, 184, 191, 198, 272, 284, 290, **293 ff.**, 688 ff.
Art. 5: **418 ff.**
Art. 10: 272
Art. 13: 184, 291
Art. 19: 304
Art. 20: 114 f., 168, 198
Art. 101: 752, 769
Art. 103: 125 ff., **494 ff.**, 701
Art. 104: 510

GVG
§ 21e: 243, 247
§ 25: 776
§ 74a: 365, 383
§ 130: 535
§ 135: 535
§ 152: 209 f., 221, 344, 387, 598
§ 169: 419 f., 450, 647, 667
§ 171b: 466
§ 172: 551
§ 176: **418 ff.**, 450, 647 f.

IRG
§ 3: 723
§ 15: **721 ff.**, 738
§ 79: 722
§ 80: 725 f.
§ 81: 723 f.
§ 83: 728
§ 83a: 722, 728
§ 83b: 739
§ 83c: 739

LFGB
§ 11: 70
§ 59: 70

SDÜ
Art. 54: **703 ff.**, 737
Art. 139: 704

StGB
§ 1: 125 ff.
§ 2: **125 ff.**
§ 12: 363, 778
§ 13: 317
§ 16: 336 ff.
§ 17: 335 ff.

§ 18:   227
§§ 22 ff.: 230 ff., 357, 778, 787 ff.
§ 32:   313, 328, 333
§ 34:   505
§ 46:   252, 757
§ 52:   238, 252, 496, 529
§ 53:   69, 252, 529
§§ 74 ff. **77 ff.**, 130 ff.
§ 123:   767
§ 129a: 363 ff.
§ 138:   363
§ 145d: 778, **784 ff.**, 816
§ 177:   723
§ 185:   767
§ 203:   31, 457 ff.
§ 211:   179 ff., 363 ff.
§ 203:   31
§§ 223 f.:225 ff., 323, **325 ff.** 357, 633, **763 ff.**, 772
§ 226:   225 ff., 252, 257, 650
§ 229:   **338 ff.**
§ 231:   **649 ff., 663**, 669 f.
§ 239:   **310 ff.**, 357
§ 250:   180 ff., 622 ff., 633
§ 252:   617 ff.
§ 255:   633
§ 258:   317
§ 263:   229 ff., 252, 778, **787 ff.**
§ 267:   69
§ 299:   194
§ 308:   363 ff.
§ 316:   211 f.

StPO
§ 9:   246
§ 24:   645 ff., 665
§ 25:   645
§ 26:   645 ff.
§ 28:   665
§ 37:   799 f.
§ 44:   **803 ff.**
§ 45:   803 ff.
§ 46:   809
§ 52:   188, 196, **441 ff.**, 452, 506, **597 ff.**
§ 53:   188, 196, **459 ff.**, 486 f., 506
§ 55:   515 f., **584 ff.**, 631
§ 69:   **504 ff.**, 530
§ 70:   509 f., 530

§ 81a: **209 ff.**, 262, 350 f., 358, **680 ff.**
§ 81b: 301, 308
§ 81c: 210, **597 ff.**
§ 81e: **349 ff.**, 355
§ 81f: 354
§ 85:   456
§ 94:   62 ff., 72 ff., 162 ff., 168, 183, 612
§ 97:   188 f., **195 ff.**, 206
§ 98:   62 ff., 174, **268 ff., 283 ff.**, 303
§ 100a: 24, 32, 165, 168, 275 ff., 305, 375, 391, **541 ff.**, 565
§ 100b: 24, 275 ff., 299, 305
§ 100c: 168, 269, 366, **369 ff.**, 378 ff., 384 ff., 415
§ 100d: 269, 365, 378
§ 100f: 166, 283, **288 ff., 299 ff.**, 308, 367, 375 ff., 378, **382 ff.**
§ 100g: 275 ff.
§ 100h: 275 ff.
§ 101:   300
§ 102:   162 ff., 168, 183, 201, **221 ff.**, 344 ff., 358
§ 103:   201
§ 105:   174, 221, 344
§ 106:   163
§ 107:   163
§ 108:   194, 205, 546
§ 110:   162 ff.
§ 111b: 62 ff., **76 ff.**
§ 111c: 63 ff., 127
§ 111d: 94
§ 111e: 62
§ 111i: **123 ff.**
§ 112:   **249 ff.**, 264, 317
§ 114:   243
§ 125:   243, 246 ff., 264
§ 127:   244 ff., 264, **314 ff.**, 357
§ 128:   243 ff., 264
§ 136:   **40 ff.**, 252
§ 136a: **4 ff.**, 52, 55 f., 149 ff., **504 ff.**, 530, **612 ff.**, 632, 689
§ 140:   754
§ 145:   754
§ 148:   198, 206
§ 152:   317, 360 ff.
§ 158:   784

§ 160:   283, 317, 360 ff.
§ 161:   160, **169 ff.**, 283, 394
§ 162:   174 f., 243, 247 f., 351, 367
§ 163:   169, 283, 295, 307, 317,
          360 ff.
§ 163a: 252
§ 169:   243
§ 214:   799
§ 217:   799
§ 218:   581 ff.
§ 222a: 752
§ 222b: 752
§ 226:   484
§ 228:   755 f., 770
§ 238:   479 ff., 585, 569
§ 243:   493, 755
§ 244:   **436 ff.**, 451, 525 ff., **539 ff.**,
          661 ff., 668
§ 247:   **464 ff.**, 489
§ 247a: 477, 490
§ 249:   16
§ 250:   14, **555**
§ 252:   **37 ff.**
§ 260:   492 f., 700 ff.
§ 261:   482, 526, **560 ff. 759 ff.**, 771
§ 264:   526, 529
§ 265:   115
§ 296:   537, 573, 641, 658, 676, 718,
          749
§ 297:   105, 123, 573
§ 302:   146
§ 304:   123, 267, 269, 714
§ 305:   123
§ 306:   715
§ 312:   636, 655, 673, 743, 810
§ 314:   811
§ 315:   810, 818
§ 329:   803 ff.
§ 333:   105, 535, 572
§ 335:   636, 655, 673, 743, 814
§ 337:   106 ff., 539 ff., 577 ff., 629,
          643, 660 ff., 678, 751 ff.
§ 338:   107, 577 ff., 628, **644 ff.**, 660,
          665 ff., 678, **752 ff.**, 769 f.
§ 341:   536, 574, 637, 674, 744, 814 f.
§ 342:   815, 818
§ 344:   536, 574, 639, 656, 674, 746,
          814 f.

§ 345:   536, 574, 638, 656, 674, 745,
          814 f.
§ 354:   655, 712, 766, 768
§ 357:   768, 773
§ 362:   516
§ 407:   **775 ff.**
§ 408:   **775 ff.**
§ 408b: 781
§ 410:   796
§ 411:   796
§ 412:   **794 ff.**, 818

TKG
§ 3:   165, 541 f.

UWG
§ 16:   70

VwVfG
§ 59:   140

WaffG
§ 52:   495

ZPO
§ 178:   799 f., 817
§ 189:   800

Sachverzeichnis

Die Zahlenangaben beziehen sich auf Randnummern des Buches.

Ablehnung eines Beweisantrags 436 ff., 520 ff.

Abwägungslehre 593

Abwesenheit
- des Angeklagten 464 ff.
- des Verteidigers 754 ff.

Absprache
- fehlgeschlagene 114
- Zulässigkeitsvoraussetzungen 112 ff.

Angeklagter
- Ausschluss von der Hauptverhandlung 464 ff.

Auffangrechtserwerb 132

Aufklärungspflicht 556 f.

Augenscheinsbeweis 12

Auskunftsverweigerungsrecht
- fehlende Belehrung über das 590 ff.

Auslieferungshaft 721 ff.

Auslieferung deutscher Staatsangehöriger 725 f.

Aussageverweigerungsrecht 441 ff., 455 ff.

Ausschluss des Angeklagten 464 ff.

Außerdienstliche Kenntniserlangung 360 ff.

Befangenheit
- des Richters 644 ff.

Befugnisgeneralklausel 169 ff.

Begründetheit der Revision 106 f., 539 ff., 643 ff., 660 ff., 678 ff., 751 ff.

Belehrung
- über Untersuchungsverweigerungsrecht 597 ff.
- über Schweigerecht 49
- über Verteidigerkonsultationsrecht 51 ff.

Berichterstattung
- Einschränkung der 427 ff.
- Freiheit der 418 ff.

Berufung 810 ff.

Beruhen
- des Urteils auf der Gesetzesverletzung 552, 558, 663, 711

Beschlagnahme
- Beschlagnahmeverbote 188 ff., 196 ff.
- von Tagebüchern 190 ff.
- Voraussetzungen 61 ff., 173 ff.
- Zufallsfunde 194 f.

Beschlagnahmeverbote 188 ff., 196 ff.

Beschränkung der Öffentlichkeit 466, 647 f.

Beschuldigteneigenschaft
- Beginn 45 ff.

Beschwer 118 f., 537, 575, 640, 657, 675, 717, 748

Beschwerde
– Begründetheit 124 ff., 720 ff.
– Zulässigkeit 123, 713 ff.

Besorgnis der Befangenheit 644 ff.

Beugehaft 509 ff.

Beweisantrag 521 ff.
– Ablehnungsgründe 436 ff., 540 ff., 661 f.

Beweiserhebungsverbot
– Aufzeichnungen zur Verteidigung 195 ff.
– Drogenbömbchen 680 ff.
– private Ermittlungen 5 ff.
– privater Schriftverkehr 188 ff.
– Umgehung des Verbots der Protokollverlesung 561

Beweisermittlungsantrag 525 ff.

Beweisverwertungsverbot
– Aufzeichnungen zur Verteidigung 195 ff.
– Drogenbömbchen 695 ff.
– fehlende Belehrung über das Aussageverweigerungsrecht 590 ff.
– fehlende Belehrung über das Untersuchungsverweigerungsrecht 597 ff.
– Fernwirkung 606 ff.
– Fotos 18 ff.
– private Ermittlungen 5 ff., 17 ff.
– privater Schriftverkehr 188 ff.
– Tagebücher 190 ff.
– Tonbandaufnahmen 23 ff.
– Verstoß gegen die Schweigepflicht 457 ff.
– Voraussetzungen 506

Beweiswürdigung
– freie 560
– Verbot der Beweisantizipation 759 ff.

Blutprobe
– Anordnungsbefugnis 209
– Mitwirkungspflicht des Beschuldigten 214 ff.
– Verhältnismäßigkeit 214 ff.
– Voraussetzungen 211 ff.
– Zwangsweise Verbringung 210

Brechmitteleinsatz
– zwangsweise Vergabe 680 ff.
– Anordnungsbefugnis 681
– Verhältnismäßigkeit 691 ff.
– Voraussetzungen 682 ff.

Deal 110 ff., 143 ff.

DNA-Analyse 349 ff.

Drogenbömbchen 679 ff.

Durchsuchung
– Anordnungsbefugnis 221
– körperliche 352 f.
– Verhältnismäßigkeit 240
– von Computern mittels staatlicher „Spyware" 159 ff.
– Voraussetzungen 173 ff., 222 ff., 343 ff.
– Zufallsfunde 194

Einspruch gegen den Strafbefehl 794 ff.

Einstellungsurteil 493

Einziehung 77 ff.

Ermittlungsmaßnahmen
– Fotoaufnahmen ohne Kenntnis des Betroffenen 288 ff.
– Lauschangriff 365 ff., 369 ff.
– Online-Durchsuchung 159 ff.
– Technische Mittel 378 ff.
– Telekommunikationsüberwachung 275 ff.
– Vorlage von Fotoaufnahmen 293 ff.

Ermittlungsdurchsuchung 239

Ermittlungsrichter
– Zuständigkeit 243 ff., 351, 354

Ermittlungsverfahren
– Befugnisse der Polizei 295 f.

Erzwingungshaft 509 ff.
Europäischer Haftbefehl 722 ff.
Fernwirkung eines Beweisverwertungsverbots 606 ff.
Fernsehaufnahmen 418 ff.
Festnahmerecht 314 ff.
Fluchtgefahr 251 ff., 730 ff.
Fotografien
– privat aufgenommene 10 ff.
– ohne Kenntnis des Betroffenen 288 ff.
– Vernichtung nach Abschluss der Ermittlungen 298 ff.
– Verwertbarkeit 10 ff.
– Vorlage 293 ff.
Freie Beweiswürdigung 560
Gefahr im Verzug 209, 221
GPS-Einsatz 393 ff.
Haftbefehl
 siehe Untersuchungshaft
Haftbeschwerde 713 ff.
Haftgründe
– Auslieferungsersuchen 721 ff.
– Fluchtgefahr 251 ff.
– Verdunklungsgefahr 256
– Schwere der Tat 257 ff.
Informatorische Befragung 39, 41 ff.
Ladung des Angeklagten 798 ff.
Lauschangriff
– großer 365, 369 ff.
– kleiner 366 f., 375 f.
Mitbeschuldigtenbegriff 511 ff.
Mitwirkungspflicht des Beschuldigten 214 ff.
Mündlichkeitsgrundsatz 110, 479
Offenkundigkeitsgrundsatz 438 f.

Öffentlichkeit
– Ausschluss der 466
– Beschränkung der 110, 466, 647 f.
Online-Durchsuchung 159 ff.
Private Ermittlungen 5 ff., 17 ff.
Protokollverlesung
– Verbot der 561
– Umgehungsverbot 561
Prozessualer Tatbegriff 496
Raumgespräch 540 ff.
Rechtskreistheorie 591, 696
Rechtsmittelberechtigung 105, 123, 573, 641, 658, 676, 749
Rechtsschutz gegen richterliche und nichtrichterliche Maßnahmen 266 ff.
Rechtsschutzbedürfnis 270 ff.
Revision
– Begründetheit 106 f., 539 ff., 643 ff., 660 ff., 678 ff., 751 ff.
– Beschwer 537, 575, 640, 657, 675, 748
– Erstreckung auf Mitangeklagte 767 f.
– Form und Frist 536, 574, 637 ff., 656, 674, 744 ff.
– Rechtsmittelberechtigung 108 ff., 573, 641, 658, 676, 749
– Revisionsgründe 105, 578 ff., 644 ff., 678 ff., 752 ff.
– Statthaftigkeit 105, 535, 572, 636, 655, 673, 743
– Zulässigkeit 105, 535 ff., 572 ff., 636 ff., 655 ff., 672 ff., 743 ff.
Revisionserstreckung auf Mitangeklagte 767 f.
Revisionsrüge
– absolute 577 ff., 644 ff., 752 ff.
– relative 109 ff., 540 ff., 580 ff., 759 ff.

- Sachrüge 616 ff., 649 ff., 763 f.
- Verfahrensrüge 644., 752 ff.

Richterliche Kontrolle
- richterlich angeordneter Maßnahmen 267 ff.
- nichtrichterlich angeordneter Maßnahmen 282 ff.
- der Vollzugsmodalitäten 276 ff., 288 ff.

Richtmikrofon 382 ff.

Rückgewinnungshilfe 96 ff.

Rückwirkungsverbot 125 ff.

Rügepräklusion 585 ff., 596

Sachrüge 616 ff., 649 ff., 763 f.

Sachverständiger 436 ff.

Sachverständiger Zeuge 456

Schutzgewahrsam 245, 264

Schutzzwecklehre 592

Schwere der Tat 257 ff.

Sicherstellung
- von Beweisgegenständen 73 ff.
- von Vermögenswerten 76 ff.
- Voraussetzungen 62 ff.

Sicherungsverteidiger 578 ff.

Sitzungsgewalt 647 f.

Sitzungspolizeiliche Maßnahme 419 f.

Sperrerklärung
- Prüfpflicht des Gerichts 549 ff.

Sprungrevision 636, 655, 673, 712, 743

Staatsanwalt
- außerdienstliche Kenntniserlangung 360 ff.

Strafbefehl
- Einspruchsverfahren 794 ff.
- Voraussetzungen 775 ff.

Strafklageverbrauch 492 ff., 700 ff.

Strafverfolgungsinteresse 593

Suizidgefahr 253 f.

Tagebücher
- Verwertungsverbot 190 ff.

Tatbegriff
- prozessualer 496

Tatverdacht
- Anfangsverdacht 211, 222 ff.
- als Voraussetzung einer Ermittlungsmaßnahme 66 ff., 177 ff.
- als Voraussetzung eines Strafbefehls 782 f.
- dringender 250, 316

Technische Mittel
- GPS 393 ff.
- Online-Durchsuchung 166
- Richtmikrofone 382 ff.
- Wanzen 378 ff.

Telekommunikationsüberwachung 165, 275 ff.

Tonbandaufnahmen
- Einführung in die Hauptverhandlung 11 ff.
- Verwertbarkeit 23 ff.

Unmittelbarkeitsgrundsatz 3, 110, 479, 555

Unterrichtungspflicht
- nach Ausschluss des Angeklagten von der Zeugenvernehmung 471 ff.

Untersuchung, körperliche 352 f.

Untersuchungshaft
- dringender Tatverdacht 250, 316
- Haftgrund 251 ff.
- Verhältnismäßigkeit 260
- Voraussetzungen 248 ff.
- Zuständigkeit des Richters 243 ff.

Untersuchungsverweigerungsrecht 597 ff.

Urteilsabsprache
siehe Absprache

Verbotene Vernehmungsmethode
4, 612 ff.

Verdunkelungsgefahr 256, 731

Verfall 89 ff.

Verhältnismäßigkeit
- Beugehaft 518
- Blutprobe 214
- Brechmitteleinsatz 691 ff.
- Durchsuchung 184, 240, 347
- Einziehung 86 f.
- Sicherstellung 102, 184
- Untersuchungshaft 260

Verlesungsverbot
- unzulässige Umgehung 561

Vermögensabschöpfung
- durch Verzicht 143 ff.
- Zulässigkeitsvoraussetzungen 76 ff.

Vernehmungsmethoden
- verbotene 4, 612 ff.

Vernehmungsprotokoll
- Vorhalt 561

Verständigung im Strafverfahren 110 ff.
- fehlgeschlagene 114 ff.
- über Verzicht auf Vermögenswerte 138 ff.
- Zulässigkeitsvoraussetzungen 112 ff.

Verteidiger
- Aufzeichnungen 195 ff.
- Hauptverhandlung in Abwesenheit 754 ff.
- Recht auf 198
- Verweigerung der Konsultation 51

Verteidigung
- Beschränkung der 755 ff.

Verwertungsverbot
siehe Beweisverwertungsverbot

Verzicht
- auf Vermögenswerte 138 ff.

Videovernehmung 477 ff.

Vorermittlungen 41

Vorhalt des Vernehmungsprotokolls 561

Wiedereinsetzung in den vorigen Stand 803 ff.

Wohnraumüberwachung, akustische 365, 369 ff., 378 ff.

Zeuge
- sachverständiger 456
- vom Hörensagen 3, 555,

Zeugnisverweigerungsrecht
- bei nichtehelicher Lebensgemeinschaft 443 ff.
- nach dem Tod des Angehörigen 447 f.
- nach Rechtskraft 516

Zufallsfunde 194

Zugangskontrollen 647 f.

Zulässigkeit der Revision 105, 535 ff., 572 ff., 636 ff., 655 ff., 672 ff., 743 ff.

Zustellungsmängel 798 ff.

GPSR Compliance

The European Union's (EU) General Product Safety Regulation (GPSR) is a set of rules that requires consumer products to be safe and our obligations to ensure this.

If you have any concerns about our products, you can contact us on

ProductSafety@springernature.com

In case Publisher is established outside the EU, the EU authorized representative is:

Springer Nature Customer Service Center GmbH
Europaplatz 3
69115 Heidelberg, Germany

www.ingramcontent.com/pod-product-compliance
Lightning Source LLC
Chambersburg PA
CBHW071719100426
42873CB00016B/338